山东商业服务业

蓝皮书（2018~2019）

SHANDONG SHANGYE FUWUYE LANPISHU

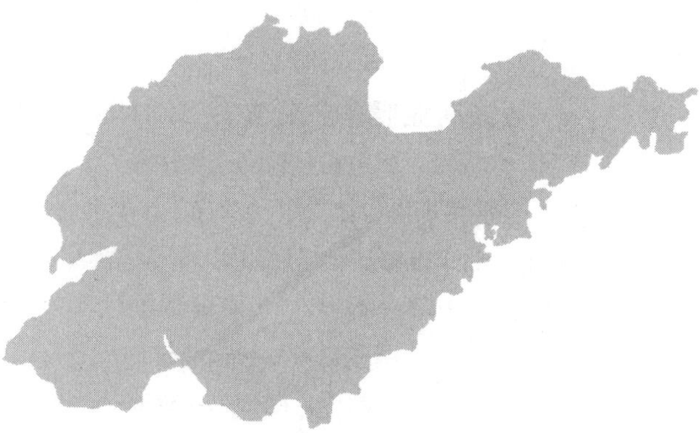

中国财经出版传媒集团
经济科学出版社
Economic Science Press

图书在版编目（CIP）数据

山东商业服务业蓝皮书. 2018—2019／张志东，钱乃余主编. —北京：经济科学出版社，2020. 5

ISBN 978－7－5218－1552－8

Ⅰ. ①山…　Ⅱ. ①张…②钱…　Ⅲ. ①商业－经济发展－白皮书－山东－2018－2019②服务业－经济发展－白皮书－山东－2018－2019　Ⅳ. ①F715②F719

中国版本图书馆 CIP 数据核字（2020）第 075557 号

责任编辑：宋　涛
责任校对：杨晓莹
责任印制：李　鹏　范　艳

山东商业服务业蓝皮书（2018～2019）
张志东　钱乃余　主编
经济科学出版社出版、发行　新华书店经销
社址：北京市海淀区阜成路甲 28 号　邮编：100142
总编部电话：010－88191217　发行部电话：010－88191522
网址：www. esp. com. cn
电子邮件：esp@ esp. com. cn
天猫网店：经济科学出版社旗舰店
网址：http：//jjkxcbs. tmall. com
北京季蜂印刷有限公司印装
787×1092　16 开　12. 75 印张　230000 字
2020 年 7 月第 1 版　2020 年 7 月第 1 次印刷
ISBN 978－7－5218－1552－8　定价：38. 00 元

《山东商业服务业蓝皮书》编委会

目　录

第一章　山东商业服务业发展概述 …………………………………… 1

一、山东商业服务业发展总体情况 …………………………………… 1

二、山东商业服务业发展的优势与劣势 ……………………………… 6

三、山东商业服务业的机遇与挑战 …………………………………… 12

四、山东商业服务业发展的趋势分析 ………………………………… 17

五、山东商业服务业发展的对策与建议 ……………………………… 20

第二章　山东居民消费现状研究与展望 ……………………………… 28

一、山东城乡居民消费现状 …………………………………………… 28

二、山东城乡居民消费需求影响因素分析 …………………………… 53

三、山东城乡居民消费展望及对策 …………………………………… 57

第三章　山东省批发零售业发展研究 ………………………………… 64

一、山东省批发零售业发展现状 ……………………………………… 65

二、山东省批发零售业存在的问题 …………………………………… 113

三、促进山东省批发零售业发展的对策 ……………………………… 116

第四章　山东住宿餐饮业发展现状与对策研究 ……………………… 121

一、山东住宿餐饮业发展现状与特点 ………………………………… 121

二、山东省住宿餐饮业发展存在的问题 ……………………………… 131

三、山东住宿餐饮业的发展趋势分析 ………………………………… 135

四、提升山东省住宿餐饮业的对策 …………………………………… 140

第五章　山东物流业发展现状与对策研究 ………………………… 149

一、山东省物流业总体发展现状 ………………………………… 149
二、山东省物流业发展中存在的问题 …………………………… 155
三、山东省物流业的发展趋势 …………………………………… 160
四、提升山东物流业的对策 ……………………………………… 165

第六章　山东电子商务发展现状与对策研究 ……………………… 170

一、山东电子商务发展现状 ……………………………………… 170
二、山东电子商务发展中存在的问题 …………………………… 178
三、山东电子商务发展趋势 ……………………………………… 186
四、提升山东电子商务发展的对策 ……………………………… 190

后记 ……………………………………………………………………… 196

第一章

山东商业服务业发展概述*

党的十九大报告指出，中国特色社会主义进入了新时代，我国社会主要矛盾已经转化为人民日益增长的美好生活需要和不平衡不充分的发展之间的矛盾，这一重大政治论断为服务业的发展指明了方向，同时也对服务业提出了更新、更高的要求。近年来，山东各地区各部门坚持新发展理念，大力实施创新驱动发展战略，以供给侧结构性改革为主线，推进产业结构转型升级，服务业保持较快发展，已成为山东省经济发展的主动力，为全省经济平稳增长、新旧动能转换、产业转型升级、保障改善民生等发挥了重要作用。商业服务业作为服务业的重要组成部分，其发展与转型升级对推动服务业转型与跨越发展具有重要战略意义，对于山东省经济新旧动能转换，提升区域战略地位，全面建成小康社会，加快建设经济文化强省和实现走在前列的目标，都具有重大现实意义。本书所指的商业服务业，基本等同于商贸流通服务业，是指实体经济中商品交换活动所形成的相互关联的商流、物流、资金流、信息流等流通服务业的总称。

一、山东商业服务业发展总体情况

2018～2019 年，山东省认真落实习近平总书记对山东提出的“走在前列”根本要求和“腾笼换鸟、凤凰涅槃”等重要指示精神，统筹推进稳增长、促改革、调结构、惠民生、防风险各项工作，围绕实施新旧动能转换、乡村振兴、海洋强省等重大战略，系统谋划出台了一批规划、政策、方案，明确了高质量发展的路线图和时间表，经济社会保持持续健康发展。商业服务业总体上呈现平稳运

* 作者简介：于志华，山东商业职业技术学院，云商务大数据研究中心，管理学博士，副教授。

行态势，为全省经济平稳健康发展做出了积极贡献。

（一）行业规模稳中有降

从行业总体上看，2018 年，全省实现社会消费品零售额 33604.98 亿元，与上年基本持平，略有下降[①]。2018 年，全国共有 3 省份突破 3 万亿元大关。其中广东省社会消费品零售总额高达额 3.95 万亿元，居全国各省份榜首。山东省排在第二位，仅次于广东。江苏省消费力全国排名第三位，全年消费总额为 3.32 万亿元，已接近山东省的水平。[②] 山东省的社会消费品零售总额与广东省的差距在拉大，与江苏省的距离在缩小，说明山东省在国内的消费力相对水平呈现下降趋势。2019 年，山东省社会消费品零售总额达到 35770.6 亿元，同比增长 6.4%，说明行业呈现积极的发展趋势（见表 1－1）。[③]

表 1－1　2017 年、2018 年全国各省份社会消费品零售总额排名

排名	省份	2018 年社会消费品零售总额（亿元）	2017 年社会消费品零售总额（亿元）	排名	省份	2018 年社会消费品零售总额（亿元）	2017 年社会消费品零售总额（亿元）
1	广东	39501.1	38200.1	11	辽宁	14142.8	13807.2
2	山东	33605.0	33649.0	12	上海	12668.7	11830.3
3	江苏	33230.4	31737.4	13	安徽	12100.1	11192.6
4	浙江	25007.9	24308.5	14	北京	11747.7	11575.4
5	河南	20594.7	19666.8	15	黑龙江	9317.4	9099.2
6	湖北	18333.6	17394.1	16	陕西	8938.3	8236.4
7	四川	18254.5	17480.5	17	广西	8291.6	7813.0
8	河北	16537.1	15907.6	18	重庆	7977.0	8067.7
9	湖南	15638.3	14854.9	19	江西	7566.4	7448.1
10	福建	14317.4	13013.0	20	吉林	7520.4	7855.8

① 山东省统计局：《山东统计年鉴（2019）》，中国统计出版社 2019 年版。

② 国家统计局网站：http：//data. stats. gov. cn/easyquery. htm？ cn = C01。

③ 山东省商务厅网站：http：//commerce. shandong. gov. cn/art/2020/2/4/art_16072_8770676. html。

续表

排名	省份	2018 年社会消费品零售总额（亿元）	2017 年社会消费品零售总额（亿元）	排名	省份	2018 年社会消费品零售总额（亿元）	2017 年社会消费品零售总额（亿元）
21	山西	7338.5	6918.1	27	新疆	3187.0	3044.6
22	内蒙古	7311.1	7160.2	28	海南	1717.1	1618.8
23	云南	6826.0	6423.1	29	宁夏	935.8	930.4
24	天津	5533.0	5729.7	30	青海	835.6	839.0
25	贵州	3971.2	4154.0	31	西藏	597.6	523.3
26	甘肃	3428.3	3426.6				

资料来源：天天排行网，http：//www.ttpaihang.com/news/daynews/2019/19021350793.htm。

从细分行业看，2018 年全省商品零售实现社会消费品零售总额 29863.86 亿元，与上年基本持平，餐饮收入实现社会消费品零售总额 3741.12 亿元，比上年略有增长。2018 年全省亿元以上商品交易市场数量为 418 个，同比减少 16%，摊位总数 34.35 万个，年末营业面积 3384.25 万平方米，成交额 8538.5 亿元，均比上年指标有所下降。其中，摊位总数降幅达 11.9%，成交额降幅为 8.3%。批发法人企业共计 8298 个，商品销售额达到 27161.1 亿元，同比增长 13.09%，零售法人企业 7397 家，商品销售额 7717.1 亿元，同比下降了 13.55%。①

（二）行业结构在动态调整中均衡发展

一是从流通业态上看，整体呈现出多样化发展态势。尤其是零售业领域，新旧零售的更替与融合成为新常态，便利店、折扣商店、超市、货仓式商店、仓储会员店、百货店、专业店、专卖店、自动售货、直销，以及网络商店等在新技术支撑下不断创新经营方式，网点布局日趋合理。同时随着城市化进程的加快，社区商业发展快速增加。在住宿餐饮业，不同规模、不同特色的住宿餐饮网点大量出现，其中适应消费者快节奏生活需求的快餐业，呈现出较快发展趋势。居民生

① 山东省统计局：《山东统计年鉴（2019）》，中国统计出版社 2019 年版。

活服务业中的洗染、照相、修理、洗浴、美容美发、再生资源回收等网点在城市化发展中数量和结构不断调整，并呈现新的均衡状态。新兴流通服务业如现代物流、电子商务、网上购物等蓬勃发展，成为推动商贸流通业创新发展的主要动力。

二是从所有制形式看，商贸流通业已形成多种所有制形式并存的局面。以2018年批发零售业为例：内资限额以上15462家批发零售企业中，国有企业99家，集体企业107家，股份合作企业24家，联营企业3家，有限责任公司3324家，股份有限公司330家，私营企业11590家，港澳台商投资企业112家，外商投资企业121家。[①] 其中，国有企业、集体企业、联营企业数量均出现较大幅度的下降，降幅均超过35%，其他所有制形式企业的数量均略有上升。

三是从行业集中度上看，一批龙头企业快速发展。以零售业为例，2018年省内均有10家零售企业进入全国零售百强（具体企业名单见表1－2），这10家进入全国零售百强企业2018年的总销售规模比2017年增加了46.88亿元，说明零售领域的行业集中度进一步增大。

表1－2　　2018年山东进入中国连锁百强榜单连锁企业

序号	企业名称	2018年销售额（含税万元）	销售增长率（%）	门店总数（个）	门店增长率（%）	排名（位）
1	银座集团股份有限公司	3744251	5.1%	377	2.7%	19
2	利群集团股份有限公司	2653669	6.5%	533	5.7%	23
3	家家悦控股集团股份有限公司	2592670	7.9%	738	8.4%	24
4	烟台振华商业集团	2512229	2.6%	151	16.2%	25
5	山东潍坊百货集团有限公司	1893000	4.7%	670	－1.5%	34
6	济南华联商厦集团股份有限公司	929378	4.9%	106	20.5%	61
7	山东全福元商业集团	802190	9.2%	241	8.1%	66
8	山东新星集团有限公司	749366	－8.0%	528	－2.2%	68
9	青岛利客来集团股份有限公司	702972	6.3%	50	8.3%	72
10	青岛维客集团股份有限公司	615832	2.0%	13	0%	77

资料来源：搜狐网，http：//www.sohu.com/a/313069549_167028。

① 山东省统计局：《山东统计年鉴（2019）》，中国统计出版社2019年版。

四是从城乡流通结构来看，农村商贸流通和城镇商贸流通双向现代流通网络基本建成。“工业消费品下乡”与“农副产品进城”两条流通渠道日趋完善，综合商圈、城市商业中心功能地位更加凸显，“乡村振兴”“特色小镇”发展进一步强化。商品交易市场加快整合转型，成为城乡流通网络的重要组成部分。城乡双向的现代物流体系日趋完善，流通效率日益提高。

（三）流通现代化水平不断提升

一是流通技术的变革日新月异。互联网、物联网、大数据等新一代信息技术，已经成为推动流通业实现战略变革、模式再造和服务提升的重要动力。当前，物联网、大数据、人工智能等新一代技术愈加成熟，正深刻影响着零售活动的商业模式、组织形式、决策机制，甚至改变了流通业在整个产业链条中的地位。二是流通方式上不断创新。城市综合体、新一代便利店、现代连锁经营等新兴业态快速发展，线上线下融合发展趋势明显，多业态融合创新步伐明显加快。以连锁经营业态发展为例：2018 年，全省连锁总店（总部）数量达到 168 个，与上年基本持平，门店总数达到 15362 个，同比增长 10.14%。其中直营店数达到 13297 个，加盟店数达 20658 个。2017 年全省有 10 家企业进入全国连锁百强（见表 1－2）。2018 年进入全国连锁百强的山东企业销售额比 2017 年进入全国连锁百强的山东企业销售额同比增加了 18.61%，说明山东连锁龙头企业的发展势头良好。

（四）电子商务继续蓬勃发展

2018 年，山东省电子商务继续保持蓬勃发展态势。发展规模不断扩大，行业结构逐步优化，质量效益持续提升，电子商务与农业、制造业及服务业等领域的融合不断加深，为城乡发展一体化、区域协调发展和实现精准扶贫提供动力，逐步成为加快推进山东新旧动能转换的重要抓手。2018 年，山东省网络零售额 3294 亿元，居全国第 7 位，同比增长 26.5%，高出全国网络零售额增速 2.6 个百分点，依然保持较高的增长速度，在整个社会消费品零售总额的地位也不断提升。其中，实物商品网络零售额为 2481 亿元，同比增长 26.7%；非实物商品网络零售额 813 亿元，同比增长 26%。经营主体日益壮大，2018 年，山东省网络零售检测平台店铺数量 112.6 万家，同比增长 4.1%。其中，实物商品店铺数量为47.1万家，增长2.6%，占比为41.8%。农村电商和跨境电商也呈现良好的发展态势。2018年，全省农村网络零售额813.4亿元，位居全国第四位，同比增长30.7%，增速高出全国0.3个百分点；2018年，全省通过海关系统验收的跨境电商进出口额为27.5亿元，同比增长39.2%，出口17.8亿元，同比增长45.1%，进口9.7亿元，同比增长29.4%。①

（五）批零住餐效益与社会贡献总体上有所下降

从行业效益上看，批零住餐行业效益明显下降，住宿餐饮业甚至出现亏损现象。2018年，全省限额以上批发零售业实现营业利润453.42亿元，同比下降了34.6%，住宿餐饮业实现营业利润-0.607亿元，与上年相比降幅达105%。从产业贡献上看，限额以上批发零售与住宿餐饮行业营业收入、应付职工薪酬有所上升，就业人员数量、应交所得税均有所下降。2018年全省限额以上批发零售与住宿餐饮行业营业收入共计31504.18亿元，同比增长了2.51%，占全省GDP的比重为41.20%，与上年基本持平。2018年全省限额以上批发零售和住宿餐饮业吸纳就业人员102.5万人，较上年减少了10.2万人，占全省年末就业人员的1.65%，占比较上年略有下降。2018年山东省限额以上批发零售和住宿餐饮业应付职工薪酬520.86亿元，同比上升8.81%，应交所得税总计93.4亿元，同比下降了29.79%。②

二、山东商业服务业发展的优势与劣势

2018~2019年，全省加快推进“十三五”服务业发展规划，以及重点行业、重点区域等专项规划的实施，各级各部门把推动服务业大发展作为产业结构优化升级的战略重点，为服务业发展提供了较为宽松的政策环境和良好的发展条件。山东省商业服务业从微观环境到宏观环境都具有得天独厚的发展优势与机遇，但也存在不少制约因素与挑战。

① 山东省商务厅：《2018山东省电子商务发展报告》，2019年6月。

② 山东省统计局：《山东统计年鉴（2019）》，中国统计出版社2019年版。

（一）发展优势

1. 区位与物流优势

山东西连沿黄各省、东临日韩，处于国家东西双向开放开发的枢纽位置，战略区位优势明显。从交通区位上看，山东地处中国大陆东部的南北交通要道，公路、高速公路、铁路、机场、内河码头、海港等交通设施较为完备，陆海空内河等各类航线纵横交错，四通八达，具备公铁港联运的基础优势，为商品流通提供了极为便利的交通条件。

公路方面，2018 年，山东境内公路总里程已超 27 万千米，是全国最长公路网之一。铁路方面，2018 年全省铁路营业里程已突破 6000 千米，居全国前列，12 月济青高铁开通运营，进一步优化了中国高铁路网结构；水运方面，截至 2018 年 11 月，全省沿海港口吞吐量达 14.9 亿吨，形成以青岛港、烟台港、日照港为主要港口，以威海港、潍坊港、东营港、滨州港为地区性重要港口的分层次布局，2018 年山东省重点推进港口一体化融合发展，已完成滨州港、东营港、潍坊港的整合。航空方面，全省共有 9 个运输机场，数量位列全国第六，形成了“两枢一干六支”的机场格局。2019 年上半年，全省综合交通基础设施建设持续加快，累计完成投资 820 亿元，同比增长 28.8%。[①]

优越的区位与交通条件，加上丰富的自然矿产资源和工业农业产品，使山东成为商品流通的重要枢纽和集散地。2018 年山东省全年实现社会物流总额超过 20 万亿元，目前全省共有专业物流园区近 400 家，入驻企业超过 2.2 万家。[②] 从国际化区位角度看，山东紧邻韩国和日本，有利于发展对外经济。近年来“一带一路”倡议的深入实施为山东区域经济发展提供了良好的外部环境，山东将利用海洋区位优势，打造贯通亚欧的物流大通道。

2. 经济与产业优势

作为中国的经济大省，山东省经济基础较为雄厚，2018 年全省实现生产总值 66649 亿元，[③] 列全国第三。2019 年全年地区生产总值增长 5.5%，城乡居民

① 舜网，http://news.e23.cn/shandong/2019-07-09/2019070900538.html。

② 现代电商与物流研究院：《2018 年山东省物流园区发展报告》，2019 年 3 月。

③ 中国新闻网，https://baijiahao.baidu.com/s?id=1656341707979766071。

人均可支配收入分别增长 7.0% 和 9.1%，城镇登记失业率控制在 3.29%，城镇新增就业 138.3 万人。[①] 近年来，山东注重调整产业结构，大力发展第三产业，经济结构渐趋优化，产业发展规模与结构都呈现良好态势。2017 年和 2018 年三次产业比例为 6.7∶45.3∶48.0 和 6.5∶44.0∶49.5，全省服务业占比均超过二产。农业基础地位进一步巩固，2018 年农业增加值 5272.5 亿元，比上年增长 3.2%。全部工业增加值 28897.0 亿元，同比增长 5.4%，制造业加快转型升级，高技术产业产值比上年增长 9.6%。服务业主引擎作用凸显，对经济增长的贡献率为 60%，比上年提高 3.9 个百分点。

山东省委、省政府高度重视新旧动能转换综合试验区建设，经过全省共同努力，取得了重要阶段性成果。一是"四新经济"加速成长，"十强"产业带动效应逐步显现；二是创新型省份建设迈出坚实步伐，创新创业引领效应逐步显现；三是开放水平稳步提升，扩大开放示范效应逐步显现；四是形成一批可复制可推广经验，深化改革整体效应逐步显现。[②] 重点领域改革持续深化，创新驱动能力增强，新的经济增长点加快形成。新一代信息技术制造业、新能源新材料、高端装备等十强产业增加值分别增长 6.7%、6.0% 和 5.5%。区域经济协调发展，济青烟"三核"引领作用突出，生产总按可比价格计算，比上年增长 7.1%，对全省经济增长的贡献率为 39%，比上年上升 4.1 个百分点。[③]

在当前"十三五"与"十四五"衔接的重要时期，山东宏观经济将继续保持平稳较快发展态势，经济总量的跃升将有力推动商业服务业发展实现新的跨越。新旧动能转换重大工程、先进制造业强省建设、重点产业振兴、战略性新兴产业发展等战略的实施，将有力拉动生产资料流通规模的扩大，增加具有引导消费能力的新兴商品供应，带动适应产业集群发展的商品交易集散中心、现代物流业的发展，并催生与现代化生产相适应的现代流通方式。

3. 市场规模与潜力优势

市场需求规模与发展潜力决定了商业服务业的发展规模与发展前景。山东是全国人口大省，消费需求总量与未来市场潜力巨大。近年来山东省城乡居民收入持续增加，拉动了消费需求不断增长，成为山东商贸流通服务业快速发展的重要推动力量。2018 年，山东省全体居民人均可支配收入 29205 元，比上年增长

---

① 中国经济网，http://district.ce.cn/newarea/roll/202002/03/t20200203_34210129.shtml。

② 鲁网，http://sd.sdnews.com.cn/2019/zlqth/yxcs/201910/t20191018_2625623.htm。

③ 山东省统计局：《2018 年山东省国民经济和社会发展统计公报》，2019 年。

8.4%。其中，城镇居民人均可支配收入39549元，比上年增长7.5%；农村居民人均可支配收入16297元，比上年增长7.7%，[①] 2019年上半年，山东居民收入继续稳步增加，城镇、农村居民人均可支配收入分别为21149元和9905元，分别增长7.1%和8.0%。[②] “十三五”时期是我国全面建成小康社会的重要时期，国家实施“两个同步”战略，着力增加城乡居民收入，增强居民消费能力，城乡居民收入将继续保持较快增长势头。

（二）发展劣势

尽管山东省在商业服务业发展方面有众多优势，但也存在不少发展劣势。这些问题的存在，很大程度上制约了山东省商业服务业的发展，我们要迎难而上，克服困难，变压力为动力，推动山东省商贸流通迈上新台阶。

1. 观念相对滞后，创新能力不足

相对于国内先进省区，山东省商贸流通领域经营管理理念较为保守，管理能力相对落后，经营业态和经营方式创新不足。思想观念和管理理念的滞后，致使商贸企业转型不畅，经营业绩徘徊不前，直接阻碍了商贸流通产业链、企业链和价值链的互联互通，影响了整个商贸流通产业的综合竞争实力。首先，经营理念保守。不少商业企业的经营者思想保守，缺乏前瞻性思想与战略眼光，难以把握市场规律，导致同行业无序竞争的现象较为普遍。其次，经营方式和业态创新不足。业态升级转变缓慢，规范化程度低，营销策略单一。不少商贸流通企业营销手段简单同质，缺乏商品与服务的多元化组合。最后，创新能力不足，缺乏核心竞争力。如在互联网、物联网等信息技术应用方面，部分商贸流通企业虽然已经开始融合互联网经营模式实践，但对企业和互联网融合的重要性认识不深，全球视野、战略思维和经营理念还相对滞后，传统管理方式和管理理念仍然根深蒂固，跟不上信息化技术发展步伐，对于如何统筹谋划信息化发展，充分发挥商贸流通和互联网优势，缺乏战略规划和具体举措。

2. 流通组织结构不合理，缺乏规模经济

全省商贸流通业总体规模相对较小，流通产业集中度低，组织化程度不高，

---

① 山东省统计局：《山东统计年鉴（2019）》，中国统计出版社2019年版。

② 舜网，济南日报，http：//jnrb.e23.cn/shtml/jinrb/20190727/1809044.shtml。

难以形成规模优势和规模与效益，综合竞争力不够强。主要表现为：一是企业规模小而散。体制、行业、地域等原因导致的行业条块分割、地区封锁，使得流通企业规模相对较小且松散，缺乏特色，难以形成竞争优势。二是流通企业之间关联性差，组织结构松散。发达国家和地区的流通企业间关联性主要体现在企业所有权的集中度高，大企业通过参股、控股乃至收购等手段，把大量中小企业纳入自己的协作范围，以一个大公司为核心，组建规模巨大的企业集团，形成稳定的市场供应链。而山东省流通企业之间的市场联系大多局限于简单的供求关系，缺乏“长期交易”行为，企业组织结构过于分散。三是产业集中度低，龙头企业带动能力较弱。山东商贸流通企业数量众多，但大型商贸流通企业少，尚未形成在全国有品牌影响力的企业群体。省内有影响、有品牌的本土大企业大集团少，综合竞争力有待进一步提升。近年来，全省限额以上商贸企业仅占全部商贸企业的7%左右。2018年度有10家山东企业进入中国零售百强排行榜，排名相对靠后，排名最靠前的山东银座商城股份有限公司仅排在第20位，销售规模仅相当于全国排名前三位企业销售规模的1.4%，2.1%和7.3%。其中有5家企业排名在70名以后，具体情况如表1－3所示。缺乏龙头企业的带动效应，不利于商贸流通业内的技术溢出，从而阻碍了区域间商贸流通业的发展和产业升级。

表1－3　2017年、2018年山东进入中国零售百强榜单企业

序号	企业名称	2017年销售规模（万元）	排名（位）	2018年销售规模（万元）	排名（位）
1	银座集团（山东银座商城股份有限公司）	3509543	21	3474251	20
2	利群集团股份有限公司	2491708	28	2653669	27
3	家家悦控股集团股份有限公司	2490040	29	2592670	28
4	烟台振华商业集团	2447575	31	2512229	29
5	山东潍坊百货集团股份有限公司	1808000	39	1893000	40
6	济南华联商厦集团股份有限公司	885629	70	929378	70
7	山东新星集团有限公司	814228	73	749366	78
8	山东全福元商业集团	734584	77	802190	76

续表

序号	企业名称	2017 年销售规模（万元）	排名（位）	2018 年销售规模（万元）	排名（位）
9	山东德百集团	622796	85	653900	83
10	青岛维客集团股份有限公司	603631	87	615832	86

资料来源：搜狐网，http：//www. sohu. com/a/237342487_167028。

3. 流通效率与效益偏低

省内商贸流通业效率与效益偏低，服务民生、引导生产的能力不够强。主要表现为：一是流通环节多。以农产品为例，流通渠道结构仍以传统方式为主，蔬菜等农产品从田间到餐桌要经过生产者、经销商、销地批发商、销地农贸市场、消费者等多道环节，层层加价推高了销售价格。二是商品与资金周转速度慢。零售商品存货的周转率约为 8. 8 次，比全国平均水平低 0. 6 次。省内传统的流通业流动资金周转平均一年大约 2. 4 次，远低于发达地区的周转速度。三是物流成本偏高。2018 年山东省社会物流总费用与 GDP 比率约为 14%，比英、美、日等发达国家高 4 个百分点，也高于广东、江苏等先进省份。四是流通技术水平偏低。信息技术在商贸流通业的使用不足，互联网、物联网技术逐渐在全球兴起，而山东省零售业和批发业仍采取传统的信息沟通和传递形式，造成企业内部和企业之间的信息传递不及时，影响了流通效率与效益。

4. 区域发展不均衡问题仍然突出

区域发展不均衡是山东省流通结构存在的老问题，至今仍旧未得到根本性改善。一是区域之间发展不均衡。由于省内各区域自然条件、历史和社会发展等各方面的差异，导致区域商贸发展水平不均衡，尤其是东西部差异较为明显。中东部的济南、青岛、烟台、淄博、临沂等区域商贸服务业发展水平较高，而西部经济欠发达地区则发展相对不足。山东省规模以上的流通大企业，大多集中在中东部地区，且多数分布在二、三线城市。二是城乡之间发展不均衡。由于城镇地区具有基础设施完善、人口密度大、收入水平较高、消费能力较强等天然优势，城镇地区在山东省商贸服务业中占有绝对主导地位。城区商贸和市场发展成熟度高，商业网点密集，甚至存在重复建设现象。而农村商业网点发展相对滞后，市场网络体系不健全，基础设施建设薄弱，流通业态单一，市场面貌多年来没有明显根本改善，农村消费潜力未能得到充分引导和挖掘。三是城市内部区域之间分布不均衡。城市老城区商业区相对成熟，业态齐全，商家数量和交易量都较为集中，人气旺盛。而非城市核心区商业服务网点相对薄弱，多数新城区没有形成真正意义的商业区，流通设施闲置，人流量和交易量都偏少。

5. 产业促进机制不健全，行业监管乏力

尽管流通产业在国民经济中的重要性已成为共识，但长期以来一直缺乏与产业定位相配套的产业政策，对商贸流通行业的政策扶持、人才培养等方面都不够重视。行业规模的快速扩张，给行业监管带来了较大压力。在传统商贸流通领域，无照经营、制假售假在一定范围内屡禁不止，商贸企业缺乏诚信、拖欠供应商货款和员工工资事件时有发生，给社会带来了不和谐因素。在新兴流通领域，随着科技创新引领的跨境电商、大数据云商务等新业态的相继出现，急需政府相关部门在监管手段与方式方面进行完善与创新，而当前相关的行业监管制度与标准都不够完善。

三、山东商业服务业的机遇与挑战

2018~2019年，是“十三五”发展规划落实的关键时期，也是山东省新旧动能转换重大工程实施的重要时期，在国内外复杂多变的政治和经济形势下，山东商业服务业既拥有众多发展机遇，也面临着多种危机与挑战。如何抓住这些发展机遇，科学应对危机与挑战，成为摆在山东商贸流通业面前的重要课题。

（一）面临的机遇

从当前国内外发展环境看，山东省服务业面临众多发展机遇。主要表现为，国际与国内经济形势平稳向好，行业发展环境日益优化，新消费推动产业结构转型升级，乡村振兴与新型城镇化拓宽行业空间，新技术与“互联网+商贸流通”助推产业创新等多个方面。

1. 经济形势平稳向好

从国际环境看，尽管出现了一些不利因素，如中美贸易摩擦、美联储持续加

息等因素，使得全球经济增长动能有所减弱，主要经济体经济走势分化明显，一些国家经济增速出现回落等，但总体上看世界经济呈现缓慢复苏的态势。一方面近年来亚太新兴市场的崛起，吸引发达国家商贸服务业纷纷涌入，将带动国际产业转移在更广范围、更大规模和更深层次上进行；另一方面随着全球新旧动能转换加快，新一轮科技革命和产业变革蓄势待发，经济发展的新动能也日益强劲。总之，随着国际投资增速回升，国际需求有所增强，国际环境总体上有利于我国和平发展，有利于山东在全球范围内更好地整合资源，参与国际经贸竞争与合作。从国内环境看，中国经济面临一定的下行压力，但通胀率预期和就业状况稳定，国际收支基本平衡，中国经济增速显示了较强的韧性。2019 年中国经济增速将在新常态下运行在合理区间，产业结构继续优化，增长质量继续提高。从山东省内环境看，新旧动能转换全面起势，乡村振兴、海洋强省等战略稳步推进，三大攻坚战成效突出，民生福祉全面增进，经济社会高质量发展也迈出了坚实步伐。国内外环境的平稳发展，为山东省商业服务业的发展创造了良好的宏观环境。

2. 行业发展环境日益优化

一是国家不断推出促进行业发展的政策性文件，优化了行业环境。党的十九大报告提出应“支持传统产业优化升级，加快发展现代服务业，瞄准国际标准提高水平”。2019 年 8 月，国务院办公厅印发了《国务院办公厅关于加快发展流通促进商业消费的意见》，以推动流通创新发展，优化消费环境。国家“十三五”规划纲要提出要加快推动服务业优质高效发展，开展加快发展现代服务业行动，扩大服务业对外开放，优化服务业发展环境，推动生产性服务业向专业化和价值链高端延伸、生活性服务业向精细和高品质转变。二是新旧动能转换重大工程的实施推动了行业政策落地。为配合新旧动能转换工程顺利进行，政府在财税、金融、土地等方面将加大政策支持力度，还将在重点区域探索自贸区和国家级新区、自主创新示范区等试点政策。三是现代市场规则体系逐步形成。随着国内商贸流通体制改革的不断深入，法制化营商环境日益优化，以及统一开放、竞争有序的流通体系的不断完善，一个消费者自主选择、自主消费，商品自由流动、平等交换的现代市场规则体系正逐渐形成。

3. 新消费推动产业结构转型升级

随着居民收入水平的持续提高以及消费观念的转变，山东省消费结构不断改善，居民消费从注重量的满足转向追求质的提升。在新消费背景下，消费结构、消费需求偏好以及消费方式的转变，有力推动了产业结构的转型升级。当前山东居民消费结构正呈现由生存型消费向发展型消费升级、由物质型消费向服务型消费升级、由传统消费向新型消费升级的趋势。消费结构的快速升级，也催生了巨大的消费潜力，促成了多方面消费热点的形成。如近年来消费者消费品质的提升，显著促进了服务消费、信息消费、绿色消费、时尚消费和品质消费等消费新热点的形成与发展。“90 后”“00 后”等新生代消费群体的形成，带动了个性化、差异化、时尚化、品牌化消费，并催生网络购物等新消费模式的形成与快速发展。从消费方式看，越来越多的人习惯网上购物和信用消费，购物地点从实体店转移到任意场所。这些新的消费动向都为商贸流通业转型升级指明了方向，也成为商业转型升级的强大动力。

4. 乡村振兴与新型城镇化拓宽行业空间

一是乡村振兴战略的实施将为商贸流通业创造新的发展机遇。2018 年国家和山东省都出台了乡村振兴战略规划，正逐步得以落地实施。乡村振兴战略一方面有助于提高农民收入，增加农民消费能力；另一方面通过相关产业的发展有助于提升农村的产业融合发展水平，提升农产品和农村消费品的流通规模和效率，拓宽了商贸流通业的发展空间。二是新型城镇化的持续推进拓宽了商贸流通业的发展空间。据测算，城镇化率每增加一个百分点，将拉动城镇投资约 5000 亿元，增加消费约 1200 亿元。城镇化有助于培育高消费群体，把农民变为市民，是扩大内需、发展商业服务业的最大潜力。未来几年，山东省城镇发展将进入快速发展时期，常住和户籍人口城镇化率都将显著提高，预计将有 700 万 ~ 1000 万农村人口转化为城镇人口。新型城镇化建设将释放巨大消费潜力和投资潜力，必将为山东省商业服务业产生更大需求和提供强力支撑。

5. 新技术与“互联网 + 商贸流通”助推产业创新

近年来各种高新技术如移动互联网、大数据、物联网、云计算、北斗导航、地理信息服务等在商贸流通环节推广应用，已经成为推动山东流通业实现战略变革、模式再造和服务提升的新动力。以网络和信息技术为主要依托的信息技术的发展，促进了商业模式创新，使商业服务业供应者和消费者的关系更为密切，大大地提高了商业管理水平和服务能力，节约了交易成本，提高了运营效率。“互联网 + 商贸流通”行动计划的实施，在引领消费模式、促进产业创新中发挥着越来越重要的作用。一是移动支付渗透“衣食住行”，消费模式更加多元化；二是电商在内外贸领域全覆盖，电子商务在城镇和农村得到迅速发展，同时也拓展了国际市场，商贸流通业创新空间不断增大；三是促进新零售业态不断创新。目前，新零售在便利店、超市、住宿、餐饮等领域的创新最为突出，并成为带动其他实体商业发展的标杆。

（二）面临的挑战

当前国内外政治经济形势复杂多变，不确定性增强，世界经济和国内经济都面临下行压力，拉动经济增长的“三驾马车”——投资、消费和净出口增速均出现不同程度的回落。省内行业发展环境也亟待改善。2018～2019 年山东省商贸流通业发展仍将处在复杂多变的环境中，面临诸多障碍和挑战。

1. 宏观环境不容乐观

从国际形势来看，世界经济虽然在各国大规模刺激政策作用下一度快速回升，但随着刺激政策的退出和作用衰减，复苏动力明显不足，仍存在较多不确定因素。全球主要国家开始退出量化宽松货币政策，美联储加息和美国减税等因素将给我国宏观经济运行带来一定负面影响。新兴经济体总体仍处于增长调整期，普遍面临结构调整和经济下行压力。全球贸易保护主义加重、国际经贸规则重塑、地缘政治冲突等将使外部环境更加复杂多变，全球经济贸易增速趋缓，中美经贸摩擦成为我国发展外部环境面临的最大变数。外需的拉动作用将会减弱，山东省出口增长将受到影响。从国内形势来看，2018～2019 年中国宏观经济在国内外环境的双重影响下，复杂程度将继续加深，经济发展依然面临一定的风险与挑战。外部主要风险有中美贸易摩擦风险、资本向外迁移风险、外部需求下降风险，内部主要风险有劳动力市场风险、家庭债务风险、民企融资难、融资贵及地方政府债务风险。这些宏观环境因素都会直接或间接影响着商业服务业，使行业发展前景的不确定性增强。从山东省看，正处于结构的深度调整期、瓶颈的突破期、动能转换的胶着期，外部不确定性和下行压力加大交织并存，传统产业调整转型和新经济势强力弱交织并存，实体经济困难和要素保障趋紧交织并存，各种风险挑战不容忽视。

2. 微观要素环境压力依旧

要素环境的约束力主要表现为行业发展要素成本不断的上升、环保与安全约束力的增强等，这些约束力的增强一定程度制约了行业的发展。具体表现为，一是土地资源的短缺和土地价格持续高位，推高了租金价格。二是企业融资难、融资贵问题仍未解决。银行融资产品单一，长期信贷投放不足，导致企业成本偏高。特别是中小企业贷款难，资金使用效率低；贷款附加条件多，批复程序复杂。三是劳动力成本不断增加。工资增速快，且难以招到合适的工人，同时用人单位需缴纳的社会保险费比例增大，推高了人工成本。四是技术提升压力增大。在日趋激烈的竞争环境下，引入信息技术和新的业务模式是企业发展的必然趋势。这促使流通企业不得不增加对新科技、数据分析的投入，这些费用必将加重零售企业的财务负担，影响公司的盈利能力。五是环保压力逐年增加。面对资源、环境双重压力，为适应建设“两型”社会、发展低碳经济的要求，零售、批发、住宿及餐饮等传统商贸流通企业将面临更大的节能技术改造压力。新环保法的实施，对企业环保管理提出了更高要求，环境违法成本激增。

3. 行业竞争更加激烈

近年来，随着国内统一市场建设进程的加快，省内商贸企业不但需要面对省内本土竞争者之间的激烈竞争，还面临着更强的外来竞争压力。一方面，跨国连锁品牌近年来纷纷进驻山东省，争夺市场份额。2018 年全省新设外商投资企业 1479 家，同比增长 0.1%；合同外资 1860.8 亿元人民币，增长 32.5%；实际使用外资 1210.5 亿元人民币，增长 9%。[①] 另一方面，省内流通企业还面临省内先进省份商贸流通业快速拓展带来的竞争。周边临近的京津冀、长三角等地区经济快速发展，江苏、辽宁等沿海地区开发开放不断扩大，其优势商贸流通业企业在山东市场的渗透与扩张步伐不断加大。

4. 技术与产业变革对传统商业冲击更强

在技术革新与巨头布局的双重渗透下，零售行业迎来了最为激烈的变化。从渠道、供需模式、业务类别、产品、服务以及场景等层面，接连不断地迸发出创新的力量。以电子商务为代表的商贸流通技术创新、业态创新、模式创新快速发展，给传统商业带来前所未有的生存与发展压力。实体零售商所受冲击继续增大，经营更加困难，尤其是一些大型企业受到的冲击更大，表现在产值减低、商店关闭、品种减少等多个方面。2018 年全省限额以上批发零售业实现营业利润

---

① 《2017 年 12 月全省利用外资情况分析》，山东省商务厅网站，http：//www. sdcom. gov. cn/public/html/news/408938. html。

大幅下降，商品交易市场摊位数和成交额均有所下降。尽管造成传统实体商业业绩不佳的原因有多个方面，但电子商务的冲击是其中较为突出的一个因素。

5. 人才培养滞后，高层次人才短缺

当前商贸流通人才培养方面存在着专业人才数量少、高校人才培养的知识与能力结构与流通产业发展需求不相适应、高层次管理型人才严重缺乏等问题，制约了流通行业的发展与转型升级。全省商贸服务业大部分从业人员都属于传统型和经验型，并未接受过正规的专业教育和培训就上岗，缺乏对品牌管理和营销知识的认识，不了解先进的管理方法和经营理念，更缺乏创新意识。高层次的科研开发人才更是短缺。目前省内商贸流通业研究与开发机构人员很少，本科及以上特别是具有中高级专业技术职务的专业人才严重匮乏，制约了行业整体技术水平的提高，不利于商贸流通业的持续健康发展。

四、山东商业服务业发展的趋势分析

在全省加快新旧动能转换，推进供给侧结构性改革的大背景下，山东省商业服务业也面临深刻变革，流通新业态、新模式、新技术不断涌现，呈现出如下发展趋势。

（一）商贸流通业一体化发展加快

消费者日趋多元化的消费理念、消费习惯促使商贸流通企业转变传统的单一产品经营理念，为消费者提供一体化服务。电子商务的兴起与快速发展，使消费者能够以更加便利、快速的方式获得所需要的产品和服务，拓展了商贸流通企业的销售渠道。随着商贸流通业改革与转型升级政策的落实和行业信息化建设的快速发展，越来越多的商贸流通企业尝试逐步运用全局供应链思维，利用物联网、区块链等技术，建设供应链一体化管理平台。供应链一体化管理平台的应用将打通物流、资金流和信息流的隔阂，同时向供应链上下游提供市场开发、价格谈判、在线支付、金融支持等增值服务及综合解决方案，借助云计算、大数据等技术挖掘数据的价值，辅助企业及终端客户的经营决策，从而提升物流运作效率，降低运营成本。专家分析，以流通企业为引领，借助持续的政策推动和技术进

步，供应链整合将开启以流通信息化、可视化快速探知消费动态、以数据化驱动实现更合理产能配置的新阶段。

（二）商品交易市场探索转型升级

与国内大多数省区类似，山东省商品交易市场的发展也经历了恢复、起步、规范、调整和提升几个阶段，当前伴随中国经济提质增效和经济发展方式的转变，特别是“三去一降一补”五大任务和供给侧结构性改革的深入推进，山东省商品交易市场的扩张发展模式也相应结束，商品交易市场数量开始大幅减少。预计未来几年，商品交易市场数量将会继续减少，直到市场供给过剩的局面得到缓解。在优胜劣汰的淘汰机制下，一部分商品交易市场开始探索转型升级，开始探索信息技术和电子商务背景下的实体市场的新定位、新功能、新模式，有的积极试水线上线下的业务融合，有的借助信息技术探索软服务的智能化，还有的逐步向物流园区方向转型。总体上看，未来各类商品交易市场的数字化、网络化、智能化的水平都将不断提高。有专家指出，商务部等 12 个部委提出的发展平台经济将是商品交易市场转型发展的其中一个大方向。在移动互联、物物互联的背景下，在消费升级的新时代，商品交易新模式将会被应用到各个消费的子行业中，商品交易市场也应该抓住这样的机会在市场更加细分的过程中，融合发展，跨界发展。

（三）零售领域创新发展加速

在传统零售行业的经营模式面临严峻挑战的形势下，实体零售商也主动积极转型，采用多种创新手段提升经营效率，以满足消费者不断变化的消费习惯。不少零售商通过应用新技术如人工智能，大数据赋能，加快转型升级，推出了不少新的商业模式及零售业态。未来，跨界融合将成为零售创新的新形式，省内部分大中型零售企业，如银座集团股份有限公司等，开始尝试通过跨界合作，借助多种业态模式和业种相互组合，适应市场变化了的需求，更好地满足消费者。实体零售商业运营商一方面积极引入各类新兴业态来，提高差异化程度，力求夯实自己的竞争优势；另一方面商家和品牌也在通过跨界、创新等方式寻求新的细分市场定位，提供独特的产品和服务，如打通线上线下全方位零售渠道、更多融入科技元素、打造 IP 化场景消费等。专家认为，零售业创新和升级改造的浪潮将持续下去，并成为业界竞争的重要手段。在消费升级的背景下，不少零售商开始回归零售业本质，重塑核心竞争力，为消费者提供更高质量的商品和服务，以及更为便利和个性化的购物体验。

（四）餐饮业进入数据营销时代

随着移动互联网产业与在线支付功能的普及，越来越多的用户开始尝试在线预订或者外卖，消费模式的改变让用户也快速地增长。种种迹象表明，餐饮行业的O2O模式已经是大势所趋，线上线下正在加速融合，餐饮业已全面进入数字化营销时代。今后餐饮企业可以通过数据分析制定和调整经营战略，提升运营效率。同时，数字化营销带来的高度智能化和自动化，还可以大大减少服务员、收银员，降低人工成本。餐厅的智能化发展，不仅给消费者带来便捷体验，也能使商家和平台借机掌握大量用户口味、喜好等大数据，为日后的精准营销奠定决策基础。然而业内普遍认为，无论O2O走得多远，都应永远以线下为根本，因为只有实体产品与服务体验才是用户最重视的因素，是真正凝聚用户实现消费落地的核心所在。而线上的作用主要着眼于使产品和服务在更大范围获得传播，并在搜寻消费信息、开展性价比较、实施电子结算等方面为消费者提供便利，也帮助商家能够借助大数据实施精准营销。

（五）乡村振兴拓宽行业发展空间

党的十九大做出了实施乡村振兴战略的重大决策部署。习近平总书记参加十三届全国人大一次会议山东代表团审议时，就实施乡村振兴战略特别是推动产业振兴、人才振兴、文化振兴、生态振兴、组织振兴和乡村振兴健康有序进行作出重要指示，要求山东充分发挥农业大省优势，打造乡村振兴的齐鲁样板，为山东省做好乡村振兴工作，指明了前进方向，提供了根本遵循，注入了强大动力。《山东省乡村振兴战略规划（2018～2022年）》、国务院《关于促进乡村产业振兴的指导意见》等的颁布与实施，为农村产业振兴指明了发展方向。可以预见，随着规划与相关利好政策在山东落地，农村产业将更加兴旺，农民消费水平将进一步提高，农村商贸流通基础设施将会更加完善，农村流通组织将更加健全，所有这些都将极大地拓展山东省商贸流通的发展空间。如山东省商业集团有限公司积极参与山东省乡村振兴发展战略的实施，成立了鲁商乡村发展集团有限公司，探索乡村振兴齐鲁样板模式的构建，同时也积极创新探索适合乡村振兴发展模式的商贸流通发展路径，拓展了商贸流通业的发展空间。

五、山东商业服务业发展的对策与建议

2018 ~2019 年是全面落实“十三五”发展规划的关键时期，是山东深化改革开放、加快转变经济发展方式，实现科学发展、创新发展、可持续发展的战略机遇期，是山东全面建成小康社会的决胜阶段。应从促消费、明确产业发展重点、提升供给质量、创兴驱动产业升级、促进内外贸融合等多方面入手，积极推动山东省商贸流通业高质量快速发展，助推全省经济转型发展。

（一）促进消费提质扩容

在当前国内外经济环境趋紧的形势下，急需以消费的基础性作用来对冲经济下行压力，以强大的内需市场来消化吸收外部的不确定性。因此完善体制机制、改善消费环境，进而实现消费提质扩容、释放消费潜力，是实现商贸流通行业长足发展的重要途径。

1. 以增加居民消费收入为根本，提高城乡居民消费能力

通过增加制度供给，改善消费环境，进一步挖掘消费潜力。一是增加居民收入，增强居民消费动力。继续深化收入分配制度改革，不断完善企业、机关事业单位工资分配制度，增加低收入群体收入，扩大中等收入群体。继续缩小城乡收入差距，通过推广农业规模化经营，落实精准扶贫和各种惠民政策，不断提高农民创业增收能力。二是夯实住房、教育、医疗“三保障”，增加居民消费预期。政府可以增加住房、教育与医疗等方面的财政支出，以换取居民在这些领域减少支出，将节省的部分用于其他消费。或者，至少抑制居民在这些领域不断增长的支出比例，抑制其价格过快上涨。三是营造安全放心的消费环境，增强居民消费信心。同时，健全消费者维权机制，不断提高消费者主体意识和维权能力，创建安全放心的消费环境。

2. 以供给侧结构性改革为主线，促进城乡居民消费升级

一是完善流通发展体系，深化与阿里巴巴、苏宁、京东等知名电商的合作，

畅通电子商务“双向”流通渠道，重点推动山东省农产品、品牌消费品上行。实施智慧商圈三年行动计划，全面推进惠民“三进”工程，创新开展“农商互联”活动，打造方便快捷的服务网络。二是提升流通供给效率，以创建国家级物流标准化试点城市、冷链物流示范城市为契机，打通制约流通发展的关键环节，强化流通公共信息平台建设，通过信息化、标准化、集约化，减少环节，减少损耗，降低成本，提高效率。三是扩大品质消费规模，顺应消费变化需求，增加时尚、健康、绿色、智能商品服务供给，打造“互联网+生活”服务体系，推动消费从商品消费向服务消费、生活方式消费转变。

（二）明确各细分产业发展重点

根据山东商贸流通业发展现状与发展目标，结合商贸流通领域的规划与政策引导方向，进一步明确山东商贸流通业的发展重点。坚持消费引领、创新驱动、服务民生、开放融合、统筹协调等发展原则，努力提升批发零售业、住宿餐饮业以及商贸物流与电子商务等服务业发展的质量与效益。

1. 批发零售业发展重点

进一步优化城乡流通网络，建设现代批发零售服务体系，构建开放融合的大市场、大流通格局。大力发展电子商务，推动传统商贸流通企业利用互联网等先进信息技术进行升级改造，鼓励线上线下互动创新。加快批发业转型升级，增强物流配送、展览展示、质量标准、金融服务等新型功能。重点推动商品市场转型发展，通过提升、迁建、关闭等措施，推动商品市场集聚化、园区化发展。支持市场主体利用资本、品牌和技术优势，向商业设施相对薄弱地区布局。引进培育大型供应链企业，推广应用现代流通技术和设施设备，创新金融产品和服务，实施标准示范和质量认证，提升物流配送、金融服务、规范管理水平，推动商流、物流、信息流、资金流融合。推动零售企业转变经营方式，加大自主品牌、定制化商品比重，丰富消费体验。积极发展社区商业，引导便利店等业态进社区。推进农产品流通和农村市场体系建设，畅通农产品进城和工业品下乡双向流通渠道。

2. 住宿餐饮业发展重点

强化服务民生的基本功能，形成以大众化市场为主体、适应多层次多样化消费需求的住宿餐饮业发展新格局。大力推进住宿餐饮业连锁化、品牌化、标准化经营，加强“老字号”保护，提高住宿餐饮服务业的文化品位和绿色安全保障水平。推动住宿餐饮营业分层次错位经营，积极发展满足人民群众需求的细分业态。发展绿色酒店、主题酒店、客栈民宿、短租公寓、长租公寓，积极引进国内外知名酒店管理品牌，完善星级酒店监督机制，开展农家乐宾馆星级评定。加快餐饮业特色发展，发展有机餐饮、快餐团餐、传统鲁菜、特色小吃等特色餐饮，建设一批特色鲜明、业态丰富的风味美食街区，举办一批大型美食节庆活动。实施餐饮业品牌战略，开展餐饮“名企”“名店”建设工作。支持住宿餐饮企业发展电子商务，加快预订平台、中央厨房、餐饮配送、视频安全等配套设施和服务体系建设，实现线上线下互动发展。

3. 商贸物流发展重点

依据山东省区域发展战略，结合各地经济发展特点、交通运输网络和物流业发展的实际情况，重点规划建设和推进东部港口物流群、省会城市群经济圈物流群、路南商贸物流群、黄河三角洲高效生态物流群、西部经济隆起带物流群五大物流区域。进一步发挥国家级、省级、地区级和县级物流节点城市的辐射带动作用，根据产业特点、发展水平、设施状况、市场需求、功能定位等，加强物流园区的基础设施的规划布局。充分运用信息化、互联网手段改造提升传统物流业，加快推进物流服务社会化和专业化，积极建设充分利用物流公共服务平台，推动物流企业提供第三方、第四方物流解决方案及物流进入等供应链管理服务，推动智慧物流发展。完善城市共同配送网络。以物流信息标准化为切入点，以互联网、物联网、大数据、云计算等现代信息技术为支撑，推动人工智能、射频识别、温控传感、卫星定位、智能投递等现代物流技术的广泛应用。重点培育一批智慧物流配送示范城市、园区和企业，鼓励平台模式、加盟模式、供应链模式、全产业链模式等物流新商业模式创新发展。加快冷链物流突破发展，完善冷链物流仓储设施，深化冷链物流示范创建。

4. 电子商务发展重点

重点推进电子商务基础信息设施、电子商务安全及电子商务监测体系建设。积极培育商业模式成熟的电商企业，支持有条件的电商企业通过兼并重组、战略合作等方式扩大规模。积极推进平台建设，打造一批区域性网络零售平台、行业垂直电商平台、大宗商品电子商务平台，积极培育电商“双创”平台。建设集聚度高的电子商务产业园区，加大招商力度，形成电子商务产业园、跨境电商园区、电商创业园、孵化中心、创客工场等多层次的电商产业集聚发展平台。加快农村电商服务网络全覆盖，培育引进一批有成熟运营经验的农产品电商运营商，打造一批具有较高市场认知度、专注于垂直细分领域的农产品电商平台。实施“互联网+品牌”工程，以市场需求为导向，重点推行渠道建设，打造互联网品牌创建公共服务平台、培育“互联网+品牌”示范样板，构建山东省电子商务区域公用品牌。

（三）提升商贸流通业供给体系质量

按照国家深化供给侧结构性改革的部署，结合山东省区域发展战略，深化流通管理体制改革，进一步优化现代流通产业网络和格局，提升城市商业服务体系，加快农村商贸流通体系建设，推动商贸流通发展不充分不平衡的问题。

1. 深化流通管理体制改革

进一步转变政府职能，加快简政放权，优化职责分工，加强部门协作，建立适应大流通、大市场发展需要的新型流通管理体制。坚持市场化改革方向，以建设法治化营商环境为主线，以新的流通创新为引领，通过深化改革，推动政府转变职能、简政放权，打破地区封锁和行业垄断，充分发挥市场配置资源的决定性作用，优化内贸流通发展的体制机制，完善流通法规、规则和诚信体系，逐步形成政府依法行政、企业守法经营、中介组织规范自律、社会公众有效监督的法治化营商环境和分工明确、协调高效的内贸流通管理体制，增强内贸流通服务经济社会发展全局的能力。

2. 进一步优化现代流通产业网络和格局

构建科学、完善的流通产业组织结构是流通产业升级发展的保障条件与关键内容。一是进一步明晰区域商贸流通业发展定位和发展战略，引领区域商贸流通发展；二是充分发挥市场在资源配置中的作用，运用市场化手段，通过混合所有制改革、参股控股、兼并收购、资产重组等方式，打破地域、领域和行业界限，优化资源配置，推动优质资源向优势企业集中，努力培育商贸流通龙头企业；三是加强经济不发达地区和广大农村地区商贸流通布点，优化商贸流通产业布局，建立商贸流通网络，完善物流运输等相关配套设施，逐步解决商贸流通效率低下问题，推动商贸流通业持续均衡发展。

3. 提升城市商业服务体系

科学确定城市商贸流通设施发展建设需求，统筹设计未来城市商贸流通设施的功能结构、空间布局和建设规模，推动商业与人口、交通、市政、生态环境协调发展。一要加快提升现有城市核心商圈。引导新老商圈明确定位、突出特色、提档升级、错位发展，形成核心商圈长效管理机制。二要建设各具特色的新兴地标性商业。依托现有商业项目资源，引进知名商品和服务品牌，发展大型购物中心、国际知名百货店与专卖店，形成区域性商业新地标。三要发展形式多样的特色商业街。在特色商业街建设中注重历史文化与当地特色的结合，提升商业品味，优化商业环境。

4. 加快农村商贸流通体系建设

以乡村振兴战略的实施为契机，通过产业融合与供应链创新，加快推进农村商贸流通体系的建设。一是要完善城乡双向的消费品流通体系。鼓励现有大中城市的连锁流通企业向农村延伸商业网点，实现工业品下乡。推动流通企业发展订单农业，大幅减少农产品流通环节，建立集农产品生产、加工、包装、销售为一体的新型农产品供应链。二是加强农村商业网点规划，提高网点设施条件，积极鼓励有实力、有规模优势的商业企业利用连锁体制，以市级店及配送中心为依托，以县级市场为桥头堡，选择人口集中、条件较好的乡镇和村庄开设店铺，建立完善营销网络。三是积极发展农村电子商务。在推进农产品品牌建设的基础上，加快完善电子商务公共服务体系，积极构建农产品上行体系，建立和完善农村物流服务体系。

（四）创新驱动流通业转型升级

把创新作为引领流通业发展的第一动力，确立以创新驱动为主的商业可持续发展模式，建立以企业为主体、市场为导向、商学研相结合的创新体系，加快推进新技术、新产业、新业态、新模式发展，实现流通产业转型升级。

1. 积极探索发展模式创新

商贸流通企业要积极学习借鉴发达国家商贸流通企业发展模式和先进经验，

认真贯彻新发展理念，充分运用互联网技术，打破行业、地域、领域的局限和流通环节之间的壁垒，积极创新企业经营模式。一是探索跨界融合发展。积极探索商贸流通业与交通业、旅游业、文化产业、产业园区等不同产业的创新性融合发展模式，拓展商贸流通业的发展空间，形成更多流通新平台、新业态、新模式。二是探索相关领域的融合发展。促进内贸与外贸、电子商务与物流运输、实体新零售与金融、计算机信息与大数据等领域的融合发展。三是鼓励新兴业态创新。支持线下经营实体加快新理念、新技术、新设计改造提升，向场景化、体验式、互动性、综合型消费场所转型。支持百货商场、购物中心等商贸活动场所增加餐饮、休闲、娱乐、健康、文化等服务性消费逐步向商业服务综合体转型，着力打造主体多元、业态多样、业种丰富的商圈。

2. 积极推动组织与管理创新

目前商业领域的行政管理是多头管理，九龙治水，管理碎片化、条块化还比较明显，管理职责不清，有利互相争、有权互相争、有责互相推的现象比较多，这样的体制肯定难以适应大市场、大流通发展的需要，必须重视组织结构创新，包括流通行政组织、流通企业组织、流通行业组织创新，同时要充分发挥行业协会在商业发展中的重要地位，解决政府行政机构对流通管得过多、过细、过死的问题，提高流通领域组织的规范化和科学化管理。在管理创新方面，一是从管理战略上促进商贸流通企业向集约化发展方向迈进，在品牌定位、主业扩展、精细化管理等方面实现模式创新。二是在内部管理方面创新管理手段，在统一规范管理、批量采购和集中快速配货等方面挖掘内部潜力，提高管理与运行效率，降低成本，实现企业的内涵式增长。

3. 大力推动设备与技术升级与创新

一是要加强商贸流通领域的基础设施投入，具体包括仓储、加工厂、冷库、物流配送、农贸市场、大型超市及大型批发市场的建设，由于这些设施直接为社会、为老百姓服务，属于公共基础设施的重要组成部分，应在政府的引导下尽可能引入民间资金进行投资。二是要大力推动新的网络技术、信息技术与通信技术在认证、交易、支付、物流等流通环节的应用推广，推动商贸流通业实现从劳动密集型向知识密集型、技术密集产业的转变，促进市场精准营销和优化服务，实现产业转型升级。三是积极发展“数字商业”，推动传统流通业转型升级。鼓励建设“智慧商场”，利用网站、微信、手机 APP 等与消费者建立全方位互动，培育新的竞争优势。四是打造智慧型供应链。以商业供应链模式创新、供应链结构调整、供应链流程优化、供应链信息共享为目标创新发展流通供应链体系。

（五）推进内外贸融合发展

山东省应充分利用国际国内两个市场、两种资源，加强国内贸易与对外贸易协调联动、协同创新，构建大市场、大流通、大贸易发展格局，积极推动贸易强省建设。

1. 构建开放融合一体的流通新格局

一是实施流通“走出去”战略，鼓励企业在境外建设商贸物流型经贸合作区，支持企业建立海外营销、支付结算、仓储物流及售后服务网络，打造全球供应链体系。二是积极推进内外贸融合发展平台与主体的建设。建设一批链接国内外市场、运行规范的跨境贸易电子商务综合服务平台；培育一批经营模式与国际接轨的商品交易市场；打造一批内外贸兼营的批发零售企业。三是进一步提高内贸流通领域对外开放水平。支持内外贸企业间的兼并重组，发展新型流通业态。更加注重引进国外先进技术、管理经验与商业模式，吸引跨国公司在省内设立采购、营销等功能性区域中心。四是借助互联网推动内外贸融合发展。要抓住新一轮科技革命发展的机遇，大力发展电子商务和跨境电子商务，通过统一的准入标准、信用制度、交易准则和金融体系等，实现对信息流、资金流和物流信息的资源整合，实现内外贸融合发展。

2. 推动内外贸“两个市场一个标准”融合发展

统一的国内外市场规则是推动内外贸融合发展、联动发展的重要基础，因此应积极推动内外贸“两个市场一个标准”融合发展。一是要利用国际贸易规则健全国内市场规则和制度体系，推动国内贸易领域法规、标准和信用体系建设，创新市场监管和治理模式。同时，要鼓励内贸流通企业学习国际贸易惯例，增强参与国际市场竞争的能力，提高企业在国际国内两个市场的资源配置能力。二是要总结推广“用外贸标准办内贸”做法，在农产品流通、物流配送、电子商务、生活服务业等行业，加快对接国际标准。积极发展跨境电商，鼓励省内企业与境外电商平台强强联合，推动跨境电子商务企业与外贸转型升级基地、出口农产品质量安全示范区等产业集群对接。

3. 为流通企业“走出去”提供有力支持

一是在财税、金融、外贸、保险等领域制定与实施相对灵活的优惠政策。针对不同规模的流通企业，采取不同程度的减税让利措施，减少减税、免税、退税工作的审批环节。二是通过多种途径提供资金扶持。有关政府主管部门应根据商贸企业需求，积极研究出台相关政策，充分运用多种金融服务产品与融资方式，协助企业拓宽融资渠道。三是协助商贸企业拓展国际营销与贸易渠道。政府主管部门与行业协会利用自身资源与优势，通过多种渠道多种方式，协助商贸企业组织国内长线产品出口以及国内短线产品进口。四是为商贸企业制定国际竞争决策与发展战略提供决策支持。政府主管部门与行业协会应深入调研商贸企业的国际贸易需求，建立健全国际情报网络体系，积极调研国外重点区域的市场，收集国际情报信息，为企业决策服务。

参考文献：

[1] 山东省统计局：《山东统计年鉴（2019）》，中国统计出版社2019年版。

[2]《山东省国民经济和社会发展第十三个五年规划纲要》，2016年。

[3]《山东省“十三五”内贸流通发展规划》，2017年。

[4]《2017年山东省国民经济和社会发展统计公报》，2018年。

[5] 宋则：《“十三五”时期寻求商贸流通业创新发展新趋势》，载《中国流通经济》2016年第1期。

[6] 袁平红：《全球流通发展新态势下的中国流通产业发展方式转变》，载《中国流通经济》2014年第2期。

[7] 中国社会科学院财经战略研究课题组：《我国商贸流通服务业战略研究》，载《经济研究参考》2012年第32期。

[8] 山东省商务厅：《2018山东省电子商务发展报告》，2019年6月。

第二章

山东居民消费现状研究与展望*

消费是最终需求，既是生产的最终目的和动力，也是人民对美好生活需要的直接体现。随着外部风险压力持续上升，消费作为经济的内生增长主引擎，已然成为当前山东经济突破瓶颈、实现稳增长的关键变量。近年来，山东省居民消费结构不断优化调整，消费品市场规模持续扩大，居民消费对经济增长的驱动作用逐渐显现。增强消费对经济发展的基础性作用，对于优化生产和消费等国民经济重大比例关系，实现需求引领和供给侧结构性改革相互促进，带动经济转型升级，促进山东经济平稳发展具有重要意义。

一、山东城乡居民消费现状

改革开放以来，山东消费领域发生历史性巨变，市场化改革成效显著，流通方式创新发展，市场在资源配置中的决定性作用逐步显现，消费成为经济增长的主要驱动力。

（一）山东居民消费水平分析

2018 年，全省居民收入增长平稳，消费水平不断提高，农村居民收支增速快于城镇居民，城乡居民收入差距缩小，消费结构持续优化。

* 作者简介：韩雪，山东商业职业技术学院；陈晓宁，山东商业职业技术学院。

1. 居民消费支出

居民收入增长平稳。2018 年，全省居民人均可支配收入 29205 元。其中，城镇居民人均可支配收入 39549 元，增长 7.5%；农村居民人均可支配收入 16297 元，增长 7.8%，快于城镇居民收入增幅 0.3 个百分点。这是自 2010 年起连续第 9 年农村居民收入增速快于城镇居民，城乡居民收入比为 2.43∶1（见图 2－1）。

收入结构继续优化。2018 年，全省居民人均工资性收入 16814 元，增长 8.3%，占人均可支配收入比重 57.6%，拉动居民人均可支配收入增长 4.8 个百分点，对居民收入增长贡献率为 56.4%，是居民增收的主要来源。人均经营净收入 6300 元，增长 6.9%，占可支配收入比重 21.6%。人均财产净收入 2043 元，增长 11.6%，在四项收入中增速最快。人均转移净收入 4047 元，增长 10.2%。居民财产、转移净收入占人均可支配收入比重比上年分别提高 0.2 个和 0.3 个百分点。

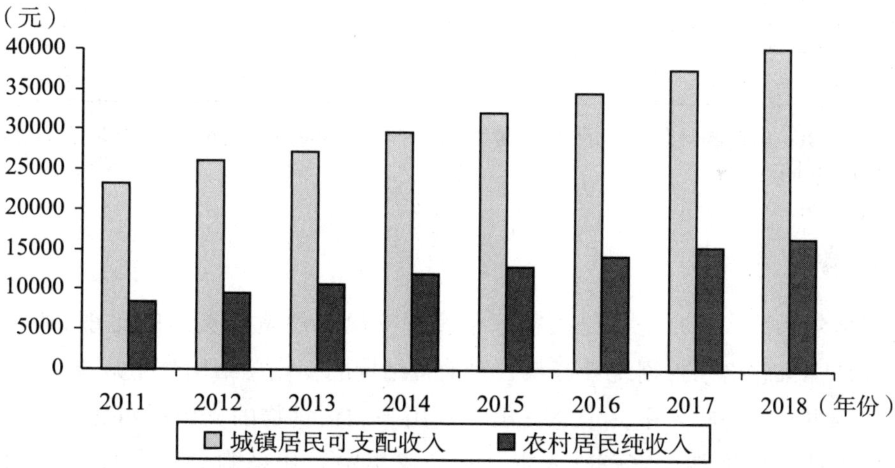

图 2－1　“十二五”以来山东省居民实际收入

资料来源：山东省统计局：《山东统计年鉴（2019）》，中国统计出版社 2019 年版。

消费总体规模不断扩大。社会消费品零售总额比上年增长 8.8%。其中，餐饮收入增长 10.9%，商品零售增长 8.6%；城镇零售额增长 8.6%，乡村零售额增长 9.8%。限额以上单位主要商品销售中，粮油、食品类零售额增长 8.7%，服装、鞋帽、针纺织品类增长 7.3%，日用品类增长 7.2%，家用电器和音像器材类增长 9.4%，家具类增长 9.2%，建筑及装潢材料类增长 9.9%。网上零售额

3513.6 亿元，比上年增长 31.7%。其中，实物商品网上零售额 2849.3 亿元，增长 29.0%；占社会消费品零售总额的比重为 8.5%，比上年提高 2.3 个百分点。[①]

居民消费支出增长加快。2018 年，全省居民人均消费支出 18780 元。其中，城镇居民人均消费支出 24798 元，增长 7.5%，比上年高 2 个百分点；农村居民人均消费支出 11270 元，增长 9.0%，比上年高 0.4 个百分点，增速快于城镇居民 1.5 个百分点。[②] 说明消费对经济发展的基础性作用显著增强（见表 2－1）。

表 2－1　山东省居民消费支出及增长率

年份	城镇居民人均生活消费支出		农村居民人均生活消费支出	
	累计绝对量（元）	累计增长速度（%）	累计绝对量（元）	累计增长速度（%）
2015	19854	8.4	8748	9.9
2016	21495	8.3	9519	8.8
2017	23072	7.3	10342	8.6
2018	24798	7.5	11270	9.0

资料来源：山东统计信息网月度数据，http：//www. stats－sd. gov. cn/art/2016/2/29/art_3902_171694. htm。

2. 恩格尔系数

恩格尔系数，通常是指居民家庭中食物支出占消费总支出的比重。19 世纪德国统计学家恩格尔根据统计资料，对消费结构的变化总结出一个规律：一个家庭收入越少，家庭收入中（或总支出中）用来购买食物的支出所占比例就越大。随着家庭收入的增加，家庭收入中（或总支出中）用来购买食物的支出比例则会下降。在国际上，这一指标常常用来衡量一个国家和地区人民生活水平的状况：一个国家生活越贫困，恩格尔系数就越大；生活越富裕，恩格尔系数就越小。比较通行的国际标准认为，当一个国家平均家庭恩格尔系数大于 60% 为贫穷；50%～60% 为温饱；40%～50% 为小康；30%～40% 属于相对富裕；20%～30% 为富足；20% 以下为极其富裕。

① 资料来源：《2018 年山东省国民经济和社会发展统计公报》。

② 资料来源：山东统计信息网月度数据。

在居民收入水平稳步提高以及消费观念转变的带动下，居民消费从注重量的满足转向追求质的提升，消费结构不断调整。进入 21 世纪以来，山东省城镇居民与农村居民的恩格尔系数在个别年份有所波动，但大体走势是下降的。尤其是自 2012 年起，城乡居民的恩格尔系数下降趋势更为明显。其中，城镇居民恩格尔系数由 2012 年的 36.23% 下降至 2018 年的 26.33%，同期的农村居民恩格尔系数则由 39.33% 下降至 28.06%，相当大一部分老百姓享受到了改革开放的红利，走向更加富裕的生活。消费升级过程，既是消费中粮食消费占比逐渐下降的过程，也是消费者从以消费生活必需品为主转型到消费耐用消费品和消费服务为主的过程。随着消费升级步伐加快，高附加值领域的消费占比不断扩大，教育文化娱乐、医疗保健支出占居民消费支出的比重分别为 11.4% 和 7.9%，比上年提高 0.2 个和 0.3 个百分点。消费升级类商品的销售增长较快，通信器材、体育娱乐用品和化妆品类商品分别增长 11.7%、15.6% 和 13.5%。① 这说明在山东省经济持续增长的趋势下，总体经济实力得到了显著提升（见图 2－2）。

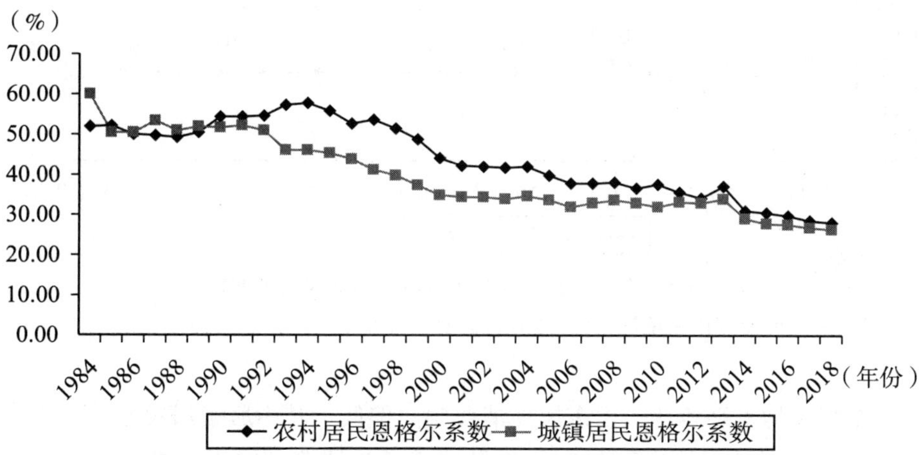

图 2－2 1984～2018 年山东城乡居民恩格尔系数

资料来源：根据《山东统计年鉴（2019）》计算而得。

3. 消费倾向

随着经济改革的不断深入，山东省的经济获得了快速发展，城乡居民收入得以较快增长，消费支出也相应增长。然而收入的增长并没有促进消费需求的同步

① 资料来源：《2018 年山东省国民经济和社会发展统计公报》。

增长，消费增长速度明显慢于收入增长速度，居民的消费倾向明显下降。过低的消费倾向导致了山东最终消费率的持续走低，居民消费倾向偏低是长期困扰山东消费品市场乃至国民经济发展的重要问题。

（1）平均消费倾向，又称消费倾向，是指消费在收入中所占的比例。2018年，山东城镇居民人均可支配收入39549元，同比增长7.5%；农村居民人均可支配收入16297元，同比增长7.8%；但城乡居民的收入持续增长并没有促进居民消费需求的同步增长，从平均消费倾向来看，2012年以来，作为消费主力军的城镇居民，其消费倾向总体不变。而农村居民的平均消费倾向自2014年开始略有回升。总体来说，农村居民平均消费倾向仍然远远高于城镇居民平均消费倾向，这说明农村居民消费欲望相对比较旺盛，采取措施大力提高农民收入将会更有效地带动全省消费水平的提高（见图2－3）。

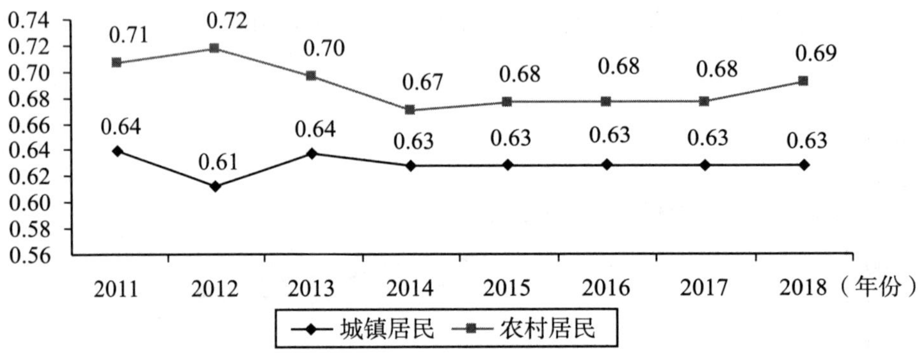

图2－3 "十二五"以来山东城乡居民平均消费倾向

资料来源：根据《山东统计年鉴（2019）》计算而得。

与全国平均水平相比，山东居民消费倾向偏低。其中城镇居民平均消费倾向为0.63，低于全国平均水平0.04；农村居民平均消费倾向为0.69，低于全国平均水平0.14。从经济总量上看，这些年山东一直在全国前列，但是附加值低的传统工业占比较高，国有经济成分占比也比较高，经济发展受到了影响。受产业结构的影响，山东居民可支配收入绝对额在全国偏低；同时作为儒家文化发源地，省内居民深受儒家去奢崇俭思想的影响，储蓄倾向偏高，这是导致山东居民消费需求不振的一个重要原因（见表2－2）。

表 2－2　　2018 年全国各省份居民平均消费倾向

省份	APC		省份	APC	
	城镇	农村		城镇	农村
北京	0.63	0.76	湖北	0.70	0.93
天津	0.76	0.73	湖南	0.68	0.90
河北	0.67	0.81	广东	0.70	0.90
山西	0.64	0.78	广西	0.62	0.85
内蒙古	0.64	0.92	海南	0.69	0.78
辽宁	0.71	0.78	重庆	0.69	0.87
吉林	0.74	0.79	四川	0.71	0.95
黑龙江	0.72	0.83	贵州	0.66	0.94
上海	0.68	0.66	云南	0.65	0.85
江苏	0.62	0.79	西藏	0.68	0.65
浙江	0.62	0.72	陕西	0.66	0.90
安徽	0.63	0.91	甘肃	0.75	1.03
福建	0.67	0.84	青海	0.73	1.00
江西	0.61	0.75	宁夏	0.69	0.92
山东	0.63	0.69	新疆	0.74	0.79
河南	0.66	0.75	全国	0.67	0.83

资料来源：根据《山东统计年鉴（2019）》计算而得。

分类别来看，在八项消费中，食品烟酒和居住是山东居民消费的重点，其平均消费倾向远远高于其他类别商品的平均消费倾向。说明无论对城镇居民还是农村居民来说，收入中都有较大比例投入食品和居住消费中；其他商品和服务的平均消费倾向最低，仅为 0.01，居民收入用于该项消费的支出最少。分城乡来看，食品烟酒、居住、交通和通信、教育文化和娱乐、医疗保健的平均消费倾向农村明显高于城镇，衣着的平均消费倾向城镇明显高于农村（见表 2－3）。

表 2－3　　2018 年山东省居民平均消费倾向

类别	全体居民	城镇	农村	类别	全体居民	城镇	农村
食品烟酒	0.17	0.17	0.19	交通和通信	0.10	0.09	0.11
衣着	0.05	0.05	0.04	教育文化和娱乐	0.07	0.07	0.08
居住	0.13	0.13	0.14	医疗保健	0.06	0.05	0.07
生活用品及服务	0.05	0.05	0.05	其他商品和服务	0.01	0.01	0.01

资料来源：根据《山东统计年鉴（2019）》计算而得。

（2）边际消费倾向是消费变动额和收入变动额之间的比率。2018 年山东居民消费倾向出现明显回升，其中城镇居民边际消费倾向 0.63，农村居民边际消费倾向 0.79，较上年均增长 6%。目前山东省居民消费最大的问题可能是房价高企对其消费支出的过度挤压。其次，中国的收入分配不是以个人为基础的，而是以家庭为基础。无论是“90 后”还是老年群体的消费支出都要根据家庭收入情况。近年来，房价的快速上涨使“90 后”大多背负了高额的房贷、房租，导致其无力消费，这种影响甚至传导至其父母、祖父母，使全民的边际消费倾向都在降低。如果收入分配情况得不到改善，消费不振的现状仍难以扭转（见图 2－4）。

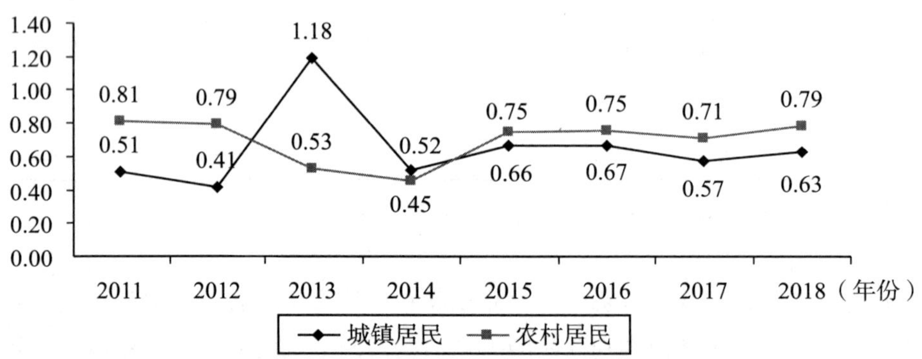

图 2－4　“十二五”以来山东城乡居民边际消费倾向

资料来源：根据《山东统计年鉴（2019）》计算而得。

无论是城镇居民，还是农村居民，2018 年边际消费倾向较上年有大幅度的增长。其中城镇居民边际消费倾向上升到 0.63，较上年增长 0.6，远远高于全国平均水平；农村居民边际消费倾向上升到 0.79，增长 0.8，但是远远低于 0.99

的全国平均水平。[①] 居民储蓄倾向偏高，尤其是农村居民平均消费倾向和边际消费倾向都偏低，是造成山东消费需求不振的重要原因。如果不解决这一问题，通过增收来刺激消费的政策在山东省的效果将大打折扣（见表2-4）。

表2-4　　2018年全国各省份居民边际消费倾向

省份	MPC		省份	MPC	
	城镇	农村		城镇	农村
北京	0.46	0.62	湖北	1.06	1.98
天津	0.88	0.36	湖南	0.69	1.03
河北	0.63	0.74	广东	0.22	1.59
山西	0.73	0.78	广西	0.94	1.06
内蒙古	0.30	0.39	海南	1.03	1.25
辽宁	0.45	0.73	重庆	0.52	0.91
吉林	1.26	0.69	四川	0.60	1.20
黑龙江	1.01	0.78	贵州	0.18	1.03
上海	0.68	0.74	云南	0.83	1.21
江苏	0.49	0.57	西藏	0.62	0.68
浙江	0.62	0.69	陕西	0.63	0.81
安徽	0.28	1.33	甘肃	0.89	1.42
福建	0.69	0.63	青海	0.65	0.48
江西	0.58	0.83	宁夏	0.73	0.83
山东	0.63	0.79	新疆	0.70	0.76
河南	0.68	1.06	全国	0.58	0.99

资料来源：根据《山东统计年鉴（2019）》计算而得。

具体来说，在八项消费中，食品烟酒、居住、交通和通信是山东居民消费投向的重点，其边际消费倾向远远高于其他类别商品的边际消费倾向。衣着和其他商品和服务的边际消费倾向最低，说明目前对于城乡居民来说，衣着和其他商品和服务方面的需求已趋向于饱和，城乡居民新增的收入已较少地投向这两方面的

① 资料来源：根据《山东统计年鉴（2019）》计算而得。

消费。其中城镇居民衣着类消费的边际消费倾向最低，为 -0.01，居民收入的增加，会引起该项消费的减少。分城乡来看，除医疗保健和其他商品和服务以外，农村居民的边际消费倾向全部高于城镇居民，农村居民收入增加对消费的拉动作用更强。增加农民收入拉动消费将会收到更好的效果（见表2-5）。

表2-5　2018年山东省居民边际消费倾向

类别	全体居民	城镇	农村	类别	全体居民	城镇	农村
食品烟酒	0.14	0.13	0.17	交通和通信	0.12	0.12	0.14
衣着	0.01	-0.01	0.03	教育文化和娱乐	0.10	0.10	0.11
居住	0.16	0.15	0.20	医疗保健	0.06	0.07	0.06
生活用品及服务	0.06	0.06	0.06	其他商品和服务	0.02	0.02	0.01

资料来源：根据《山东统计年鉴（2019）》计算而得。

4. 需求收入弹性

需求收入弹性是指消费者对某种商品需求量的变动对收入变动的反应程度。2018年山东省城乡居民需求收入弹性表现出与边际消费倾向相同的变动趋势，均较2017年有了较为明显的上升。房价的逐步稳定和个税起征点的提高，使城乡居民未来收入预期大幅度提高，其需求收入弹性得到大幅度提升。农村居民收入相对较低，消费需求对于收入的变动更为敏感，大多数年份高于城镇居民的需求收入弹性。这说明农村居民消费需求对收入变化的反应更为灵敏，采取措施大力提高农民收入将会更有效地带动全省消费水平的提高（见图2-5）。

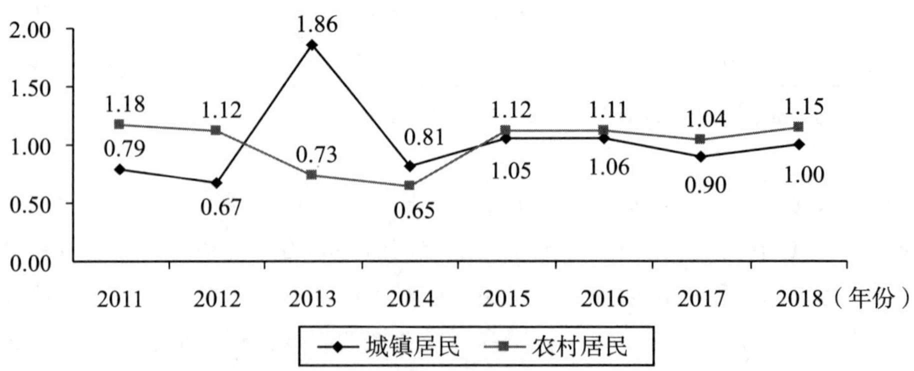

图2-5　"十二五"以来山东城乡居民需求收入弹性

资料来源：根据《山东统计年鉴（2019）》计算而得。

与全国平均水平相比，2018 年山东省城镇居民需求收入弹性相对较高，为 1.0，与同时期全国边际消费倾向数据相比高 0.13；农村居民需求收入弹性为 1.15，较同时期全国边际消费倾向数据低 0.06。① 虽然农村居民需求收入弹性低于全国平均水平，但仍高于城镇居民，居民消费需求对收入的变动仍然较为敏感，居民收入的变动将带来消费需求更大幅度的变动。随着今后居民收入水平的提高，各类商品和服务的消费仍然存在着一定程度的增量空间。山东省扩大消费的各项举措想要取得较大效果，必须以居民收入稳定增加为前提（见表 2 -6）。

表 2 -6　　2018 年全国各省份居民需求收入弹性

省份	需求收入弹性		省份	需求收入弹性	
	城镇	农村		城镇	农村
北京	0.71	0.79	湖北	1.59	2.36
天津	1.17	0.48	湖南	1.01	1.15
河北	0.93	0.90	广东	0.29	1.90
山西	1.15	1.00	广西	1.56	1.28
内蒙古	0.46	0.40	海南	1.55	1.68
辽宁	0.63	0.94	重庆	0.73	1.05
吉林	1.79	0.86	四川	0.84	1.29
黑龙江	1.44	0.94	贵州	0.25	1.10
上海	1.01	1.13	云南	1.31	1.49
江苏	0.76	0.70	西藏	0.90	1.05
浙江	1.00	0.95	陕西	0.95	0.89
安徽	0.43	1.52	甘肃	1.19	1.43
福建	1.04	0.74	青海	0.88	0.46
江西	0.94	1.12	宁夏	1.06	0.90
山东	1.00	1.15	新疆	0.95	0.97
河南	1.03	1.47	全国	0.87	1.21

资料来源：根据《山东统计年鉴（2019）》计算而得。

① 资料来源：根据《山东统计年鉴（2019）》计算而得。

具体来说，城镇居民教育文化和娱乐、医疗保健、交通和通信方面的需求收入弹性较大，农村居民居住、教育文化和娱乐、生活用品及服务方面的需求收入弹性较大。可见，对于教育文化和娱乐、医疗保健、交通和通信来说，收入的增长对消费的推动作用在城镇消费市场表现更为强烈，而收入的增长对居住、教育文化和娱乐、生活用品及服务的推动作用在农村消费市场表现更为强烈。城镇居民对于衣着的需求收入弹性小于0，说明城镇居民衣着消费支出随收入的增长而下降。总体来说，房价高企对于城乡居民消费产生了较大的挤压，如不及时采取措施加以缓解，势必对全省消费品市场继续走强带来一定影响（见表2－7）。

表2－7　2018年山东省居民需求收入弹性

类别	全体居民	城镇	农村	类别	全体居民	城镇	农村
食品烟酒	0.79	0.75	0.88	交通和通信	1.23	1.30	1.22
衣着	0.15	－0.17	0.81	教育文化和娱乐	1.37	1.43	1.40
居住	1.20	1.11	1.56	医疗保健	1.14	1.38	0.86
生活用品及服务	1.26	1.27	1.34	其他商品和服务	1.12	1.09	1.18

资料来源：根据《山东统计年鉴（2019）》计算而得。

（二）山东居民消费结构分析

1. 山东居民总体消费结构分析

2018年，全省居民收入增长平稳，城乡居民收入差距缩小，收入增长与经济增长基本同步。居民消费支出稳定增长，农村居民消费支出增长快于城镇居民，消费结构不断优化。尤其是随着供给侧政策频出，省内经济发展模式由以政策刺激为主转变为以内生增长为主，消费增长主要依靠内生动力支持，居民更加重视生活质量，对信息、医疗、养老、家政、旅游等新型服务消费需求明显增加（见图2－6）。

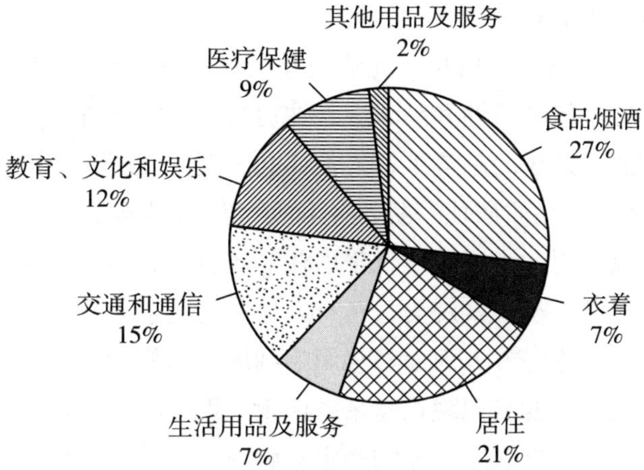

图 2-6　2018 年山东省全体居民消费结构

资料来源：山东统计局：《山东统计年鉴（2019）》，中国统计出版社 2019 年版。

（1）食品消费呈健康化趋势，支出增长较慢。伴随着人们消费观念由追求感官刺激到追求身体健康的转变，健康化需求成为了食品消费新的趋势。带有原生态、有机、无添加、非油炸、非转基因、纯天然、无公害等健康概念的商品销量增长迅速。而保健食品受到更多的关注，是增长最为迅猛的品类之一。除此之外，对于健康需求的转变使得人们更加关注食品安全和转基因食品。随着饮食健康主流的不断深入人心，居民生活消费逐渐体现健康色彩，烟酒消费趋于理性，居民的健康意识不断提高，逐渐控制对烟酒摄入。在居民消费中，用于满足基本生存需要的食品消费类支出呈现下降态势，城镇居民人均食品烟酒消费支出 5031 元，同比下降 0.2%。

（2）衣着消费支出略有增长。衣食住行、吃穿用度，服装是最基础的消费之一。随着居民消费质量不断提升，消费者对产品本身的质量和性价比却愈发看重，产品时尚度、高性价比需求持续提高。一些用料考究、质地舒适、做工精细、款式新潮的品牌衣着深受青睐，背后折射出日趋年轻、多元、个性化的消费需求。新一轮消费升级更加多变、多元、多维。个性化、细分化、差异化的生活形态导致品牌诉求无法统一，众多服装品牌推出年轻化、风格化的副线品牌，更多小而美的小众品牌受到青睐，年轻化、高端化逐渐成为服装行业转型升级的主流趋势。同时，消费者的消费更加理性，少而精成为众多消费者的新选择。据统计局最新发布的数据显示，2018 年山东居民人均消费支出同比增长 8.7% 至 18780 元，其中人均衣着消费支出增长 1.2% 至 1392 元，占人均消费支出的 7.4%，低于 2017 年 0.6 个百分点。

（3）居住消费支出高位增长。在消费升级的大势之下，居住品质升级趋势越来越明显，居住更注重舒适性和品味性，住房装潢、物业管理费等居住服务花费也相应增多。在消费升级的趋势下，人们不再满足“房子是用来住的”，更迫切要求住得健康环保。“品质居住”标准不仅是一套物质配套完善的房产，同时也居住者的精神梦想家园。小区环境对于居住品质也有着不可忽视的影响。高尚小区不仅指房屋品质好、小区景观美，还有入住居民的素质高，甚至周边的生活配套也需要应有尽有，这些方方面面都会影响到居住品质和物业价值。装修已经从以前的简单基础装修，发展到现在越来越体现个性化的装修风格。除了室内硬装和软装需求升级之外，空气净化器和净水器解决了一部分人的家居需要，智能家居也成为“品质居住”的重要标志之一。2018 年城镇居民人均用于居住的支出为 5302.3 元，比 2017 年的 4894.8 元增长 8.3%。2018 年农村居民人均用于居住的支出为 2214.3 元，比 2017 年的 1973.5 元增长 12.2%。[①]

（4）生活用品及服务消费支出持续增长。随着消费水平的不断提高，山东居民对生活品质的要求也不断提升，家具及室内装饰品追求格调、讲究环保，家用电器由考虑实用性变为追求品牌化、功能化和环保性；家庭设备的舒适度越来越受到追捧，耐用消费品成为消费新宠，居民更加注重耐用消费品的品质和档次，更新换代速度加快；更加注重个人用品的消费，居民对生活品质要求不断提高，日用品消费更加追求方便实用，居住环境不断改善；同时家务劳动社会化程度加深，家庭服务逐步走进千家万户。这些都使得城镇居民生活用品及服务支出持续增长。2018 年山东居民人均生活用品及服务支出增长 10.6%，占居民消费总支出的 7.42%，较上年同期提高 0.13 个百分点。

（5）交通和通信支出增长较快。交通和通信是反映居民生活质量的重要指标。随着人们收入的增加，交通和通信产品不断升级换代，使得交通和通信消费成为居民家庭的消费热点。交通支出的迅猛增长，得益于以下几个方面：一是私家车显著增加，购车档次提升；二是出行增多带动交通费快速增长；三是家用汽车保有量提高带动交通工具用燃料和汽车维修保养费用增加。通信类支出的持续增长主要原因：一是以移动电话为代表的通信工具支出不断增长。伴随科技的发展，城镇居民移动电话更新换代速度加快，数量和质量不断提升，居民在选购手机上从原来的实用实惠转为现在的时尚多功能，购机支出不断增长。截至 2018

① 资料来源：山东省统计局：《山东统计年鉴（2019）》，中国统计出版社 2019 年版。

年底，全省城镇居民家庭平均每百户移动电话拥有量为231.4部，较上年增长2.53%。二是通信服务费持续增加。由于网络覆盖面的进一步扩大，快捷、灵活的现代通信服务倍受居民喜爱，家庭信息化水平快速提升。同时，各大电商相继推出“交话费送手机”等优惠活动，也使得一部分居民的购机支出转变为话费支出，人均移动电话费金额较大。2018年山东居民人均交通和通信支出2834元，同比增长10.4%，占居民消费支出的15.1%。

（6）教育、文化和娱乐支出快速增长。教育消费全民参与，“全民教育”理念继续延伸，教育消费几乎覆盖所有社会阶层。传统的学校教育从“课内”延伸到“课外”，各类教育培训机构应运而生，涵盖了从幼小衔接到初高中各学习阶段。方兴未艾的早期教育满足了家长们“不能让孩子输在起跑线上”的心理需求，在职教育和老年大学等成人教育也将“活到老学到老”的思想落到了实处。文化休闲更加丰富。近年来，人们越来越注重生活品质提升，利用双休日和节假日，走进大自然的怀抱，开展休闲度假和体验式旅游已经成为居民家庭新的消费时尚。红色旅游、民俗旅游、乡村旅游主题活动丰富多彩，还有注重体验和休闲的体育健身游、科技游、康养游、美食游以及乡村农事活动等，越来越受到居民青睐。2018年山东省居民人均教育、文化和娱乐支出2174元，占生活消费支出的11.6%，同比增长11.6%。

（7）医疗保健消费支出有所增长。近年来，医疗改革逐渐深入，医疗保障覆盖城乡居民。随着医疗保障体系日益完善和居民健康意识的进一步增强，越来越多的居民加大对自身健康投资，由过去的拖延被动就医转为积极预防，对医疗服务的需求快速增加，带来医疗保健消费增长，各类医疗保健器材和滋补保健品进入普通居民家庭。同时平价药店大量涌入，各类保健用品和器具应有尽有，居民健康养生意识增强，由被动就医向主动预防转变。完善医保政策、提高补贴标准、扩大医保药品清单、合理配置医疗资源等利好政策逐步落地，加之居民关注自身健康体魄需求的不断提升，推升医疗保健消费支出。此外，老龄化、城镇化的发展和医疗服务价格的普遍上涨，进一步推高了居民医疗保健支出的总量，2018年山东人均医疗保健消费支出1628元，较上年增长9.7%，占居民消费总额的8.7%。

（8）其他用品及服务支出有所增长。近年来，居民的日常消费习惯和理念正在快速改变，乐于从家庭杂务中抽身，方便快捷的消费方式受到越来越多家庭青睐。不同于以往在家烹饪，消费者如今更加青睐餐厅外卖或外出就餐，“在外”消费显著增长。随着城市居民生活节奏的不断加快，社会人口老龄化，以及“全面二孩”等政策导致对小时工、养老看护、母婴护理的巨大需求，人均家政服务支出保持高速增长。2018 年山东人均其他用品及服务支出 398 元，较上年增长 9.5%，占居民消费总额的 2.1%（见表 2－8）。

表 2－8　2018 年山东省居民生活消费支出

指标名称	全体居民		城镇常住居民		农村常住居民	
	本年（元）	增幅（%）	本年（元）	增幅（%）	本年（元）	增幅（%）
一、食品烟酒	5031	8.7	6528.8	5.7	3162.0	9.0
二、衣着	1392	6.7	2008.4	－1.2	622.4	6.4
三、居住	3929	1.2	5302.3	8.3	2214.3	12.2
四、生活用品及服务	1394	10.6	1901.2	9.5	761.9	10.4
五、交通和通信	2834	10.4	3604.7	9.8	1873.0	9.5
六、教育、文化和娱乐	2174	11.6	2902.7	10.7	1265.6	10.9
七、医疗保健	1628	9.7	1966.3	10.4	1205.0	6.7
八、其他用品及服务	398	9.5	584.0	8.1	166.0	9.1

资料来源：根据《山东统计年鉴（2019）》计算而得。

2. 山东城乡居民消费结构比较

随着经济的发展和居民收入水平的提升，山东城乡居民消费都得到了持续增长，但是居民消费结构即消费质量差异仍非常显著（见图 2－7）。

（1）食品烟酒支出。恩格尔系数是食品支出总额占个人消费支出总额的比重。一般规律表明，收入水平越低，用于食品消费支出所占比例就越大，反之则越小。通过比较山东城乡居民的恩格尔系数可以看出，无论是城镇居民还是农村居民恩格尔系数都呈下降趋势，且农村居民的恩格尔系数高于城镇居民。其中 2018 年山东城镇居民恩格尔系数为 26.33，农村居民恩格尔系数为 28.06，按照联合国粮农组织的标准均达到最富裕阶段。这说明农村和城镇居民在收入水平不断提高的同时，生活质量都有不同程度的提高，但由于受收入差距的影响，农村

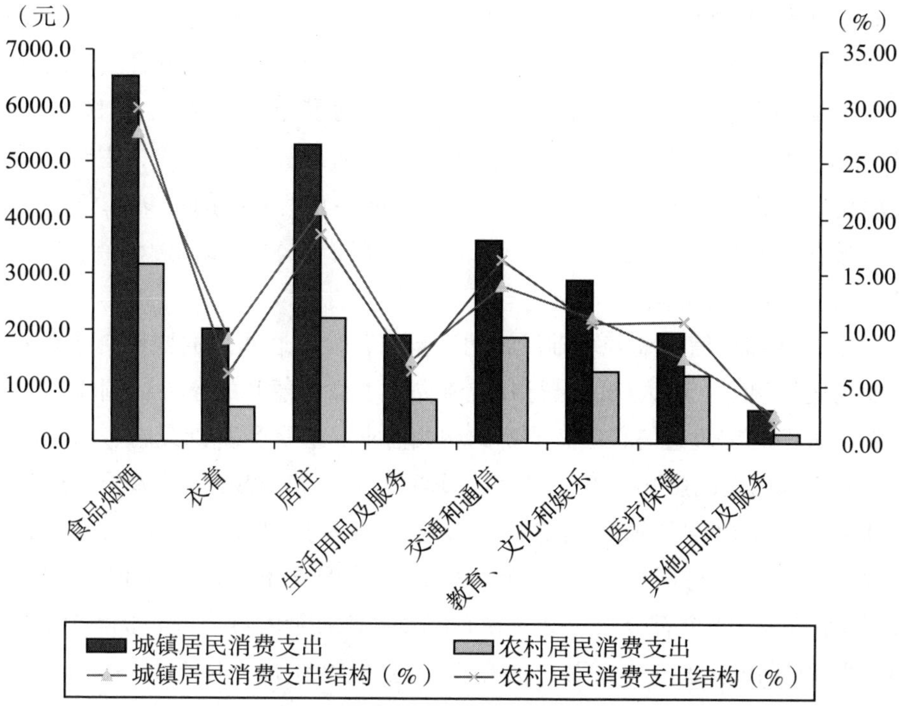

图 2－7　2018 年山东城乡居民消费结构对比

资料来源：山东省统计局：《山东统计年鉴（2019）》，中国统计出版社 2019 年版。

居民的消费水平和消费质量一直滞后于城镇居民。[①] 从食品消费数量上看，目前山东居民食品消费以粮食和蔬菜为主，但是农村居民粮食消费数量明显高于城镇居民，而蔬菜及食用菌、肉禽制品、水产品、蛋类、奶类、干鲜瓜果类消费量城镇居民远远高于农村居民，说明目前山东城乡居民的食品消费质量存在很大差距，与农村居民相比，城镇居民更为注重食品消费质的提升。

（2）居住消费。城镇居民居住消费无论是消费比重还是绝对数量都高于农村居民，但是其增长速度有所放缓，低于农村居民。随着国家住房调控政策的落地，如对于炒房者的严厉打击，以及对住房供给数量及结构的调整等措施的深入落实，都让房子回归居住属性越来越形成共识，市场真正走向理性，住房不炒越来越深入人心，购房者的观念也在发生翻天覆地的变化。2018 年山东城镇居民居住支出 5302. 3 元，高于农村居民 3088 元，是农村居民的 2. 4 倍；占生活消费

① 资料来源：山东省统计局：《山东统计年鉴（2019）》，中国统计出版社 2019 年版。

支出的比重为 21.38%，高于农村居民 1.73 个百分点。[①] 从居住条件看，城镇居民的住房配套设施明显优于农村居民。主要建筑材料方面，城镇居民使用钢筋混凝土和砖混材料的占 94%，而农村居民使用钢筋混凝土和砖混材料的仅占 58.3%。生活设施状况方面，城镇居民管道供水入户的占 97.9%，主要饮用水为经过净化处理的自来水的占 90.8%，使用水冲式卫生厕所的占 90.2%，使用天然气、煤气、液化石油气的占 88.9%，分别高于农村居民 10.6 个、18.6 个、45.1 个和 44.3 个百分点。[②]

（3）交通和通信。随着基础设施的逐步完善，四通八达的城乡交通和方便快捷的现代通信网络，给人们的出行和交流提供了极为便利的条件，刺激了居民尤其是农村居民对交通通信和信息消费的相关需求。但是受基础设施、历史因素和消费者心理等因素的影响，城乡居民交通通信消费一直存在显著差异。近几年农村交通和通信支出增长速度明显快于城镇。2018 年城镇居民交通和通信支出 3604.7 元，高于农村居民 1731.7 元，但是在消费支出中的比重仅为 14.54%，比农村居民低 2.08 个百分点。交通和通信设备拥有量的城乡差距仍然较为明显。2018 年城镇居民家庭平均每百户拥有固定电话 19.6 台，移动电话为 233.1 部，家用汽车 58.2 辆，计算机 80 台，分别高于农村居民 4.6 台、4 部、26.7 辆和 42.3 台。[③]

（4）教育文化娱乐服务。人均教育文化娱乐支出保持较高增长速度，成为拉动消费支出的重要增长点。一方面随着知识经济不断深化，教育体制改革持续推进，越来越多的城镇居民重视教育消费投入；另一方面文化娱乐成为消费亮点，随着生活水平的提高，城镇居民精神文化生活需求逐渐增加，旅游、健身、休闲娱乐已成为居民生活不可缺少的一部分，同时，高档文化娱乐用品的不断更新换代和普及，也拉动了城镇居民文化娱乐消费的快速增长。2018 年山东城镇居民教育文化娱乐服务支出 2902.7 元，占消费支出总量的 11.7%，同比增长 10.7%；而农村居民教育文化娱乐支出 1265.6 元，占消费支出总量的 11.23%，同比增长 10.9%，均远远低于城镇居民。[④] 农村居民教育文化娱乐消费支出上升速度高于城镇居民，说明在满足教育投入的基础上，农村居民已经开始追求文化品位的提高和文化生活质量的改善，更重视丰富业余生活。

（5）衣着。近年来，房价的大幅度上涨以及医疗、教育、服务等项目上的开支占比越来越大，挤压了服装消费。2018 年山东城镇居民人均衣着消费支出

①②③④ 资料来源：山东省统计局：《山东统计年鉴（2019）》，中国统计出版社 2019 年版。

2008.4元，同比下降1.2%，占消费支出总量的8.10%；农村居民人均衣着消费支出622.4元，同比增长6.4%，占消费支出总量的5.52%。[①] 虽然农村居民衣着消费增长速度较快，但无论是绝对量还是相对量来说，城镇居民衣着消费支出均远远高于农村居民，总体来说，居民衣着消费支出总体增长缓慢。但是消费者消费观念更加成熟、更加理性，人们将更加注重服装内在的品质、功能和工艺，服装消费的品位将更多的从品牌的历史沉淀、功能的精准定位、设计的专业水平、工艺的精细程度、面料的质感舒适度，以及导购的服务品质中得到体现。

（6）医疗保健。近年来，随着居民生活水平的提高，人们保健意识日益增强，医疗保健消费支出快速增长，山东城乡居民医疗保健消费支出持续上升。2018年，山东城镇居民人均医疗保健支出1966.3元，同比增长10.4%，所占比重上升到7.93%；农村居民人均医疗保健消费支出1005.0元，增长6.7%，所占比重增加到10.69%，呈现加速增长的态势。[②] 但是，无论数量还是增长速度，城镇居民医疗保健支出均高于农村居民。虽然由于农村居民基本医疗保险、新型农村合作医疗和城乡医疗救助共同组成基本医疗保障体系的实施，农村居民的医疗保健消费明显上升，且有加速增长趋势。但是城镇居民保健意识更强，对自身的健康比较重视，而农村消费观念和传统习俗影响了医疗保健支出。

（7）生活用品及服务。随着居民收入水平和生活观念的转变，居民用于生活用品及服务的消费向享受型转变，消费支出较快增长。2018年，山东城镇居民人均生活用品及服务消费支出1901.2元，同比增长9.5%，低于城镇居民消费平均增长水平，所占比重达到7.67%；农村居民人均生活用品及服务消费支出761.9元，同比增长10.4%，所占比重上升到6.76%。[③] 农村居民家庭设备用品消费支出增长远远快于城镇居民。居民对家庭设备用品时代性和品位性提出更高的要求，但是由于城镇居民收入水平较高，加之城镇基础设施优于农村，因而城镇居民家庭设备用品及服务消费支出比重高于农村居民。城镇居民家庭设备用品支出主要以更新换代为主，中低档的家庭消费品对城镇居民而言基本达到饱和状态。农村居民受生活服务设施和收入水平制约，家庭设备用品支出主要集中在日常用品及中低档耐用消费品上。

（8）其他商品和服务。城乡居民其他商品和服务呈现平衡增长的趋势。2018年，山东居民其他商品和服务在消费支出中所占比重有所上升，其中城镇居民人均其他商品和服务支出从540.2元增加到584元，同比增长8.1个百分点；农村

---

①②③ 资料来源：山东省统计局：《山东统计年鉴（2019）》，中国统计出版社2019年版。

居民人均其他商品和服务支出从 152.1 元增长到 166 元，同比增长 9.1 个百分点。①

（三）山东居民消费的地区差异分析

山东省幅员辽阔，人口众多，经济发展的不平衡导致了不同地区与不同阶层的人群收入水平存在较大的差异，因而不同人的消费状况也存在较大差异。

1. 居民消费支出

一是城镇居民的地区人均消费差距比农村居民的地区差距要大得多。2018 年城镇居民人均消费最高地区与最低地区的差异指数（人均消费的地区差异指数 = 人均消费最高地区人均消费支出/人均消费最低地区人均消费支出）达 2.08，而农村居民人均消费的地区差异指数为 1.63。②

二是地区之间居民人均消费水平差距明显。2018 年山东城镇居民人均消费水平最高的地区是济南市，达 32977 元，是全省平均水平（23342 元）的 1.4 倍，是同期人均消费水平最低的地区聊城市（15828 元）的 2.08 倍。城镇居民人均消费超过 3 万元的地区还有青岛（32890 元）。农村居民人均消费水平最高的地区是烟台市（13899 元），是全省平均水平（11414 元）的 1.22 倍，是同期人均消费水平最低的地区日照市（8538 元）的 1.63 倍。农村居民人均消费超过 1.3 万元的地区还有青岛市（13885 元）、东营（13258 元）、淄博（13035 元），人均消费不足 9000 元的地区还有临沂市（8698 元）（见表 2 - 9）。③

表 2 - 9　2018 年山东省各地市城乡居民人均消费支出　单位：元

地市	人均消费支出		地市	人均消费支出	
	城镇	农村		城镇	农村
济南市	32977	11172	威海市	29975	12704
青岛市	32890	13885	日照市	20573	8538
淄博市	26973	13035	莱芜市	21304	12263

① 资料来源：山东省统计局：《山东统计年鉴（2019）》，中国统计出版社 2019 年版。

②③ 资料来源：根据《山东统计年鉴（2019）》计算而得。

续表

地市	人均消费支出		地市	人均消费支出	
	城镇	农村		城镇	农村
枣庄市	18549	10073	临沂市	17090	8698
东营市	28900	13258	德州市	16272	11681
烟台市	29495	13899	聊城市	15828	9853
潍坊市	24417	12126	滨州市	23097	11224
济宁市	20825	10452	菏泽市	16787	10241
泰安市	20862	10942			

资料来源：山东省统计局：《山东统计年鉴（2019）》，中国统计出版社 2019 年版。

三是不同地区居民的城乡消费差距也不尽相同。2018 年山东居民的城乡消费差异指数（城乡居民消费差距指数 = 城镇居民人均消费支出/农村居民人均消费支出）为 2.04，其中城乡消费差距最大的地区是济南市，其城乡居民消费差异系数高达 2.95，其他差距较大的地区还有日照（2.41）、青岛（2.37）和威海（2.36），城乡居民消费差距最小的地区是德州，其差异系数仅 1.39，其他差距较小地区还有聊城（1.61），菏泽（1.64）、莱芜（1.74）。①

2. 消费倾向

（1）平均消费倾向。

一是地区之间居民平均消费倾向差距明显。2018 年山东城镇居民平均消费倾向最高的地区是济南、滨州和烟台，达 0.66，比全省平均水平（0.63）高 0.03，比同期平均消费倾向最低的地区临沂市高 0.18。农村居民平均消费倾向最高的地区是滨州市（0.7），比同期全省平均水平（0.69）高 0.11，比同期平均消费倾向最低的地区日照市高 0.16。②

二是农村居民的地区平均消费倾向差距比城镇居民的地区差距要大得多。2018 年农村居民平均消费倾向最高地区与最低地区的差距达 0.16，而城镇居民平均消费倾向最高地区与最低地区的差距为 0.18。③

三是不同地区居民平均消费倾向的城乡差距也不尽相同。2018 年山东居民平

①②③　资料来源：根据《山东统计年鉴（2019）》计算而得。

均消费倾向大多呈现农村高于城镇的趋势，其中平均消费倾向城乡差距最大的地区是德州市，其农村居民平均消费倾向高于城镇0.19，居民平均消费倾向城乡差距最小的地区是青岛，农村居民平均消费倾向高于城镇居民0.02。此外，还有威海、济南、日照三个地市的城镇居民平均消费倾向高于农村居民（见表2－10）。[①]

表2－10　　2018年山东省各地市城乡居民平均消费倾向

地市	平均消费倾向		地市	平均消费倾向	
	城镇	农村		城镇	农村
济南市	0.66	0.62	威海市	0.65	0.62
青岛市	0.65	0.67	日照市	0.62	0.54
淄博市	0.64	0.71	莱芜市	0.57	0.70
枣庄市	0.58	0.66	临沂市	0.48	0.64
东营市	0.60	0.76	德州市	0.61	0.80
烟台市	0.66	0.72	聊城市	0.58	0.73
潍坊市	0.63	0.65	滨州市	0.66	0.70
济宁市	0.60	0.65	菏泽市	0.64	0.80
泰安市	0.59	0.65			

资料来源：根据《山东统计年鉴（2019）》计算而得。

（2）边际消费倾向。

第一，地区之间居民边际消费倾向差距明显。城镇居民边际消费倾向最高的地区是菏泽，分别为0.74；最低的地区是滨州市，仅为0.43，低于最高的菏泽0.31，说明当前城镇居民收入每增加100元，济宁市城镇居民的消费支出低于菏泽市31元。农村居民边际消费倾向最高的地区是聊城市，为0.8，最低的为日照市，仅为0.56。[②]

第二，城镇居民的地区边际消费倾向差距比农村居民的地区差距要大得多。2018年农村居民边际消费倾向最高地区与最低地区的差距达0.24，而城镇居民边际消费倾向最高地区与最低地区的差距为0.31（见表2－11）。[③]

①②③　资料来源：根据《山东统计年鉴（2019）》计算而得。

表 2－11　　2018 年山东省各地市城乡居民边际消费倾向

地市	边际消费倾向		地市	边际消费倾向	
	城镇	农村		城镇	农村
济南市	0.64	0.64	威海市	0.65	0.67
青岛市	0.64	0.66	日照市	0.56	0.56
淄博市	0.60	0.74	莱芜市	0.55	0.72
枣庄市	0.63	0.62	临沂市	0.55	0.66
东营市	0.64	0.74	德州市	0.59	0.76
烟台市	0.53	0.65	聊城市	0.58	0.80
潍坊市	0.67	0.78	滨州市	0.43	0.70
济宁市	0.65	0.67	菏泽市	0.74	0.79
泰安市	0.60	0.66			

资料来源：根据《山东统计年鉴（2019）》计算而得。

3. 需求收入弹性

一是地区之间居民需求收入弹性差距明显。分地市来看，城镇居民需求收入弹性较高的地区主要为菏泽、临沂等地，其中，需求收入弹性最高的是菏泽市，为 1.17。较低的为滨州、烟台等地，其中，滨州市需求收入弹性最低，为 0.64。农村居民需求收入弹性较高的地区为潍坊、聊城，较低的为烟台、枣庄等地市。①

二是城镇居民的地区需求收入弹性差距比农村居民的地区差距要大得多。2018 年城镇居民需求收入弹性最高地区与最低地区的差距达 0.53，而农村居民需求收入弹性最高地区与最低地区的差距为 0.32。②

三是不同地区居民需求收入弹性的城乡差距也不尽相同。2018 年山东居民需求收入弹性城乡差距相对较小。其中滨州需求收入弹性城乡差距最大，其农村居民需求收入弹性高于城镇 0.36。居民需求收入弹性城乡差距最小的地区是泰安，城乡居民需求收入弹性相等（见表 2－12）。③

①②③　资料来源：根据《山东统计年鉴（2019）》计算而得。

表 2-12　　2018 年山东省各地市城乡居民需求收入弹性

地市	需求收入弹性		地市	需求收入弹性	
	城镇	农村		城镇	农村
济南市	0.97	1.02	威海市	1.00	1.08
青岛市	0.98	0.99	日照市	0.90	1.05
淄博市	0.93	1.04	莱芜市	0.97	1.03
枣庄市	1.09	0.93	临沂市	1.16	1.03
东营市	1.07	0.97	德州市	0.97	0.95
烟台市	0.79	0.90	聊城市	0.99	1.10
潍坊市	1.07	1.22	滨州市	0.64	1.00
济宁市	1.09	1.03	菏泽市	1.17	0.99
泰安市	1.02	1.02			

资料来源：根据《山东统计年鉴（2019）》计算而得。

4. 消费结构

（1）城镇居民消费结构。就城镇居民来看，消费结构呈现如下特征：

第一，全省各地市城镇居民食品消费支出占消费总支出的比重即恩格尔系数相对较为均衡，均低于30%，居民消费已经达到最富裕阶段。

第二，衣着、居住支出基本呈现从东部地区向西部地区依次递减的趋势。其中，衣着支出在总支出中的比重东部地区普遍高于西部地区，而居住支出中部地区较高，东西部地区较低。

第三，家庭设备用品、交通和通信支出以及文化、教育、娱乐支出呈现出明显的与当地经济发展状况正相关的变动趋势，已成为各市城镇居民新的消费热点。

第四，医疗保健支出没有明显的地域特征，形成各市差异的原因可能与当地居民的身体健康状况及收入水平两个因素相关（见表 2-13）。

表 2-13　　2018 年山东省各地市城镇居民消费支出结构　　单位：元

地市	食品烟酒	衣着	居住	生活用品及服务	交通和通信	教育、文化和娱乐	医疗保健	其他用品及服务
济南市	7758	1911	10368	2446	4341	3411	2047	696
青岛市	7994	2273	9571	1865	4830	3280	2331	746
淄博市	6764	2545	6102	2155	3681	3386	1823	516
枣庄市	5446	1636	3990	1594	2376	2061	1050	394
东营市	6758	3083	6437	1894	5016	3194	1854	665
烟台市	8828	3086	6447	1967	3928	2521	1829	889
潍坊市	5616	1768	4834	1721	4788	3055	2181	454
济宁市	6072	1651	4141	1793	2631	2505	1558	474
泰安市	5300	1768	4538	1547	2702	2586	1971	449
威海市	7829	3118	4961	2256	5150	2938	2681	1043
日照市	5998	1751	3540	1394	4010	2114	1006	761
莱芜市	5322	1894	5185	1673	3133	2413	1391	292
临沂市	4484	1575	3594	1243	3379	1717	830	268
德州市	4582	1266	3934	875	2426	1529	1349	312
聊城市	4736	1497	3296	861	1952	1900	1233	353
滨州市	6261	2041	5060	1723	3263	2614	1565	569
菏泽市	4829	1161	3956	1071	1958	1911	1619	282

资料来源：山东省统计局：《山东统计年鉴（2019）》，中国统计出版社 2019 年版。

（2）农村居民消费结构。就农村居民来看，消费结构呈现如下特征：

第一，虽然全省各地市农村居民食品消费支出占消费总支出的比重即恩格尔系数高于城镇居民，但均已小于等于 30%，居民消费已经达到最富裕阶段。

第二，衣着、居住支出基本呈现从沿海向内陆依次递减的趋势。其中，衣着支出在总支出中的比重沿海地区普遍高于内陆地区，而居住支出西部地区较高，中东部地区较低。

第四，交通和通信支出以及文化、教育、娱乐支出呈现出明显的与当地经济发展状况正相关的变动趋势，已成为各市农村居民新的消费热点。

第五，生活用品及服务支出、医疗保健支出没有明显的地域特征，形成各市差异的原因可能与当地居民的身体健康状况及收入水平两个因素相关（见表 2－14）。

表 2－14　　2018 年山东省各地市农村居民消费支出结构　　单位：元

地市	食品烟酒	衣着	居住	生活用品及服务	交通和通信	教育、文化和娱乐	医疗保健	其他用品及服务
济南市	3410	551	2549	721	1728	1109	927	176
青岛市	4204	770	3264	801	2358	1447	742	300
淄博市	3666	893	2513	853	1931	1623	1385	172
枣庄市	3098	754	1928	762	1427	1154	734	216
东营市	3100	710	2760	628	3639	1635	645	141
烟台市	4754	1087	2648	790	1946	1156	1149	370
潍坊市	3401	685	2412	777	1970	1457	1188	237
济宁市	3021	660	1815	767	1810	1220	995	163
泰安市	3356	612	2054	728	1402	1320	1303	167
威海市	3564	1067	2166	888	1957	1208	1627	226
日照市	2729	787	1932	631	1303	751	326	79
莱芜市	3731	671	2655	712	1868	957	1535	133
临沂市	2500	519	2104	662	1150	965	694	104
德州市	3469	645	3618	664	1550	684	902	148
聊城市	3008	560	2034	606	1197	1237	1009	201
滨州市	3230	616	2096	721	1990	1305	1080	186
菏泽市	3454	732	1585	629	1471	1331	915	126

资料来源：山东省统计局：《山东统计年鉴（2019）》，中国统计出版社 2019 年版。

二、山东城乡居民消费需求影响因素分析

在这个物质丰富、经济快速发展的时代，市场上产品琳琅满目，人们的可选择性越来越多，人们的消费行为会受到不同程度的影响。不同消费者购买决策过程的复杂程度不同，究其原因，是受诸多因素的影响，其中主要有消费者的收入水平、商品的价格、消费环境、消费者的年龄结构等。

1. 收入水平

收入水平是居民消费的基础，是决定居民消费能力的根本因素，当收入变化时，消费者对某种商品的消费需求乃至消费支出结构都会发生变化。

消费行为会随着可支配收入的变化而变化。当可支配收入增加，人们的消费预期和消费意愿会随之增加，从而影响消费行为，增加消费；收入减少，则反之。2018 年山东居民收入增长平稳，农村居民收入增长快于城镇居民，收入结构继续优化。全省居民人均可支配收入 29205 元。其中，城镇居民人均可支配收入 39549 元，增长 7.5%；农村居民人均可支配收入 16297 元，增长 7.8%，快于城镇居民收入增幅 0.3 个百分点。这是自 2010 年起连续第 9 年农村居民收入增速快于城镇居民，城乡居民收入比为 2.43∶1。全省居民人均工资性收入 16814 元，增长 8.3%，占人均可支配收入比重 57.6%，拉动居民人均可支配收入增长 4.8 个百分点，对居民收入增长贡献率为 56.4%，是居民增收的主要来源。人均经营净收入 6300 元，增长 6.9%，占可支配收入比重 21.6%。其中，二三产业经营净收入增长 10.9%，对全年居民收入增长贡献率 18.1%。人均财产净收入 2043 元，增长 11.6%，在四项收入中增速最快。人均转移净收入 4047 元，增长 10.2%。居民财产、转移净收入占人均可支配收入比重比上年分别提高 0.2 和 0.3 个百分点。

预期收入也会影响消费行为。预期收入的变化不会直接影响消费者当前的消费，但它能够调节消费者在现期消费与未来消费之间的选择。如果预期收入提高，消费者就会提高现期消费支出的水平，刺激消费需求；如果预期收入降低，消费者就会增加储蓄，以支持未来的消费水平。由于市场经济体制下周期性经济波动的存在，消费者的收入水平会随着经济波动而变化，因而收入预期成为影响消费水平的重要因素之一。

2. 价格因素

商品的价格是人们消费的前提，在消费过程中，人们对价格的敏感度很高，会因为价格的波动而影响消费行为。大多情况下，生活必需品的价格波动，对消费行为的影响不大；而对于非必需品的价格波动，则影响较大。消费者往往会根据自己的喜好和心理预期进行购买，当生活必需品价格上涨时，人们就会相应的减少非必需品的消费，当生活必需品价格下降时，人们就会增加非必需品的消费。当某产品进行促销活动时，会勾起人们的购买欲望，随之购买量也会增加。如“双十一”期间，因营销力度大而广，销量随之暴涨。根据阿里巴巴官方数据显示，2018 年淘宝“双十一”交易额达到 2135 亿元，再创历史新高，同比增长 27%，“双十一”网购大促的观念逐渐深入人心。另外，消费者购买暴涨的同时，商家也看到新的商机出现，各大电子商务网站陆续推出了诸如京东的 6.18、唯品会的年中大促、网易考拉狂欢节等活动，消费者的购买能力因而进一步释放。

3. 消费环境

当前，仍然存在不利于消费结构升级的市场环境。一是经济大环境对居民消费的滞后影响逐步显现。投资增速放缓，部分行业（制造业、住宿业）不景气，外部经济环境趋紧和企业效益下滑导致收入有所回落，就业和收入渠道对终端消费产生滞后影响。新型消费业态兴起，网上零售的快速增长，传统零售企业转型步伐缓慢。二是物价上涨的影响。近几年，山东省物价总体控制比较好，城乡居民消费价格指数一直维持在 102 左右，极大地增强了居民的消费信心，但也存在房价暴涨以及商品供需矛盾和流通环节造成物价发生跳跃式波动导致居民即期消费意愿减弱。三是产品质量和售后服务问题的影响。当前，各种食品安全、假冒伪劣产品事件时有发生，让老百姓不敢放心消费，以致发生内地居民到港澳抢购洋奶粉，到国外抢购马桶等现象。三是消费基础设施和服务体系的支撑能力亟待提升。如新型产品和服务消费基础设施条件相对薄弱，影响了消费的扩质提速。四是服务消费的供给发展滞后。虽然近年来全市服务业呈现出加快发展的良好态势，但面向居民的各种服务发展相对滞后，服务供给结构性矛盾突出。虽然我省在扩大消费规模、改善消费结构等方面取得了显著成绩，但制约消费扩大和升级的短板、瓶颈仍有很多，尤其是质量和标准体系建设仍滞后于消费提质扩容的需要。如家政、养老、早教、旅游、医疗、教育等领域高品质服务供给不足，满足中高端消费的本土品牌竞争力较弱。

4. 年龄结构

由于生活的年代不同，物质条件不同，不同年龄段的消费观念、消费需求、购买欲望不一样，势必影响消费行为。年轻的消费者一般有更强的物质性特征，消费意愿强烈，他们往往具有一种时代感和自我意识，而且更容易受周围环境的影响，通常带有一种“你有我也要有”的心理，特别是很多年轻人喜欢追求名牌产品，喜欢以此来炫耀自己的身份与地位。而年老的消费者因为消费观念比较成熟，再加上人生阅历相对丰富，使得他们的计划性消费明显要大于冲动性消费，并且，在购买产品时往往更注重商品的实用性跟价格的合理性。而且心理年龄相对于生理年龄对于老年消费者的消费行为影响更大。目前社会上的消费群体主要分为“60 后”“70 后”“80 后”“90 后”四个层次，“00 后”作为新生代消费群体，对消费的影响也在逐渐显现。

（1）“60 后”。“60 后”人群从出生的时候就开始经历三年自然灾害、文化大革命、裁员、国企改革、计划生育等政策，让“60 后”体会到了一种生活的沧桑感，他们在社会的变迁过程中不一定有很多的收获，但是，他们的心态是比较豁达的，生活的满足感也是所有的人群里面最高的，他们的生活环境和生长环境，决定了他们的消费观必然是更谨慎、更节约。他们首先考虑的是需求问题，而不是喜好。

（2）“70 后”。“70 后”是当前社会的中坚力量。他们经历了“文革”末年、理想主义的启蒙和摧残，接受的是传统教育和计划经济理想主义教育，却要面对市场经济的现实。在物质匮乏的时代一路走来，保留了节俭生活价值观外，他们在消费上较为理性，有自己的主见，他们的话题大多是工作和股票。在考虑购买产品的时候，会综合考虑产品的功能和外形设计，他们更喜欢有品质的生活，衣食住行要好但不奢华浪费。

（3）“80 后”。在我国“80 后”出生一代主要是指独生子女一代，处于较好的物质生活环境中。“80 后”一代消费者有着乐观向上的消费观，消费目的更强调追求快乐、享受生活，对新生事物接受能力强，喜欢时尚、新鲜、前沿的消费潮流。他们在消费的过程中比较注重个人的体验以及个人对生活的一种态度，重品牌，重时尚，对低价产品的解读不再是“划算”，而是“不够档次”或者是不再适合社会阶层。

（4）“90 后”。相比于“80 后”，“90 后”由于成长的社会与营销环境发生了更大的变化，在消费上属于特立独行的一代。他们有着感性消费观，喜欢自我消费的选择，又带着自身情绪因素的影响。对产品的选择，更重视的是否能给自己带来心理上、情感上最大的满足，并获得多元化的体验感觉。并且“90后”在经济上依赖父母长辈，很少考虑价格因素，想买就买，形成了一种享受生活的消费观念。

随着人口老龄化，消费需求和产品供给结构都会发生变化。如果供给和需求变动不匹配，就可能出现部分产业萎缩或是过剩的情形。只有准确把握好消费需求的变动方向，提前在资源配置、人才培养等方面做好准备，才能避免产业发展与消费需求脱节，进而有效拉动内需。

5. 文化差异

不同的地区有不同的文化背景，而不同文化背景作用于消费，产生的消费文化也各不相同，消费文化的不同也会对消费行为造成影响。文化是指社会意识形态同人们的衣食住行等物质生活、社会关系相结合的一种文化。文化扎根于人类生活的基本方式之中，包括物质条件、自然环境、气候、宗教信仰、生活方式、社会的历史经验等相互作用。不同国家、不同民族、不同地域和不同类型的群体，都有各自独特的风俗习惯，在衣食住行方面都表现出不同的消费特点，如，民族文化对消费行为的影响，傣族的泼水节、藏族的藏历年、汉族的春节等节日影响消费者购买行为；地域文化对消费行为的影响，湖南人爱吃辣椒、四川人喜欢麻辣、浙江人爱吃甜食、山东人爱生食葱蒜等喜好，会影响消费者购买行为；人文文化对消费行为的影响，教育层次较低的人群在选择购买食品时，容易对某一食物盲目的倾向性消费并较多地受到味蕾驱使，教育层次较高的人群则会依据科学、合理的营养组合原则来选购食品等影响消费者购买行为。

一般来说，文化因素对消费者行为的影响最广泛也最深远，文化是人类欲望和行为最基本的决定因素。中国历来提倡勤俭节约、节俭持家，加之人们受“口袋有钱，心中不慌”思想影响，长期以来，山东省重储蓄、量入为出和勤俭持家的传统文化和消费观念决定了居民较低的消费倾向。尤其是农村居民，消极的消费观念，降低了农村居民的消费热情和实际购买力。相对于城镇居民来说，农村居民生活方式比较传统，生活环境比较接近，有些年龄稍长的农村居民一辈子都没有走出黑土地，他们基本沿袭着祖辈的生活方式，消费行为数代相传，消费观念整体比较传统、保守，变化很小，他们崇尚节约，反对浪费，但也存在迷信消费问题。2018年末山东金融机构存款余额94298.2亿元，比年初增加

5766.5亿元。[①] 高额的储蓄表明，山东居民消费意愿不强，巨大的消费潜力被抑制，长期的低消费高储蓄不仅影响消费结构升级，还会影响经济持续健康发展。

6. 消费方式

近年来科技的进步和“互联网+”时代的到来，市民的生活方式发生变化，由“进店购物”逐渐演变成“宅家购物”；随着网购消费的流行，不仅改变了市民的消费习惯和购物形式，也对经济、社会产生了一定的影响。网络购物具有很高的便捷性，一方面是时间上的便捷性，即不受时间的限制并节约时间；另一方面是空间上的便捷性，即消费者足不出户就能购买到全球范围内的商品。这种便捷又安全的采购方式不仅仅方便了人们的购物、加快了经济的流通，更重要的是，对社会消费品零售额也产生了巨大的影响。年龄、接受教育水平、地区发展等诸多原因，也影响着人们的消费方式。对于年轻人来说，方便、快捷、多种选择的便利性促使他们更倾向网上购物。而对于年龄大的人来说，他们认为网上的东西质量无法保证、程序操作困难、资金使用不安全等，他们更倾向于实体消费。

三、山东城乡居民消费展望及对策

近年来，山东居民消费总体规模不断扩大，消费结构升级节奏加快，传统的“衣食住行”基本性消费格局逐渐转向具有“互联网化、绿色环保化、个性化”特点的主动消费模式，居民开始追求更高质量的理性化消费体验。针对居民消费需求的变化趋势，需运用市场化手段扶持新兴消费产业，扩大消费产品种类，提升消费产品质量，推动消费市场供给侧改革，促进消费产业结构升级，适应居民分层次、多样性的消费需求。同时，政策性引导居民消费向着新兴消费、绿色消费产业转移，扩大居民消费的选择范围，提高居民消费倾向，提升居民消费率。

（一）山东城乡居民消费展望

随着政府促进消费政策效应逐步显现，消费规模保持平稳增长态势，并且已经成为经济稳定运行的“压舱石”。

---

① 资料来源：山东省统计局：《山东统计年鉴（2019）》，中国统计出版社2019年版。

1. 消费对经济贡献率不断提高成为必然趋势

近年来，随着经济结构调整不断深入，山东三大需求结构出现了积极的变化，经济增长过度依靠投资和出口的局面显著改善，“三驾马车”中消费对经济增长的贡献明显提升。投资贡献率降低是山东主动调控的结果，而世界经济低迷也致使净出口对经济增长的贡献难以提高。因此，未来一个时期，随着经济动力结构转变、随着服务业加快发展、随着全面建成小康社会的目标推动，山东省需求结构将继续朝着扩大消费需求的方向变化，消费对经济增长贡献不断增加将成为必然趋势。

2. 政策利好培育消费新增长点

消费是最终需求，既是生产的最终目的和动力，也是人民对美好生活需要的直接体现。为了加快完善消费体制机制，增强消费对经济发展的基础性作用，政府出台了一系列稳消费、促消费的政策措施。提高最低工资标准，实施减税降费及个人所得税抵扣政策，有利于提升居民的消费能力；完善教育、医疗、养老等公共服务，织牢民生保障网，有利于消除居民消费的后顾之忧；净化市场环境，加快质量标准和信用体系建设，有利于提高居民消费意愿。随着这些政策的落实，居民消费需求有望进一步释放。山东省已进入消费升级的重要历史阶段，随着需求引领和供给侧结构性改革相互促进，消费新动能持续释放，消费对经济发展的基础性作用将更加稳固。

3. 新兴消费面临黄金机遇

山东传统实物消费不断提档升级的同时，新兴服务消费持续扩容。旅游消费、餐饮消费、文化娱乐消费、信息消费、健康消费、交通出行消费等服务类消费成为我国消费持续扩张的重要带动力量。同时，服务类消费也逐步由生存型、同质化的服务消费需求向个性化、差异化、发展型、享受型、品质型服务消费需求演进，消费结构日益升级。随着服务业快速发展，国内及省内高端化、个性化、多样化、多层次、多平台的消费升级逐步展开，基础设施完善和市场需求推动旅游休闲、养老康健、文化娱乐、科技研发、信息消费等服务业扩容，推动第三产业持续发展。众创、众包、众扶、众筹等创新服务平台增多，远程教育、在线医疗等新型服务模式加快发展，提高服务业发展效率。同时伴随着移动互联网、大数据、人工智能等数字技术在服务业中的广泛应用以及美团点评等生活服务电子商务平台的蓬勃发展，网络订餐、在线旅游、移动支付等服务类网络消费支出增速快，发展潜力大。

4. 消费理念发生积极变化

消费总量扩大的同时，居民的消费理念和消费习惯也正在发生积极变化。近年来，绿色消费理念日益深入人心，绿色产品供给不断扩大，绿色产品市场逐步规范，绿色消费规模持续增长，绿色产品消费发展态势总体良好。随着人民生活水平的提高，居民消费不断升级，消费内容发生了显著变化，从注重量的满足逐步转向追求质的提升，绿色消费悄然兴起。绿色消费品种不断丰富，节能家电、节水器具、有机产品、绿色建材等产品走入千家万户，空气净化器、家用净水设备等健康环保产品销售火爆，循环再生产品逐步被接受，新能源汽车成为消费时尚，共享出行蓬勃兴起。消费者正在逐步转变消费观念，崇尚自然、追求健康，在追求生活舒适的同时，注重环保、节约资源和能源，实现可持续消费。

5. 产业变革不断推进

相比于传统的线下零售，电商的兴起及其扩展，不仅改变了居民的消费方式，而且在很大程度上降低了零售商家的固定成本支出。首先，相对于实体店，电商平台为众多商家提供了免费或费用较低的销售载体。其次，相较于中心城市，三、四线及偏远城市居民，收入水平更低、线下消费选择更少，有着更为强烈的网络消费需求。最后，电商等新型消费模式的兴起与延展，不仅可以打破地域限制，而且可以让不同地区居民获得无差异的商品信息等；而且随着物联网等的快速发展，不同地区居民可以无较大差异地获得多元化的商品，在一定程度上有助于平抑消费的空间差异。而“互联网＋”从产业互联入手，实现了电商与传统产业深度融合，变革线下供应链与服务模式，极大提高了消费便利化程度，有利于消费环境升级。商品零售的O2O、批发贸易的互联网化以及互联网场景下的服务消费这三大趋势提高了商贸流通效率和居民消费便捷程度，改善了消费环境，激发了之前由于消费环境欠佳而不能释放的消费实力，成为消费需求较快增长的助推器。

（二）提升城乡居民消费需求的对策

居民消费的不断提升是扩大内需、持续推动 GDP 增长、保证国民经济稳定发展的关键所在，但山东省大部分人的收入水平依旧较低。因此，山东省需要在深化收入分配制度、缩小收入差距、深化税制改革、完善社会保障体系等方面不断发力，同时还应提高生产效率与商品供给质量，以此来提高居民的消费意愿，从而推动地区经济的健康可持续发展。

1. 提高居民收入，增强消费者信心

从长期看，可支配收入与财富的可持续增长是激发居民消费潜力的根本因素。近几年我省居民可支配收入占国民收入比重开始提升，但是依然低于世界平均水平。要提高居民可支配收入占比不但要从初次分配和再分配入手，从长期看更要从供给侧入手。在短期和中期内，通过减税降费和提高转移支付提高居民可支配收入占比；从长期看，要进一步推进要素市场化，打破产品和服务市场垄断，在动态的经济增长过程中提高居民可支配收入占比。第一，大力发展产业素质高、竞争力强和就业容量大的优势产业，为广大城乡居民提供劳动条件好、收入较高的就业岗位，使城乡居民收入随经济结构调整和经济增长而不断提高，形成消费结构升级推动经济发展的良性循环机制。第二，制定和完善收入增长政策，使广大城乡居民收入随着国民经济增长而协调增长，使城乡居民收入增长随着劳动生产率和经济发展效益提高而相应提高，城乡居民消费水平随居民收入的增长而相应增长，当前，应着力提高中低收入者收入水平，增强其消费预期。第三，认真落实“三农”政策，切实减轻农民负担，增加农民收入，扩大农民消费支出。通过多种途径和办法，改变农村居民收入增长落后于经济增长的状况，使农村居民收入、消费与经济增长协调发展。第四，在居民平均可支配收入与财富增长的同时还需要重视收入与财富差距问题。继续推进综合与分类相结合的个人所得税制度改革，加快论证房产税、遗产税、特别消费税等税种，加大精准扶贫力度，加大对中低收入家庭的转移支付力度，从而通过可持续增加中低收入群体的可支配收入来提升消费潜力。

2. 切实推进“以人为本城乡一体的新型城镇化”

改革开放40多年，中国的城镇与农村均得到了快速发展，但城乡二元结构依然没有完全化解，城镇居民与农村居民收入差距仍大。一方面，2018年，山东省城乡居民可支配收入之比达到2.43，同时城乡居民享受到的公共服务差距也很大，极大地制约了居民消费的持续增长；另一方面，山东省户籍人口城镇化率与常住人口城镇化率差距依然很大。研究显示，没有城镇户籍的城镇常住人口其平均消费倾向远低于城镇户籍人口和农村居民，这种半城镇化现象严重制约了居

民消费潜力的发挥。中央提出的以城乡统筹、城乡一体、产业互动、节约集约、生态宜居、和谐发展为基本特征的新型城镇化需要切实有效推进，这样才能真正激发居民消费潜力。

推进新型城镇化的核心问题有两个：一是推进向城镇迁移的农村剩余劳动力实现向市民的转化，加快推进市民化进程，缩小常住人口与户籍人口城镇化缺口，实现农业转移人口和城市居民的权利平等和社会融合；二是通过产业互动和城乡统筹，真正实现以人为本、城乡一体的新型城镇化。全面推进农村土地流转制度改革，在大规模农村居民转移后，通过市场化的手段有效提升农村土地规模化与集约化经营水平，提高农村居民的劳动生产率，持续降低城乡收入差距。目前需要继续加大农村地区基础设施建设和改造，完善农村地区公共保障服务、普惠金融服务、商贸物流服务等，有效推动农村居民消费升级、拉动城乡消费联动发展，进一步激发居民消费潜力。

3. 加快实物消费与服务消费供给侧改革步伐

供给侧改革是推动居民消费平稳增长、促进居民消费结构升级的核心环节，国内消费品市场有效供给不足，从而使进口和境外消费需求快速上升，反映出中国国内消费品供需结构存在错位，国内消费品供给不能完全满足国内消费者对消费品的高品质及新功能的要求，形成“消费需求外溢”。因此，需要进行供给侧改革创新供给，激活消费需求，从而切实增强消费对经济发展的基础性作用，不断满足居民日益增长的美好生活需要。消费品和服务消费供给侧改革主要指的是消费品和服务消费的供给需要更好地满足消费需求的个性化与多样化。

加快实物消费与服务消费供给侧改革的核心问题有两个：第一，形成更加成熟的实物消费细分市场，培育实物消费的新增长点。可以由相关部门定期发布进口消费品种类数量，并且运用大数据分析方法研究跨境实物消费的特征与发展趋势，倒逼国内相关消费品行业的转型升级，并通过市场化手段引导和激励国内相关消费品行业转型升级、优化生产结构，培育中高端消费品品牌，提高产品质量。推进汽车消费、绿色消费、信息消费等重点消费品领域转型升级，优化商贸设施、物流设施空间布局，推动传统商贸创新发展，高标准布局建设具有国际影响力的大型消费商圈。第二，放宽服务消费领域市场准入，创新服务消费供给。伴随着平均教育水平和可支配收入的大幅度提升，同时老龄化与少子化趋势日益明显，丁克家庭与单身人群占比逐年增加，文化旅游体育消费、健康养老家政消费、教育培训托幼消费等服务消费具有巨大的发展空间，需要疏堵并举，加强相关公共配套基础设施建设、积极培育新的服务消费新业态。

4. 完善公共保障体系，推进消费金融服务供给侧改革

研究表明，支出的不确定性是中国居民家庭高储蓄动机至关重要的原因，而金融服务供给不足导致的流动性约束又加重了预防性储蓄动机，从这个角度而言，公共保障体系完善与金融体系改革将成为缓解居民家庭“不敢消费”的重要保障和支持因素。公共保障体系完善主要包括如下几个方面：第一，加快推进“建设型财政”向“公共财政”转型，提高民生型财政支出占财政支出的比重；第二，加快推进养老保障体系和医疗保障体系改革，让目前的中老年家庭有一个比较稳定的收支预期；第三，积极探索低收入群体基本生活现金补助、实物补助和救助补助相结合的社会补助方式，更好发挥社会保障体系的兜底作用。

提升居民消费能力的金融供给侧结构性改革主要包括如下几个方面：第一，让金融回归服务实体经济的本源，缓解居民家庭在创业与消费方面的流动性约束；第二，全面落实“保险业姓保”的要求，加快保险服务业的开放，更好地发挥商业保险对于居民家庭风险转移和共担的功能；第三，有效解决住房金融市场融资渠道单一和政策性住房金融发展滞后共存的难题，增加多层次住房供给，保持住房价格基本稳定，减缓住房投资对居民消费的挤出效应；第四，因地制宜推进消费金融模式创新，同时构建居民家庭杠杆率快速上升与居民家庭债务积压的监控与预警机制。

5. 统筹推进消费环境与理性的消费文化建设

统筹推进消费环境与理性的消费文化建设是增强消费对经济发展基础性作用的长期保障。消费环境涉及商品的生产环节、供应环节、贸易流通环节和后续评价环节等，消费环境能显著影响消费结构、消费质量和消费水平。营造良好的消费环境，加快城乡消费设施和服务体系建设，满足居民多层次、多方面的需求。加大市场监督管理，整顿和规范市场秩序，提高产品安全，保障消费者权益，保持市场稳定健康发展。培育新的消费热点，增加消费者的消费意愿，增强投资者信心，把潜在的消费需求变为现实的消费能力。加快完善消费品和服务消费标准体系建设、加强消费领域信用体系建设、健全消费后评价机制和消费者维权机制，以改善市场环境、生态环境、社会环境为目标，研究促进生态文明、和谐社会建设的消费环境的体制机制条件。

推进建立可持续的生产方式和消费方式，倡导和培育遵循人、自然、社会和

谐发展这一客观规律的理性消费文化。在发扬我国传统的节俭美德，旗帜鲜明反对过度负债消费、反对过度消费、反对奢侈型消费与炫耀性消费、反对成瘾性消费的同时，也要注重消费观念的改变，满足适时适度消费，鼓励一定程度的超前消费，增加信贷消费及理性投资。最终达到消费与生产、需求与供给的相互促进与平衡。

6. 创新营销方式，增加人群消费

根据不同的年龄结构人群、文化背景、消费习惯，总结他们的消费特征，制定差别化的营销方案来刺激不同人群的需求，以增加不同人群的消费。对于年龄大的人群可以通过提供多方面、多层次的消费品和服务。年轻的人群可以通过网络广告营销、娱乐营销、观念营销、捆绑式营销等来增加消费。另外，在互联网飞速发展的同时，也要确保网络购物的安全性、可靠性和服务性。

参考文献：

[1] 臧旭恒：《中国消费函数分析》，上海人民出版社 1994 年版。

[2] 尹世杰：《消费经济学》第 1 版，湖南人民出版社 1999 年版。

[3] 杨信：《国内收入分配制度改革及其对我国居民消费者行为的影响》，载《长春师范大学学报》2020 年第 1 期。

[4] 牛虎：《住房价格波动对居民消费的“挤出效应”分析》，载《商业经济研究》2020 年第 1 期。

[5] 孙豪、毛中根：《中国居民消费的演进与政策取向》，载《社会科学》2020 年第 1 期。

[6] 洪帅、刘志远：《居民可支配收入与消费关系研究》，载《现代商业》2020 年第 1 期。

[7] 马香品：《数字经济时代的居民消费变革：趋势、特征、机理与模式》，载《财经科学》2020 年第 1 期。

[8] 艾天霞、张慧芳：《中国省域居民消费升级模式的统计评价》，载《统计与决策》2019 年第 22 期。

[9] 杨程博、孙巍、赵奚：《收入分布变迁对消费结构的影响：理论分析与实证检验》，载《当代经济科学》2019 年第 6 期。

[10] 白桦：《消费环境、居民消费与经济增长协调性统计测度研究》，载《中国商论》2019 年第 24 期。

第三章

山东省批发零售业发展研究*

在现在的国民经济体系中，批发零售业向后沟通生产，向前连接消费，便利了商品流通，促进了商品交换，使生产者的投入得以弥补并获得合理回报，使生产得以持续，使消费者的消费需求得以满足，从而使社会化大生产得以顺利进行。批发零售业是决定经济运行速度、质量和效益的引导性力量，其在国民经济中的作用日益增强，已经占据了各个行业领域产业链的主导地位，并起到了控制市场、决定生产、影响消费的关键作用。从长远来看，我国居民消费无论是从总量上，还是从结构上都有相当大的发展空间，这为我国批发零售行业的发展提供了良好的宏观环境。

根据国家统计局《国民经济行业分类》（GB/T4754－2002）标准，批发零售业共包括 2 大类，18 中类和 92 小类。批发业是指批发商向批发、零售单位及其他企业、事业、机关批量销售生活用品和生产资料的活动，以及从事进出口贸易和贸易经纪与代理的活动。零售业指从工农业生产者、批发贸易业或居民购进商品，转卖给城乡居民作为生活消费和售给社会集团作为公共消费的商品流通企业。

批发零售业的所有经营单位根据销售额或从业人员数分为限额以上和限额以下两部分。限额以上的批发业是指从事批发贸易业活动，年末从业人员 20 人及以上或年销售额 2000 万元及以上的企业（单位）和个体户；限额以上的零售业是指从事零售贸易业活动，年末从业人员 60 人及以上或年销售额 500 万元及以上的企业（单位）和个体户。其余的为限额以下批发零售业经营单位。由于数据限制，本章主要分析山东省限额以上批发零售业、亿元以上商品交易市场和批发零售业连锁经营的情况。

---

* 作者简介：郭克锋，山东商业职业技术学院工商管理学院，管理学博士，副教授。

一、山东省批发零售业发展现状

2018 年以来，山东省国民经济持续健康运行，批发零售行业继续稳定增长。根据山东统计局数据，2018 年山东省社会消费品零售总额为 33604.98 亿元，比上年增长 8.83%，占 2018 年全国社会消费品零售总额 380987 亿元的 8.82%，与 2017 年相比，占全国的比例有所下降。详情如表 3－1 和图 3－1 所示。

表 3－1　　2013～2018 年山东省社会消费品零售额及其全国占比

年份	山东省社会消费品零售总额（亿元）	环比增长（%）	全国社会消费品零售总额（亿元）	山东省占全国的比例（%）	山东省商品零售额（亿元）
2013	22294.84	13.45	242842.8	9.18	20056.62
2014	25111.53	12.63	271896.1	9.24	22612.19
2015	27761.41	10.55	300930.8	9.23	24921.29
2016	30645.76	10.39	332316.3	9.22	27401.75
2017	30877.78	0.76	366261.6	8.43	27498.95
2018	33604.98	8.83	380987	8.82	29863.86

资料来源：山东省统计局：《山东统计年鉴（2019）》，中国统计出版社 2019 年版。

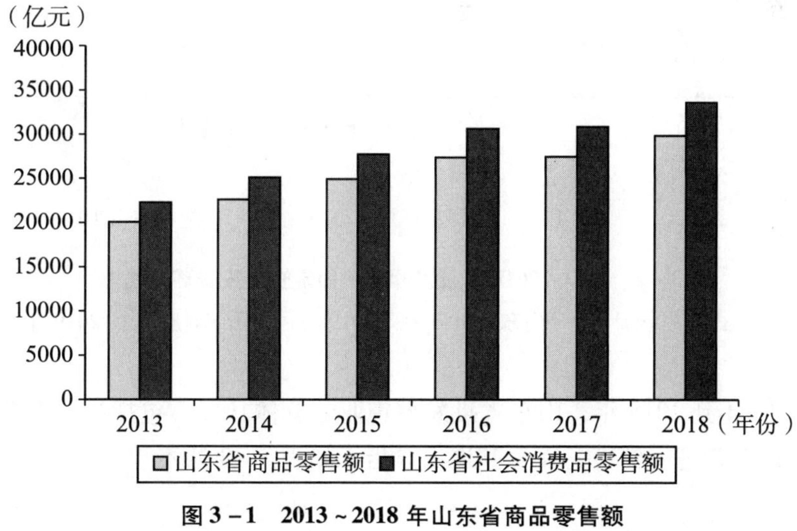

图 3－1　2013～2018 年山东省商品零售额

资料来源：山东省统计局：《山东统计年鉴（2019）》，中国统计出版社 2019 年版。

总体来看，社会消费品零售总额稳中有升，经历过2017年的消费低迷之后，增速迅速提高，从消费的角度反映了宏观经济的向好趋势。占全国社会消费品的比重比去年略有提高，连续3年的下降之后，形势有所好转。总体来看，近年来山东省社会消费品占全国的比重呈现出下滑的趋势，说明了其他省份的社会消费品零售总额增长得比山东省稍快。

从2013~2015年，消费品市场的繁荣吸引了更多的资本进入，使得山东省批发零售业固定资产投资稳步增长，每年的固定资产投资增长幅度都在20%以上。但从2016年开始，连续3年的增长幅度为负，分别为－16.33%，－20.71%和－38.8%，投资不断减少，并呈加剧趋势。这说明经过前几年的高速增长，固定资产投资增长乏力，再加上2016年以来电子商务的迅速发展，使批发零售业前景不被看好，使其固定资产投资进一步下降，如表3－2和图3－2所示。

表3－2　2013~2018年山东省批发零售业固定资产投资增长速度

年份	2013	2014	2015	2016	2017	2018
环比增速	27.33%	21.67%	37.94%	－16.33%	－20.71%	－38.8%

资料来源：山东省统计局：《山东统计年鉴（2019）》，中国统计出版社2019年版。

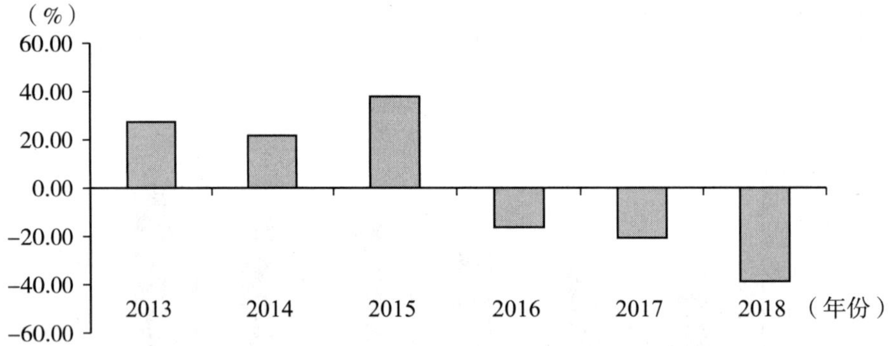

图3－2　2013~2018年批发零售业固定资产投资环比增速

资料来源：山东省统计局：《山东统计年鉴（2019）》，中国统计出版社2019年版。

从2013年到2018年，山东省批发零售业的总体状况，包括法人企业、年末从业人数以及购进、销售、库存和进出口指标如表3－3所示。

表 3－3　　2013～2018 年山东省批发零售业总体情况

指标	2013 年	2014 年	2015 年	2016 年	2017 年	2018 年
法人企业（个）	17134	17474	17157	16894	16865	15695
年末从业人数（万人）	102	102	98	96	90.1	82.5
商品购进额（亿元）	27460.6	29233.1	27089.1	29289.7	29812.8	30902.8
进口额（亿元）	1337.5	1290.7	817.7	765.7	872.6	769.5
商品销售额（亿元）	31193.4	32112	29650.1	32129.2	32944.0	34878.2
出口额（亿元）	998.5	955.5	1002.2	895.5	1042.4	1233.0
期末商品库存额（亿元）	1901.5	1693.2	1701.3	1686.3	1903.5	1961.1

资料来源：山东省统计局：《山东统计年鉴（2019）》，中国统计出版社 2019 年版。

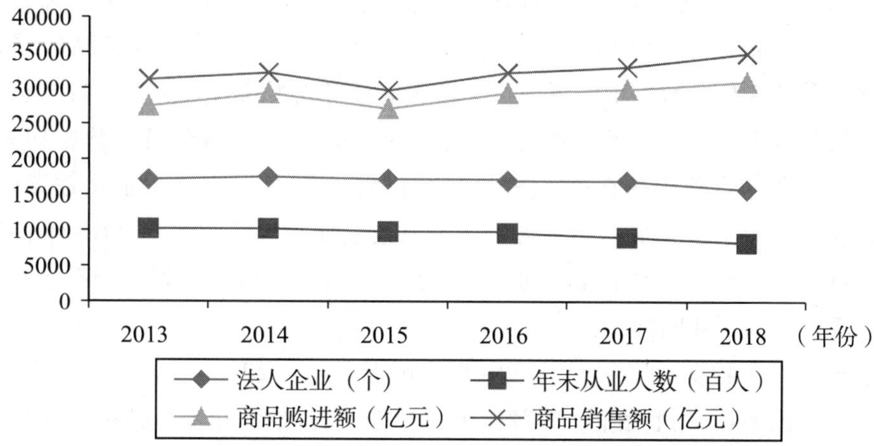

图 3－3　2013～2018 年山东省批发零售业购销存等指标

资料来源：山东省统计局：《山东统计年鉴（2019）》，中国统计出版社 2019 年版。

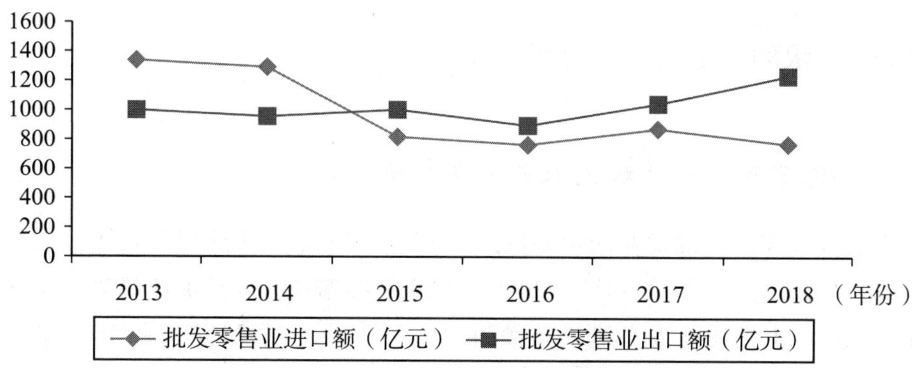

图 3－4　2013～2018 年山东省批发零售业进出口额

资料来源：山东省统计局：《山东统计年鉴（2019）》，中国统计出版社 2019 年版。

从表3－3、图3－3、图3－4看出，近6年来，山东省批发零售业整体呈现增长趋势，2014增势微弱，2015年呈现下降趋势，2016年以来持续增长。2013年，法人企业17134个，到2014年增至17474个，2015年以来持续减少，2018年比2017年的16865个大幅减少1170个至15695个；年末从业人数2013年之前每年均有增长，2014年与2013年持平，2015年以来持续减少且降幅增大，有加速减少趋势，反映了批发零售业在2015年以来对劳动力的吸引力和对就业的贡献持续下降。批发零售业商品购进额、商品销售额分别由2012年的22845.8亿元和24366.9亿元增至2014年的29233.1亿元和32112亿元，到2015年有了比较明显的下降，二者分别为27089.1亿元和29650.1亿元，从2016年以来稳步增加。从进出口来看，2017年进口额为872.6亿元，比上年增加13.96%，出口额为1042.4亿元，比2016年增加16.40%，进出口一改2016年颓势，都有所增加；2018年出口额继续增加，但进口额减少。综上来看，我国经济结构调整进入深化期，经济高速增长难以再现，中高速增长将成为新常态。山东省的总体经济运行状况与全国类似，批发零售业的整体发展态势与宏观经济形势密切相关。2015~2016年基本确认是宏观经济触底的时期，批发零售业的发展也逐渐稳定，显现触底回升，除了从业人数和法人企业个数之外，批发零售业2018年各项指标都有所上升。但由于电子商务的迅速发展，导致批发零售业固定资产投资继续大幅下降，前景不甚明朗。

由于可获取数据的限制，以下主要采用近5年（2013~2018年）的数据，针对山东省限额以上批发业、限额以上零售业，以及亿元以上交易市场和批发连锁经营这四部分内容做分析。以下数据如无特别说明都是来自各省份的统计年鉴。

（一）限额以上批发业分析

1. 山东省限额以上批发业的发展现状

山东省限额以上批发业的销售额从2013~2014年呈快速增长态势，2015年为19692.5亿元，下降11.11%，2016年以来持续增长，并呈加速趋势。2018年山东省限额以上批发业商品进口总额为769.55亿元，比2017年的795.98亿元稍微下降；出口总额为1230.79亿元，比2017年的1039.51亿元增加了18.4%，连续两年迅速增长，显示了批发业进出口从2017年起走出了低谷，强势复苏；

2018 年限额以上批发业法人单位数有 8297 个，比 2017 年的 8310 个略微下降。总体而言，2011～2014 年山东省限额以上批发业发展较快，2015 年略有下降，2016 年企稳回升，2017 年、2018 年复苏趋势明显。

（1）限额以上批发业商品购进、销售和年末库存情况。山东省 2013～2018 年限额以上批发业的商品购进、销售和年末库存总额数据如表 3－4 和图 3－5 所示。

表 3－4 2013～2018 年限额以上批发业商品购、销、存总额

年份	购进总额（亿元）	销售总额（亿元）	年末库存总额（亿元）	购进总额增幅（%）	销售总额增幅（%）	年末库存总额增幅（%）
2013	19379. 90	22074. 19	982. 38	22. 78	31. 50	27. 01
2014	20350. 71	22154. 24	974. 97	5. 01	0. 36	-0. 45
2015	18067. 2	19692. 5	1015. 5	-11. 22	-11. 1	4. 16
2016	19803. 3	21625. 3	1001. 3	9. 61	9. 81	-1. 40
2017	21821. 27	24016. 87	1156. 67	10. 19	11. 06	15. 52
2018	24409. 26	26375. 63	1183. 30	11. 86	9. 82	2. 30

资料来源：山东省统计局：《山东统计年鉴（2019）》，中国统计出版社 2019 年版。

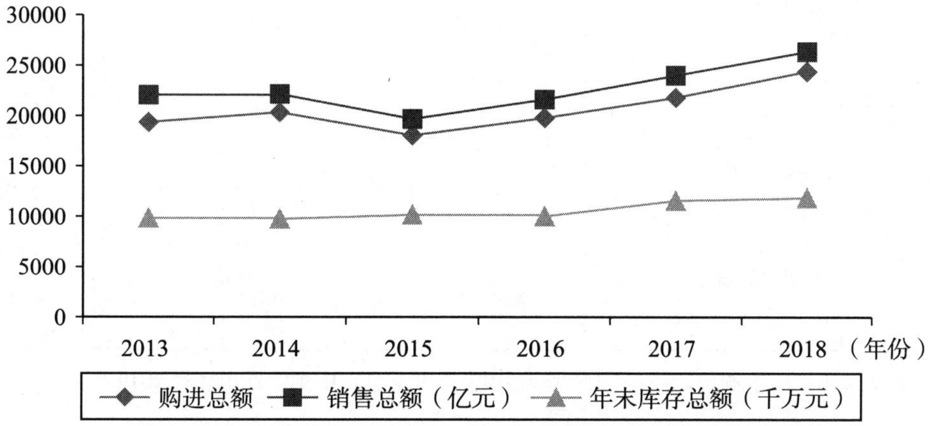

图 3－5 2013～2018 年限额以上批发业的商品购、销、存总额

资料来源：山东省统计局：《山东统计年鉴（2019）》，中国统计出版社 2019 年版。

由表3－4和图3－5可以看出，2013年起，限额以上批发业的购进、销售、年末库存总额受到宏观经济不景气及供给侧结构性改革的影响，低端供给过剩，导致批发业自2014年起基本不再增长，2015年增长速度变为负值。2016年不管是购进总额还是销售总额都恢复了增长，年末库存总额下降，呈现良好态势，2017年、2018年以来延续了2016年的良好发展势头，批发业商品购进总额和销售总额都在持续增长，行业景气繁荣。

（2）各类型限额以上批发企业情况。山东省限额以上的内资企业、港澳台商投资企业和外商投资企业的销售额情况如表3－5和图3－6所示。

表3－5　2013～2018年限额以上批发业内外资企业商品销售总额

指标	2013年	2014年	2015年	2016年	2017年	2018年
内资企业（亿元）	21754.36	21744.98	19183.64	21019.05	23288.57	25757.49
港澳台商投资企业（亿元）	187.68	199.84	176.48	382.17	483.71	455.12
外商投资企业（亿元）	132.15	209.42	223.65	224.04	244.60	163.02
内资企业比例（%）	98.55	98.15	97.96	97.20	96.97	97.25
港澳台商投资企业比例（%）	0.85	0.90	0.9	1.77	2.01	1.83
外商投资企业比例（%）	0.60	0.95	1.14	1.04	1.02	0.92
内资企业增幅（%）	32.62	－0.04	－11.78	9.57	10.80	10.60
港澳台商投资企业增幅（%）	12.66	6.48	－11.69	116.55	26.57	－5.91
外商投资企业增幅（%）	－38.74	58.47	6.79	0.17	9.17	－33.35

资料来源：山东省统计局：《山东统计年鉴（2019）》，中国统计出版社2019年版。

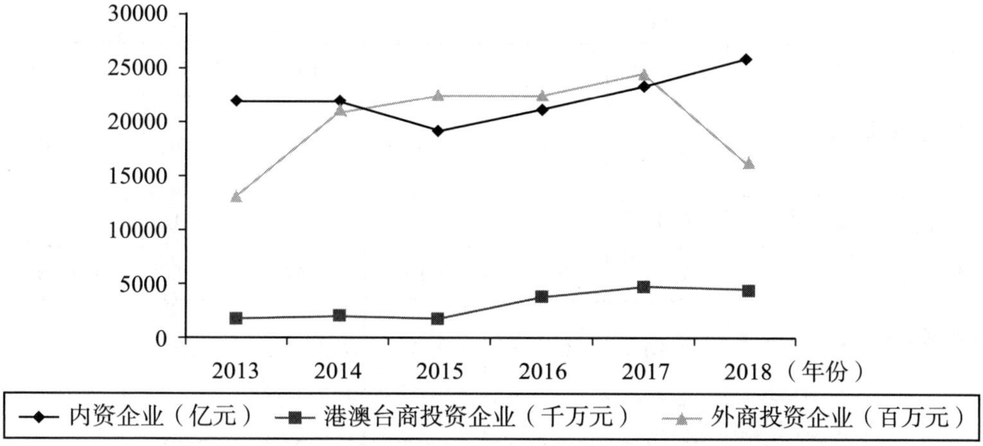

图3－6　2013～2018年限额以上批发业内外资企业商品销售总额

资料来源：山东省统计局：《山东统计年鉴（2019）》，中国统计出版社2019年版。

从表3－5和图3－6中可以看出，在2013～2017年批发业限额以上商品销售总额中，内资企业所占比例仍然远远大于港澳台商投资企业和外商投资企业，平均比例达97%。2018年，外商投资企业的商品销售额大幅下降，遭遇了滑铁卢。内资企业商品销售额继续稳步增长，港澳台企业小幅下降。

（3）限额以上批发业中各类型企业数量情况。山东省限额以上批发业各类型企业的法人单位数量如表3－6所示。

表3－6　2013～2018年限额以上批发业内外资法人单位数

项目	2013年	2014年	2015年	2016年	2017年	2018年
法人单位（个）	8431	8681	8438	8217	8310	8298
法人单位增幅（%）	31.78	2.96	－2.80	－2.62	1.13	－0.14
内资企业（个）	8319	8565	8321	8110	8200	8184
港澳台商投资企业（个）	36	37	37	32	37	40
外商投资企业（个）	76	79	80	75	73	74
内资企业（%）	98.67	98.66	98.61	98.69	98.61	98.48

续表

项目	2013 年	2014 年	2015 年	2016 年	2017 年	2018 年
港澳台商投资企业（%）	0. 43	0. 43	0. 44	0. 39	0. 46	0. 50
外商投资企业（%）	0. 90	0. 91	0. 95	0. 91	0. 92	0. 93
内资企业增幅（%）	32. 13	-0. 1	-2. 85	-2. 54	1. 11	-0. 20
港澳台商投资企业增幅（%）	9. 10	0	0	-13. 51	15. 63	8. 11
外商投资企业增幅（%）	10. 14	3. 95	1. 27	-6. 25	-2. 67	1. 37

资料来源：山东省统计局：《山东统计年鉴（2019）》，中国统计出版社 2019 年版。

从表 3 -6 可以看出，2013 ~2014 年限额以上批发业法人单位呈大幅度上升的趋势，说明批发业随着经济的复苏得到较快发展，随后的 2015 年、2016 年法人单位数持续下降，2017 年短暂上升，2018 年又转向下降。显示了宏观经济形势的变化影响到了批发业，随着宏观经济增速的下滑，批发业深受影响。其中内资企业占主导地位，比例在 98% 以上。港澳台商投资企业所占比例较小，一直维持在 0. 5% 左右。外商投资企业也一直保持在 0. 9% 左右。

从表 3 -7 可知，在三类企业中，2018 年内资企业的平均销售额为 3. 15 亿元，比 2017 年增加 10. 81%，延续去年的良好增长势头；2018 年港澳台商投资企业的平均销售额为 11. 38 亿元，比 2017 年的 13. 07 亿元下降 12. 97%，没有延续 2016 年神奇表现；2018 年外商投资企业的平均销售额为 2. 20 亿元，比 2017 年下降了 34. 16%。由以上数据可以看出，虽然内资企业在数量上占绝对优势，但从企业的平均销售额来说，港澳台商投资企业远远高出内资企业，外商投资企业和内资相关不大，内资企业的规模效应还应该大力加强。但从 2018 年来看，除了内资企业平均销售额继续增长之外，另外两种类别的企业平均销售额都在下降，尤其是外商投资企业降幅较大，综合这两年形式，看出来外商在华的风光日子一去不返了。

表3－7　　2013～2018年限额以上批发业平均销售额　　单位：千万元

平均销售额	2013年	2014年	2015年	2016年	2017年	2018年
内资企业	26.15	25.39	23.05	25.92	29.76	31.47
港澳台商投资企业	52.13	54.01	47.70	119.43	130.73	113.78
外商投资企业	17.39	26.51	27.96	29.87	33.51	22.03
内资企业增幅（%）	0.37	－2.91	－9.19	12.43	14.81	10.81
港澳台商投资企业增幅（%）	3.27	3.60	－11.69	150.39	9.46	－12.97
外商投资企业增幅（%）	－44.38	52.45	5.46	6.85	12.19	－34.26

资料来源：山东省统计局：《山东统计年鉴（2019）》，中国统计出版社2019年版。

（4）限额以上批发业中各行业销售额情况。批发业按照国民经济分为九大行业，分别是农、林、牧产品批发业，食品、饮料及烟草制品批发业，纺织、服装及日用品批发业，文化、体育用品及器材批发业，医药及医疗器材批发业，矿产品、建材及化工产品批发业，机械设备、五金交电及电子产品批发业，贸易经纪与代理，其他批发业。山东省2013～2018年九大批发行业的销售总额如表3－8和图3－7所示。

表3－8　　2013～2018年山东省九大批发业行业销售总额　　单位：亿元

行业	2013年	2014年	2015年	2016年	2017年	2018年
农、林、牧产品批发业	833.65	824.97	761.26	774.77	589.61	559.33
食品、饮料及烟草制品批发业	2820.05	3093.79	3150.63	3246.75	2479.28	2400.42
纺织、服装及日用品批发业	1485.98	1425.94	1427.64	1476.37	1731.15	1891.7
文化、体育用品及器材批发业	493.61	415.29	411.73	452.49	579.40	627.91

续表

行业	2013 年	2014 年	2015 年	2016 年	2017 年	2018 年
医药及医疗器材批发业	806.09	900.85	1065.64	1300.27	1531.91	1729.52
矿产品、建材及化工产品批发业（10 亿元）	1293.36	1272.24	1048.20	1195.35	1482.51	1710.28
机械设备、五金交电及电子产品批发业	1931.38	1950.15	1747.27	1797.93	1755.45	2018.24
贸易经纪与代理	199.73	232.16	177.07	149.12	95.25	185.96
其他批发业	570.05	588.64	469.14	474.08	429.69	645.17

资料来源：山东省统计局：《山东统计年鉴（2019）》，中国统计出版社 2019 年版。

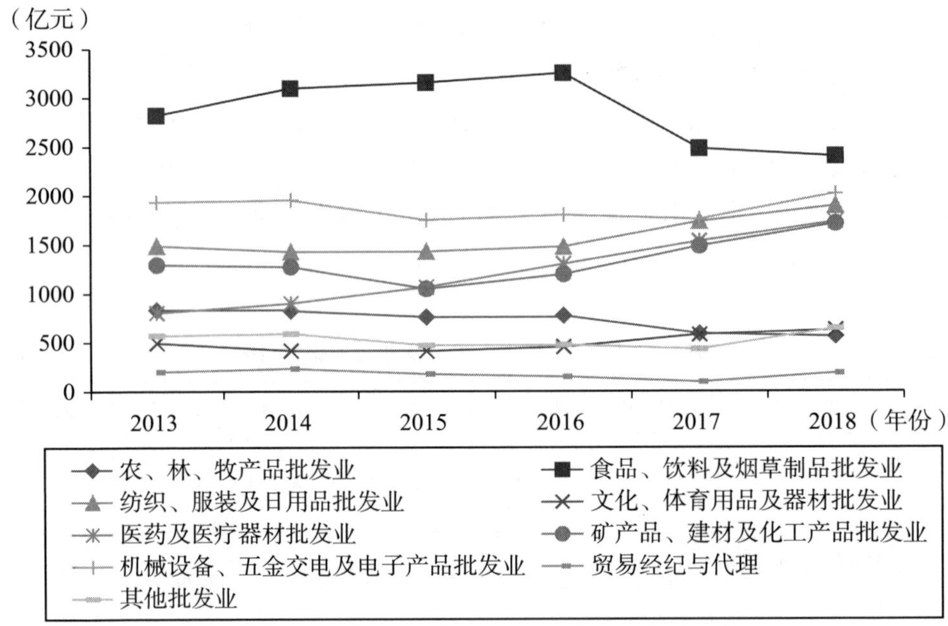

图 3-7　2013~2018 年山东省九大批发业行业销售总额

资料来源：山东省统计局：《山东统计年鉴（2019）》，中国统计出版社 2019 年版。

从表 3-8 和图 3-7 可以清楚地看到，和人们生活关系紧密相关的食品、饮料及烟草制品批发销售总额 2013~2016 年持续增长，但 2017 年大幅下降，2018

年有企稳迹象，但继续下降。矿产品、建材及化工产品批发销售总额 2014 年、2015 年持续两年下降，2016 年以来持续增长。机械设备、五金交电及电子产品批发市场自 2015 年以来一直比较稳定，但 2018 年大幅增长。纺织、服装及日用品批发市场随着国内及全省消费市场的不断扩大，发展较快，2012 年开始连续两年增长，2014 年又略有下降，2015 年基本持平，2016 年以来持续增长且呈加快趋势。医药及医疗器材批发业自 2013 年以来持续迅速增长。总体而言，纺织、服装，文化体育用品，医药及医疗用品保持增长，农林牧产品下降，反映了随着国民收入水平的上升，山东省的消费结构在发生变化，人民有了更高的消费需求，消费结构在升级。矿产品、建材及化工产品批发销售总额 2016 年以来持续增长。机械设备、五金交电及电子产品批发销售总额 2018 年大幅增长，反映了投资在增加，以及宏观经济的向好趋势。

2. 山东省限额以上批发企业财务状况分析

根据常用财务指标对批发企业偿债能力、盈利能力、营运能力及发展能力方面进行分析。

（1）限额以上批发业偿债能力分析。企业偿债能力可以通过资产负债率和产权比率进行分析，主要分析企业的偿债能力和资本结构合理程度。山东省 2013 ~ 2018 年限额以上批发业偿债能力情况如表 3 – 9 和图 3 – 8 所示。

表 3 – 9　　2013 ~ 2018 年山东省限额以上批发企业资产负债率及产权比率

年份	资产合计（亿元）	负债合计（亿元）	所有者权益合计（亿元）	资产负债率（%）	产权比率（%）
2013	7710. 46	5682. 18	2028. 28	73. 69	280. 14
2014	7684. 10	5490. 45	2193. 85	71. 45	250. 26
2015	7584. 03	5491. 93	2092. 10	72. 41	262. 51
2016	8260. 77	6020. 74	2239. 34	72. 88	268. 86
2017	9329. 82	7024. 33	2305. 49	75. 29	304. 68
2018	11516. 82	9046. 64	2490. 80	78. 55	363. 20

资料来源：山东省统计局：《山东统计年鉴（2019）》，中国统计出版社 2019 年版。

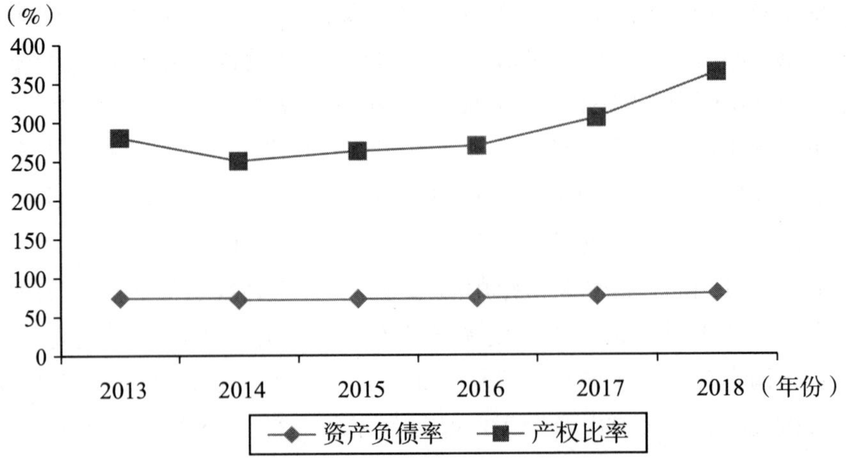

图 3-8　2013~2018 年山东省限额以上批发企业资产负债率、产权比率

资料来源：山东省统计局：《山东统计年鉴（2019）》，中国统计出版社 2019 年版。

从表 3-9 和图 3-8 中可以看出，山东省批发企业的资产负债率和产权比率在 2013~2014 年逐步回落，但从 2015 年以来资产负债率和产权比率又持续上升，说明负债有所扩大。资产负债率在 80% 以内，且基本稳定，基本控制在安全范围以内，企业的偿债能力基本还能得到保障，企业的资本结构比较合理、稳定。产权比率自 2015 年以来一直上升，且近两年有加剧上升之势，2018 年与 2017 年相比，资产增加 23.44%，负债增加 28.79%，说明批发业恢复增长，但负债增长有些过快。

（2）限额以上批发企业营运能力分析。总资产周转率及固定资产周转率可以反映企业总资产及固定资产的周转速度，从而分析企业运用资产赚取利润的能力。山东省限额以上批发企业营运能力分析如表 3-10 和图 3-9 所示。

表 3-10　2013~2018 年山东省限额以上批发企业总资产及固定资产周转率

指标	2013 年	2014 年	2015 年	2016 年	2017 年	2018 年
固定资产平均净值（亿元）	871.09	1081.23	1084.73	1117.37	1002.71	1014.18
平均资产总额（亿元）	6602.55	7864.10	7584.03	8260.77	9329.82	11516.82
主营业务收入（亿元）	20864.03	21142.57	18521.27	20352.05	21717.32	24124.99

续表

指标	2013 年	2014 年	2015 年	2016 年	2017 年	2018 年
固定资产周转率	23.95	19.55	17.07	18.21	21.66	23.79
总资产周转率	3.16	2.69	2.44	2.46	2.33	2.09

资料来源：山东省统计局：《山东统计年鉴（2019）》，中国统计出版社 2019 年版。

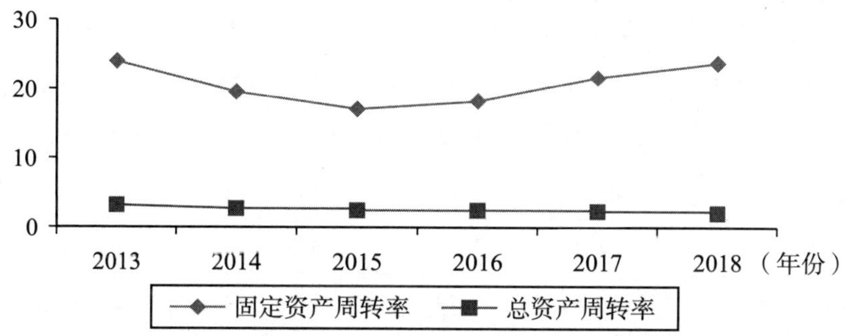

图 3－9　2013～2018 年山东省限额以上批发企业总资产及固定资产周转率

资料来源：山东省统计局：《山东统计年鉴（2019）》，中国统计出版社 2019 年版。

从表 3－10 和图 3－9 可以看出，自 2013 年以来，限额以上批发企业的总资产周转率除了 2015 年稍微增长之外，在其余年份持续下降，说明企业总资产的周转速度变慢，企业运用资产赚取利润的能力下降，反映了批发业的赢利能力在下降，日子过得越来越艰难。固定资产周转率在 2013 年之后，一直呈下降回落趋势，同样是在 2015 年触底，2016 年以来持续回升，批发企业固定资产的利用效率 2015 年之前呈下降趋势，反映了随着大环境的不景气，批发业经营的困难与效益的递减。随着宏观经济的向好，固定资产利用效率随之提高。这也充分说明批发业经营受到宏观经济变化的强烈影响。

（3）限额以上批发企业盈利能力分析。主要通过对主营业务利润率、费用利润率及净资产收益率等指标的分析，比较企业赚取利润能力的变化。2013～2018 年山东省限额以上批发企业主营业务利润率、费用利润率及净资产收益率如表 3－11 和图 3－10 所示。

表 3-11　2013~2018 年山东省限额以上批发企业主营业务利润率、费用利润率及净资产收益率

指标	2013 年	2014 年	2015 年	2016 年	2017 年	2018 年
主营业务收入（亿元）	20864.03	21142.57	18521.27	20352.05	21717.32	24124.99
费用（亿元）	819.09	819.5	817.7	834.51	860.81	899.51
营业费用（亿元）	412.42	402.12	425.86	447.09	476.34	508.80
管理费用（亿元）	298.09	295.08	283.30	286.51	270.21	273.98
财务费用（亿元）	108.58	122.30	108.54	100.91	114.26	116.73
平均净资产（亿元）	1577.385	2111.065	2142.97	2165.72	2272.42	2398.15
利润总额（亿元）	907.89	790.75	571.63	702.40	460.91	335.51
主营业务利润率（%）	4.35	3.74	3.09	3.45	2.12	1.39
费用利润率（%）	110.84	96.49	69.91	84.17	53.54	37.30
净资产收益率（%）	44.76	36.04	27.32	32.43	20.28	13.99

资料来源：山东省统计局：《山东统计年鉴（2019）》，中国统计出版社 2019 年版。

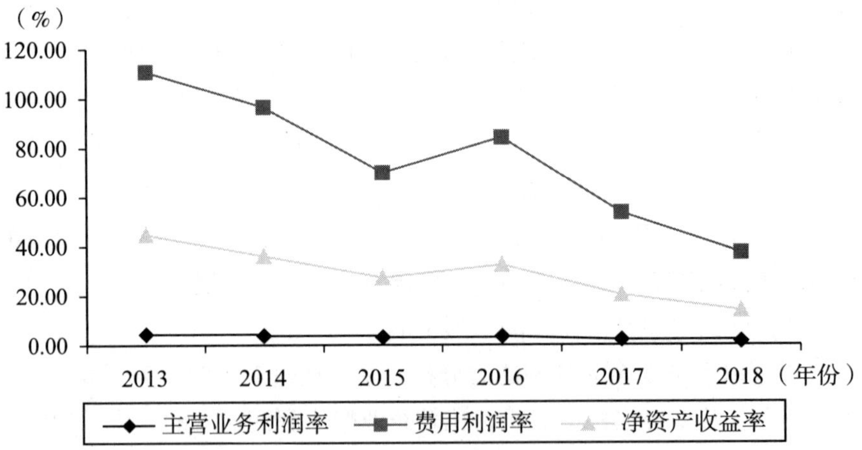

图 3-10　2013~2018 年限额以上批发企业主营业务利润率、费用利润率及净资产收益率

资料来源：山东省统计局：《山东统计年鉴（2019）》，中国统计出版社 2019 年版。

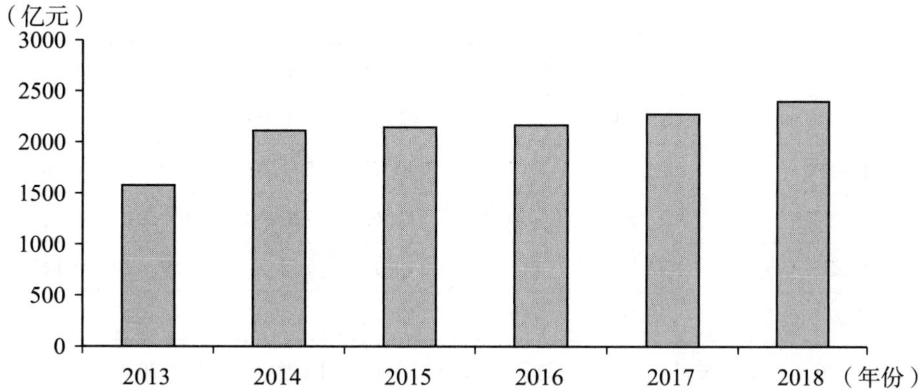

图 3-11　2013～2018 年限额以上批发企业平均净资产

资料来源：山东省统计局：《山东统计年鉴（2019）》，中国统计出版社 2019 年版。

从表 3-11、图 3-10 和图 3-11 可以看出，批发企业平均净资产 2013 年以来持续增长，但自 2014 年以来增长缓慢；批发企业主营业务利润率比较低，除了 2016 年短暂升高之外一直都在下降，2018 降至 1.39% 的近几年来的最低水平，反映了批发业赢利能力日渐下降的状况。费用利润率情况相似，2016 短暂上升，近两年来又持续下滑，表明每百元费用支出所取得的利润额持续减少，企业费用控制得较差；净资产收益率也是 2016 年企稳回升，近两年加速下降，总体呈现下降趋势。整体看来，批发行业的经济效益呈下滑趋势，盈利能力堪忧。

（4）限额以上批发企业发展能力分析。通过对净资产、总资产及利润的增长情况，分析企业的发展能力。2013～2018 年山东省限额以上批发企业发展能力分析如表 3-12、图 3-12 和图 3-13 所示。

表 3-12　2013～2018 年山东省限额以上批发企业净资产、总资产及利润增长

指标	2013 年	2014 年	2015 年	2016 年	2017 年	2018 年
年初净资产（亿元）	1126.49	2028.28	2193.85	2092.09	2239.34	2305.49
年末净资产（亿元）	2028.28	2193.85	2092.09	2239.34	2305.49	2490.8
资产增长额（亿元）	901.79	165.57	-101.76	147.25	66.15	185.31
净资产增长率（%）	80.08	8.16	-4.64	7.04	2.95	8.04
年初资产合计（亿元）	5494.63	7710.46	7684.10	7584.03	8260.77	9329.82
年末资产合计（亿元）	7710.46	7684.10	7584.03	8260.77	9329.82	11516.82
资产增长额（亿元）	2215.83	-26.36	-100.07	676.74	1069.05	2187.00

续表

指标	2013 年	2014 年	2015 年	2016 年	2017 年	2018 年
资产增长率（%）	40.33	-0.34	-1.3	8.92	12.94	23.44
上年利润总额（亿元）	515.62	907.89	790.75	571.63	720.40	460.91
本年利润总额（亿元）	907.89	790.75	571.63	720.40	460.91	335.51
利润增长额（亿元）	392.27	-117.14	-219.12	148.77	-259.49	-125.4
利润增长率（%）	76.08	-12.9	-27.71	26.03	-36.02	-27.21

资料来源：山东省统计局：《山东统计年鉴（2019）》，中国统计出版社 2019 年版。

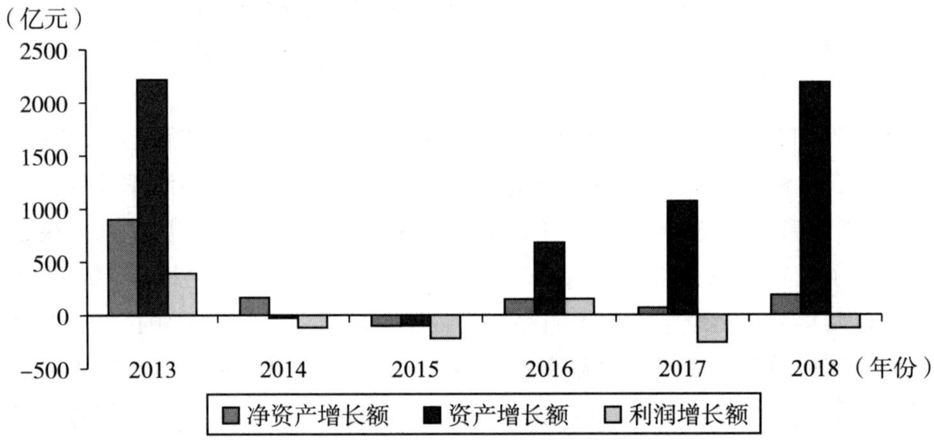

图 3-12　2013~2018 年山东省限额以上批发企业净资产、总资产及利润增长额

资料来源：山东省统计局：《山东统计年鉴（2019）》，中国统计出版社 2019 年版。

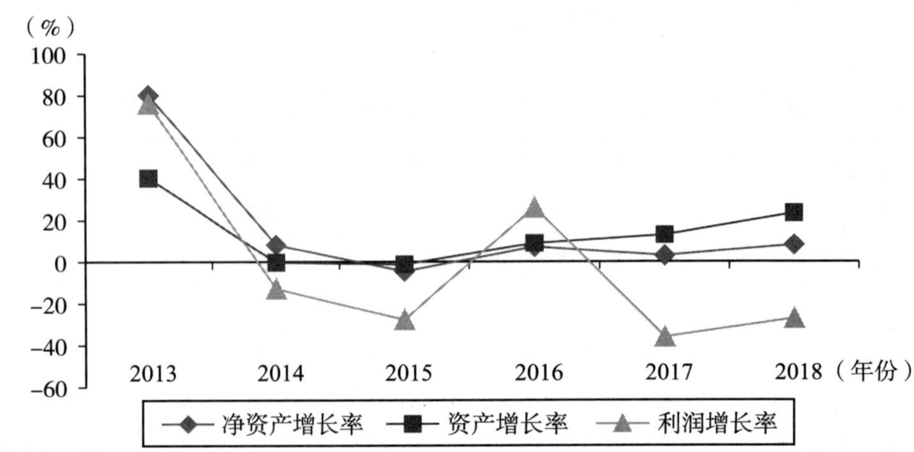

图 3-13　2013~2018 年山东省限额以上批发企业净资产、总资产及利润增长率

资料来源：山东省统计局：《山东统计年鉴（2019）》，中国统计出版社 2019 年版。

从表3－12和图3－12、图3－13可以看出，净资产除了2015年负增长之外，其余各年都在正增长。总资产2016年以来稳步增长。但利润除了2013年和2016年之外一直都是负的。说明批发业盈利能力持续下降，批发业在变大但没有变强。

（二）限额以上零售业分析

1. 限额以上零售业发展现状

山东省2018年零售业法人企业总数为7397个，比上年减少13.54%。其中限额以上连锁企业为158个，门店总数为11703个，其中直营店为10142个，加盟店为1561个，都比上年有所增加。年末零售业从业人数为55.1万人，其中零售企业连锁经营人数为15.92万人。年末零售营业面积为2968万平方米，其中连锁经营零售企业营业面积为2204.96万平方米，比上年的1702.28平方米增加29.53%。2018年山东社会消费品零售总额为33649.04亿元，比上年增加8.12%，其中限额以上零售企业销售额7717.1亿元，比上年减少15.68%。总体来看，2018年限额以上零售业整体状况不佳。

（1）限额以上零售业商品购进、销售和年末库存情况。山东省2013～2018年限额以上零售业购进、销售和年末库存总额如表3－13和图3－14所示。

表3－13　山东省2013～2018年限额以上零售业购进、销售和年末库存总额

指标	2013年	2014年	2015年	2016年	2017年	2018年
购进总额（亿元）	8080.7	8882.4	9021.8	9486.4	7991.52	6493.58
销售总额（亿元）	9119.2	9957.8	9957.6	10503.9	8927.16	7717.1
年末库存总额（亿元）	919.1	718.2	685.8	684.9	746.82	777.79
购进总增幅（%）	14.4	9.9	1.57	5.15	－15.76	－18.74
销售总增幅（%）	20.3	9.2	0	5.49	－15.01	－13.55
年末库存总额增幅（%）	58.4	－21.9	－4.51	－0.13	9.04	4.15

资料来源：山东省统计局：《山东统计年鉴（2019）》，中国统计出版社2019年版。

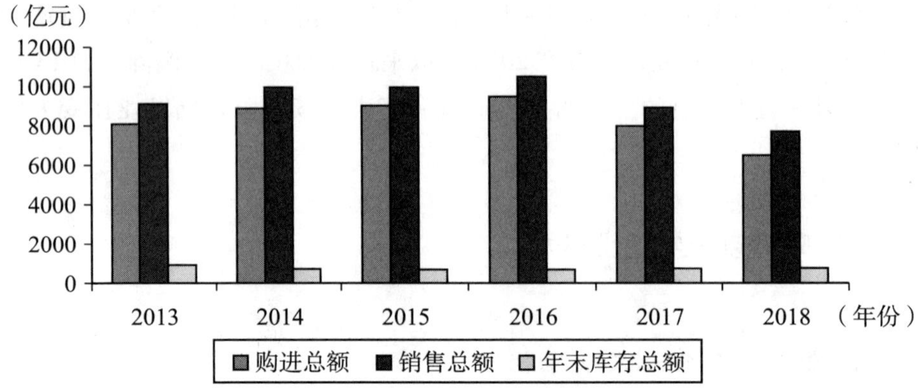

图 3－14　山东省 2013～2018 年限额以上零售业购进、销售和年末库存总额

资料来源：山东省统计局：《山东统计年鉴（2019）》，中国统计出版社 2019 年版。

从总额上来看，限额以上零售业的购进和销售总额在 2013～2016 年是增加的，但 2017 年以来迅速下降，而且下降幅度比较大，都超过了 13%；年末库存总额在 2014～2016 年一直下降，2017 年以来又连续两年增加。总的来看，山东省社会消费品零售总额比 2017 年增加了 9.8%，但限额以上零售业销售额与购进额减少，库存额增加，说明限额以上零售业遇到了困难，不能适应市场环境，前景不妙，零售业逐渐进入到小而灵的经营业态占优的趋势。

（2）各类型限额以上零售业商品销售额情况。山东省内外资限额以上零售业的发展情况如表 3－14 和图 3－15 所示。

表 3－14　2013～2018 年限额以上零售业内外资企业商品销售总额

指标	2013 年	2014 年	2015 年	2016 年	2017 年	2018 年
内资企业（亿元）	7851.44	9534.24	9584.39	9170.21	8483.99	7277.59
港澳台商投资企业（亿元）	169.77	214.61	239.94	266.96	297.30	312.89
外商投资企业（亿元）	149.74	208.94	133.30	130.39	145.86	126.62
内资企业占比（%）	96.1	95.7	96.3	95.85	95.04	94.30
港澳台商投资企业占比（%）	2.1	2.2	2.4	2.79	3.33	4.05

续表

指标	2013 年	2014 年	2015 年	2016 年	2017 年	2018 年
外商投资企业占比（%）	1.8	2.1	1.3	1.36	1.63	1.64
内资企业增幅（%）	23.2	21.4	0.53	-4.32	-7.48	-14.22
港澳台商投资企业增幅（%）	33.6	26.4	11.8	11.26	11.36	5.24
外商投资企业增幅（%）	6.0	39.5	-36.2	-2.18	11.86	-13.19

资料来源：山东省统计局：《山东统计年鉴（2019）》，中国统计出版社 2019 年版。

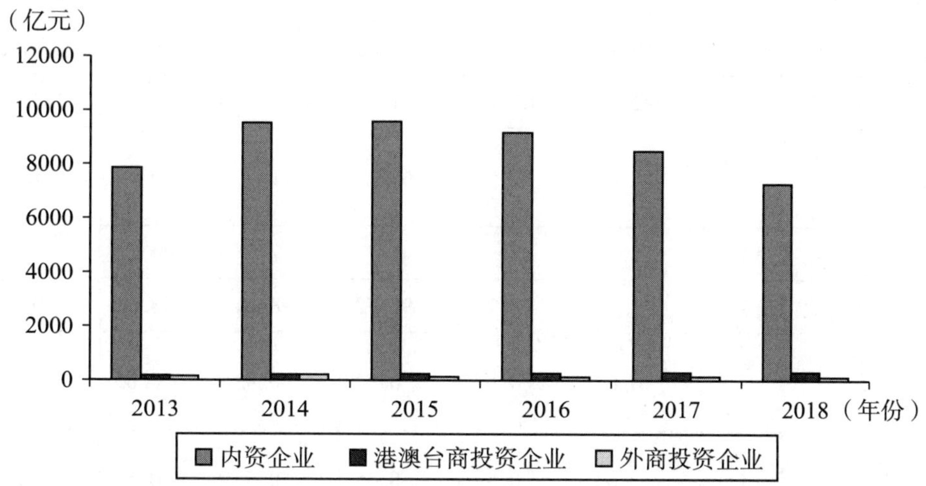

图 3－15　2013～2018 年限额以上零售业内外资企业商品销售总额

资料来源：山东省统计局：《山东统计年鉴（2019）》，中国统计出版社 2019 年版。

从表 3－14 和图 3－15 中可以看出，在 2013～2018 年零售企业的商品销售总额中，内资企业所占比重远大于港澳台商投资企业和外商投资企业，平均占比 95.55%，港澳台商投资企业和外商投资企业在商品销售总额中平均所占比重分别是 2.81% 和 1.64%。从销售额增长情况来看，2016 年以来，内资企业销售额一直下降，而且呈现加速趋势，说明限额以上零售企业的行业性疲软，与线上销售额的迅速增长形成鲜明对比。港澳台商投资企业的销售总额持续增长，但增幅逐年下降。外商投资企业的销售总额在 2014 年大幅增长，增幅为 39.5%，但到

2015 年又大幅下降，幅度为 -36.2%，2016 年仍然下降，但降幅变小，2017 年增加了 11.86%，2018 年又下降了 13.19%，反映了外商投资零售业的大起大落。港澳台商投资企业虽然占比不高，但从 2013 ~ 2017 年份额逐年提升，这说明港澳台商投资企业由于政策预期的稳定性，不确定性程度较小，增长比较稳定，近几年山东引进港澳台商投资的力度在逐步加大。

（3）限额以上零售业内外资法人单位情况。零售企业按登记注册类型可分为内资企业、港澳台商投资企业及外商投资企业。限额以上零售企业总数情况以及三类企业的法人单位数如表 3 - 15 和图 3 - 16 所示。

表 3 - 15　2013 ~ 2018 年限额以上零售企业内外资法人单位情况

指标	2013 年	2014 年	2015 年	2016 年	2017 年	2018 年
法人单位（个）	8703	8793	8702	8677	8136	7397
法人单位增幅（%）	20.11	1.03	-1.03	-0.29	-6.23	-9.08
内资企业（个）	8592	8682	8591	8559	8023	7278
港澳台商投资企业（个）	56	59	63	71	69	72
外商投资企业（个）	55	52	48	47	44	47
内资企业占比（%）	98.72	98.74	98.72	98.64	98.61	98.39
港澳台商投资企业占比（%）	0.64	0.67	0.72	0.82	0.85	0.97
外商投资企业占比（%）	0.63	0.59	0.55	0.54	0.54	0.64
内资企业增幅（%）	20.15	1.05	-1.05	-0.37	-6.26	-9.29
港澳台商投资企业增幅（%）	21.74	5.36	6.78	12.70	-2.82	4.35
外商投资企业增幅（%）	12.24	-5.45	-7.69	-2.08	-6.38	6.82

资料来源：山东省统计局：《山东统计年鉴（2019）》，中国统计出版社 2019 年版。

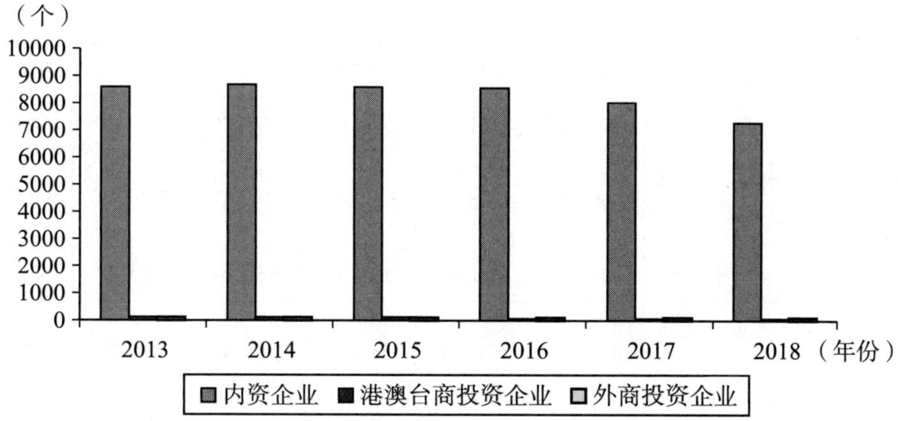

图 3 - 16　2013 ~ 2018 年限额以上零售业内外资法人单位数量情况

资料来源：山东省统计局：《山东统计年鉴（2019）》，中国统计出版社 2019 年版。

从表 3 - 15 和图 3 - 16 中可以看出，2013 ~ 2018 年限额以上零售企业法人单位总数从 2015 年以来持续减少，而且有加速减少趋势。限额以上零售企业法人中绝大多数为内资企业，2013 ~ 2018 年 6 年中内资企业平均占比超过 98%，仍是零售业的主力军。2013 ~ 2018 年从三类企业的法人单位增幅进行比较可以看出，港澳台商投资企业总增幅和每年的增幅都是最高的；而内资企业自 2015 年以来都是负增长，且呈加速趋势；外商投资企业则比较稳定，显示出外商投资企业进入山东的意愿不强。从法人单位数量情况也可以看出零售业的不景气状况，资金在持续退出，进入意愿不强。

（4）限额以上零售业各行业销售额情况。限额以上零售业各行业销售情况如表 3 - 16 和图 3 - 17 所示。

表 3 - 16　2013 ~ 2018 年限额以上零售业各行业销售总额　　单位：亿元

指标		2013 年	2014 年	2015 年	2016 年	2017 年	2018 年
综合零售业		2894. 17	3013. 84	3025. 67	2835. 10	2053. 13	1884. 72
专门零售业	食品、饮料及烟草制品	244. 43	351. 08	382. 6	439. 73	310. 77	199. 01
	纺织、服装及日用品	308. 79	312. 96	342. 46	334. 46	281. 75	245. 72
	文化、体育用品及器材	96. 31	159. 3	171. 24	190. 87	200. 87	146. 97

续表

指标		2013 年	2014 年	2015 年	2016 年	2017 年	2018 年
专门零售业	医药及医疗器材	329.96	471.4	514.06	659.76	691.49	606.72
	汽车、摩托车、燃料及零配件	2921.88	4006.73	3749.26	4142.08	3871.20	3460.49
	家用电器及电子产品	523.08	710.54	827.41	856.34	780.42	502.12
	五金、家具及室内装修材料	358.39	533.01	583.41	588.42	305.13	160.65
货摊、无店铺及其他零售业		344.24	398.91	361.51	457.19	432.38	510.69

资料来源：山东省统计局：《山东统计年鉴（2019）》，中国统计出版社 2019 年版。

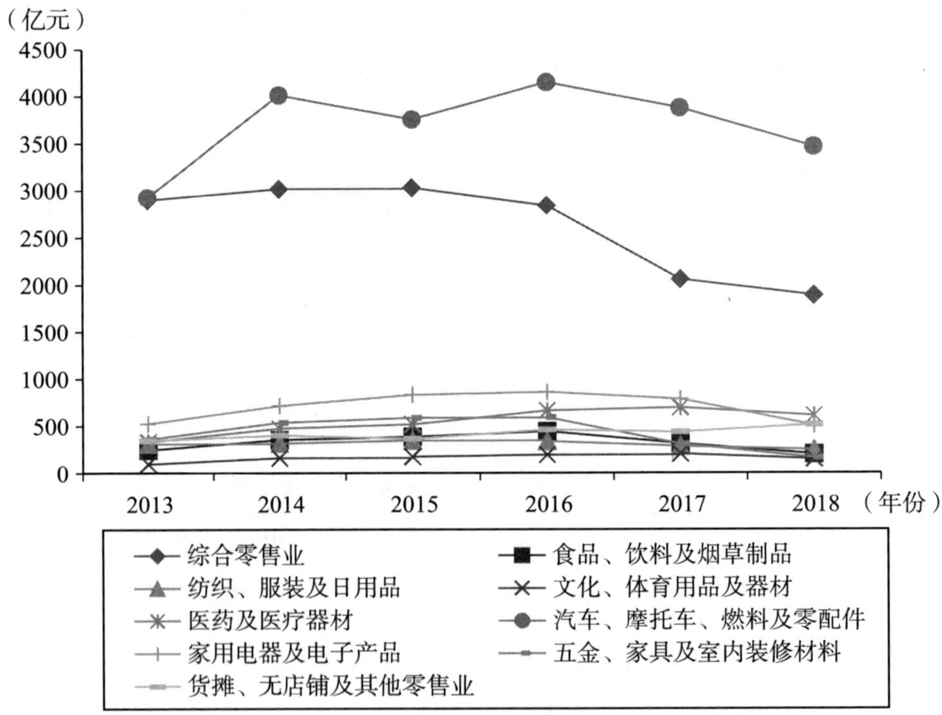

图 3-17　2013~2018 年限额以上零售业各行业销售总额

资料来源：山东省统计局：《山东统计年鉴（2019）》，中国统计出版社 2019 年版。

从表 3-16 和图 3-17 中可以看出，2018 年除了货摊、无店铺及其他零售业销售总额增长，比2017年增长了18.11%之外。山东省限额以上零售业的销售额出现全行业性的下滑。其中下降幅度最大的是五金、家具及室内装修材料行业，比2017年下降了47.35%，而且2017年比2016年下降了48.14%，连续两年接近50%的降幅，充分显示了房地产调整带来的显著负面影响。其次是食品、饮料及烟草制品行业，比2017年下降了35.96%；然后是家用电器及电子产品，比2017年下降了35.66%；下降最少的综合零售业，也比2017年减少了8.20%。数据充分说明了实体零售行业的整体不景气，以及线上零售和其他零售业态的兴起。

2. 山东省限额以上零售企业财务状况分析

根据常用财务指标对限额以上零售企业偿债能力、盈利能力、营运能力及发展能力方面进行分析。

（1）限额以上零售业偿债能力分析。

从表3-17和图3-18中看出，2018年山东省限额以上零售企业的资产基本与去年持平，负债和所有者权益都比去年有所下降。资产负债率2013~2017年均在71.19~73.94之间，上下波动不超过3%。但在2018年有加速上扬趋势，需要警惕。总体而言，资产负债率仍在安全范围以内。产权比率2013~2014年呈现下降趋势，2015年短暂升高，2016年下降，2017年以前数值均在250~270上下波动，比较稳定。但2017年以来持续升高且有加速趋势，2018年突破300%达到345.56%，显示负债增加较快。

表3-17 2013~2018年山东省限额以上零售企业资产负债率及产权比率

年份	资产合计（亿元）	负债合计（亿元）	所有者权益合计（亿元）	资产负债率（%）	产权比率（%）
2012	3058.00	2216.61	841.40	72.49	263.44
2013	3618.46	2598.39	1020.07	71.81	254.73
2014	4210.78	2997.67	1212.69	71.19	247.19
2015	4189.86	3098.15	1091.73	73.94	283.78
2016	4388.27	3176.93	1222.00	72.40	259.98
2017	4142.02	3054.27	1124.61	73.74	271.58
2018	4136.59	3130.84	906.02	75.69	345.56

资料来源：山东省统计局：《山东统计年鉴（2019）》，中国统计出版社2019年版。

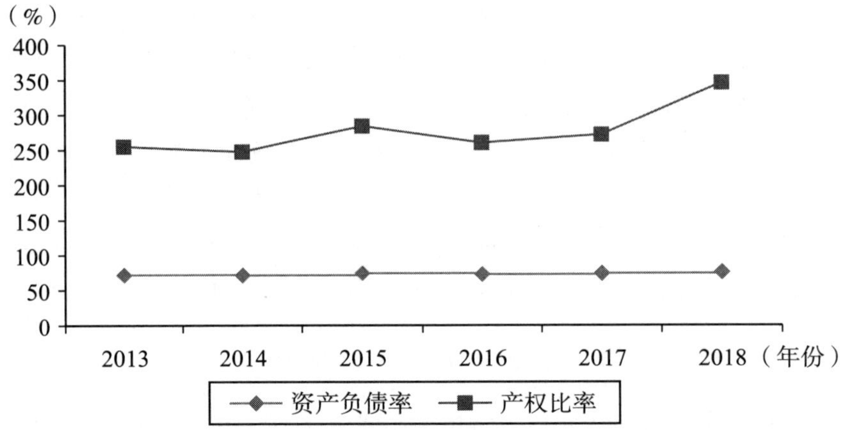

图3－18　2013～2018年山东省限额以上零售企业资产负债率、产权比率

资料来源：山东省统计局：《山东统计年鉴（2019）》，中国统计出版社2019年版。

（2）限额以上零售企业营运能力分析。总资产周转率及固定资产周转率可以反映企业总资产及固定资产的周转速度，从而分析企业运用资产赚取利润的能力。山东省限额以上零售企业营运能力分析如表3－18和图3－19所示。

从表3－18和图3－19可以看出，限额以上零售企业的总资产周转率2013～2016年保持较平稳的状态，基本没有变化。但自2017年以来持续下降，总体呈现下降趋势。固定资产周转率在2014年有小幅度提高，自2015年以来连续下降。2018年，总资产周转率和固定资产周转率都呈现下降趋势，反映出来限额以上零售业的盈利能力下降，前景不妙。

表3－18　2013～2018年山东省限额以上零售企业总资产及固定资产周转率

指标	2013年	2014年	2015年	2016年	2017年	2018年
固定资产净值（亿元）	942.37	983.75	1009.6	1101.23	921.02	878.98
资产总额（亿元）	3618.46	4210.78	4189.86	4388.27	4142.02	4136.59
主营业务收入（亿元）	8242.14	9034.82	9099.84	9598.71	7989.10	6771.58
固定资产周转率	8.75	9.18	9.01	8.71	8.67	7.70
总资产周转率	2.28	2.14	2.17	2.18	1.93	1.64

资料来源：山东省统计局：《山东统计年鉴（2019）》，中国统计出版社2019年版。

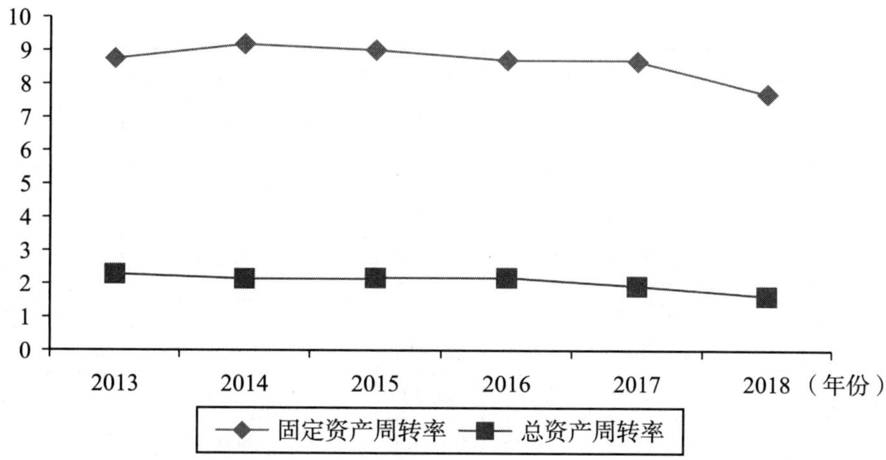

图 3-19 2013~2018 年山东省限额以上零售企业总资产及固定资产周转率

资料来源：山东省统计局：《山东统计年鉴（2019）》，中国统计出版社 2019 年版。

（3）山东省限额以上零售业各行业营业利润率情况。山东省限额以上零售业各行业 2013~2018 年营业利润情况如表 3-19、图 3-20 所示。

表 3-19 2013~2018 年山东省限额以上零售业各行业营业利润情况 单位：亿元

指标			2013 年	2014 年	2015 年	2016 年	2017 年	2018 年
综合零售业		营业利润	125.75	107.37	105.32	96.92	45.78	36.15
		营业收入	2608.40	2656.35	2658.34	2539.17	1845.22	1685.59
		营业利润率	4.82	4.04	3.96	3.82	2.48	2.14
专门零售业	食品、饮料及烟草制品	营业利润	31.93	29.20	27.38	31.25	19.23	10.71
		营业收入	286.99	331.75	360.87	412.98	286.23	176.78
		营业利润率	11.13	8.80	7.59	7.57	6.72	6.06
	纺织、服装及日用品	营业利润	31.82	19.57	20.58	20.21	19.17	10.06
		营业收入	357.01	285.28	306.35	309.59	249.68	224.06
		营业利润率	8.91	6.86	6.72	6.53	7.68	4.49
	文化、体育用品及器材	营业利润	9.97	9.38	10.62	11.56	7.53	6.78
		营业收入	141.27	144.88	156.86	174.01	181.73	141.48
		营业利润率	7.06	6.47	6.77	6.64	4.14	4.79

续表

指标			2013 年	2014 年	2015 年	2016 年	2017 年	2018 年
专门零售业	医药及医疗器材	营业利润	22.97	19.29	21.96	21.44	15.82	9.62
		营业收入	372.38	419.55	464.24	609.72	629.89	544.22
		营业利润率	6.17	4.60	4.73	3.52	2.51	1.77
	汽车、摩托车、燃料及零配件	营业利润	126.20	111.49	93.41	124.84	73.99	25.17
		营业收入	3227.82	3786.23	3562.22	3925.10	3548.77	3112.56
		营业利润率	3.91	2.94	2.62	3.18	2.08	0.81
	家用电器及电子产品	营业利润	48.07	48.23	51.11	56.91	32.11	7.28
		营业收入	599.35	654.69	741.62	806.13	704.3	419.86
		营业利润率	8.02	7.37	6.89	7.06	4.56	1.73
	五金、家具及室内装修材料	营业利润	47.90	50.30	51.67	53.58	21.48	5.55
		营业收入	411.71	467.79	509.24	527.19	279.5	143.07
		营业利润率	11.63	10.75	10.15	10.16	7.69	3.88
货摊、无店铺及其他零售业		营业利润	29.22	29.21	22.96	22.35	13.44	7.15
		营业收入	325.04	368.82	340.09	403.59	370.59	451.1
		营业利润率	8.99	7.92	6.75	5.54	3.63	1.59

资料来源：山东省统计局：《山东统计年鉴（2019）》，中国统计出版社 2019 年版。

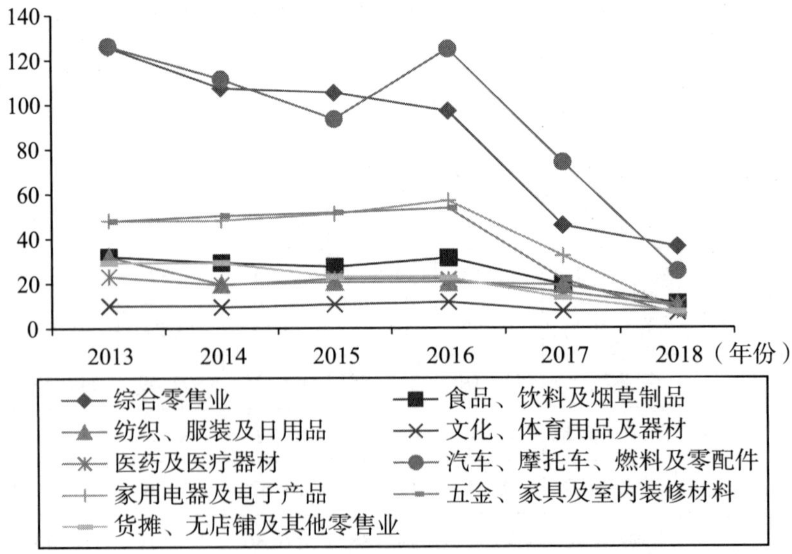

图 3－20　2013～2018 年山东省限额以上零售业各行业营业利润情况

资料来源：山东省统计局：《山东统计年鉴（2019）》，中国统计出版社 2019 年版。

由表3－19、图3－20可以看出，2018年与2017年相比，所有行业的营业利润继上年之后持续下降，其中家用电器及电子产品减少77.33%，五金、家具及室内装修材料减少74.16%，汽车、摩托车、燃料及零配件减少65.98%，纺织、服装及日用品减少47.52%，货摊、无店铺及其他零售业减少46.80%，食品、饮料及烟草制品减少44.31%，医药及医疗器材减少39.19%，综合零售利润减少21.04%，文化、体育用品及器材减少9.96%，是唯一的利润减少在两位数以下的行业。而且除了货摊、无店铺及其他零售业的营业收入增长之外，所有行业的营业收入也都在减少。

2013～2018年各行业的营业利润率进行对比，五金、家具及室内装修材料专门零售业平均营业利润率最高为9.04%；第二位是食品、饮料及烟草制品专门零售业，平均营业利润率为7.98%；第三位的是纺织、服装及日用品专门零售业，为6.86%；第四位是文化、体育用品及器材专门零售业5.98%；接下来是家用电器及电子产品的5.94%；无店铺及其他零售业的5.73%；医药及医疗器材专门零售业3.88%，综合零售业3.54%，平均营业利润率最低的是汽车、摩托车、燃料及配件专门零售业，仅为2.59%。与2017年相比，各行业的营业利润率都有明显下滑。

综合来看，2018年仅有货摊、无店铺及其他零售业的营业收入比2017年有所增长，其他所有行业的营业收入都有了明显下降；而且，所有行业的营业利润及营业利润率下降得更多，充分说明了实体零售业的整体凋零，风光不再。

（三）亿元以上商品交易市场分析

1. 亿元以上商品交易市场基本情况

山东省2013～2018年亿元以上市场交易市场摊位出租数和成交额情况如表3－20和图3－21所示。

表3－20　　2013～2018年山东省亿元以上商品交易市场基本情况

年份	摊位出租数（百个）	成交额（亿元）
2013	4141.20	9039.0
2014	4222.48	9663.3

续表

年份	摊位出租数（百个）	成交额（亿元）
2015	4016.29	9866.3
2016	3845.67	9751.5
2017	3556.42	9362.8
2018	3048.50	8538.5

资料来源：山东省统计局：《山东统计年鉴（2019）》，中国统计出版社 2019 年版。

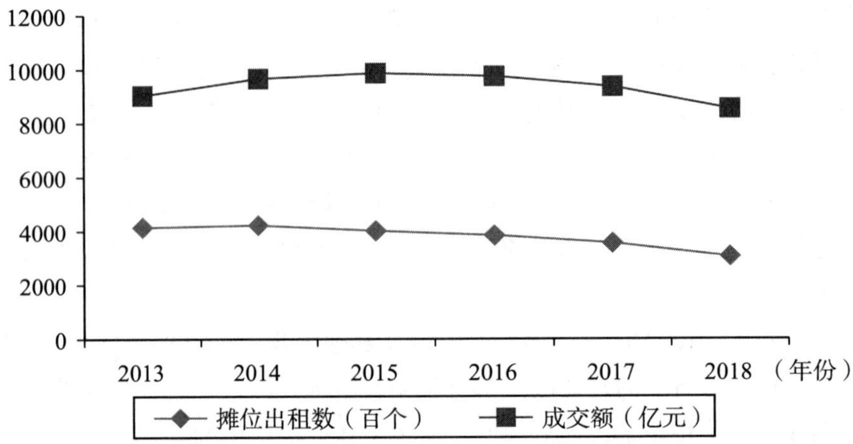

图 3－21　2013～2018 年山东省亿元以上商品交易市场基本情况

资料来源：山东省统计局：《山东统计年鉴（2019）》，中国统计出版社 2019 年版。

从表 3－20 和图 3－21 可以看出，从 2013～2014 年，山东省亿元以上商品交易市场摊位出租数呈现上升趋势，2015 以来连续下降；从 2013～2015 年，商品交易市场成交额呈现上升趋势，2016 年以来转而下降，而且降幅有增大趋势。2018 年不管是摊位出租数还是市场成交额都是下降，这反映了亿元以上商品交易市场的经营遇到了困难。

从 2018 年各专业市场的成交额看，生产资料市场成交额最多，达到 2854.7 亿元，比 2017 年的 2886.3 亿元稍有下降；其次是农产品市场，成交额为 2129.0，比 2017 年的 2577.31 亿元减少 17.39%；然后是纺织服装鞋帽市场，成交额达 539.9，比 2017 年的 629.50 亿元减少 14.23%。总体而言，各专业市场成交额都比去年有所减少，反映了整个商品交易市场的低迷状态。

2. 亿元以上商品交易市场重要类别成交额

山东省统计年鉴中亿元市场共分为26个类别，下面选取所占份额比较大的7个行业做比较分析，具体数据如表3－21和图3－22所示。

表3－21　　2013～2018年亿元以上商品交易市场重要类别成交额　　单位：亿元

年份	全年合计	粮油食品饮料、烟酒类	金属材料类	服装、鞋帽、针、纺织品类	建筑及装潢材料类	木材及制品类	汽车类	日用品类
2013	9039.00	2863.00	2088.5	1022.1	690.6	341.2	332.6	278.6
2014	9663.3	3130.6	2059.9	1045.4	703.8	345.2	321.0	317.4
2015	9866.3	2882.4	1988.1	1049.4	671.0	366.1	358.4	467.4
2016	9751.47	3163.6	1499.82	1008.43	613.23	373.84	378.55	504.28
2017	9362.79	3367.83	1325.15	926.84	610.20	341.43	350.60	465.93
2018	8538.5	2889.3	1335.8	761.6	590.1	314.6	327.6	410.3

资料来源：山东省统计局：《山东统计年鉴（2019）》，中国统计出版社2019年版。

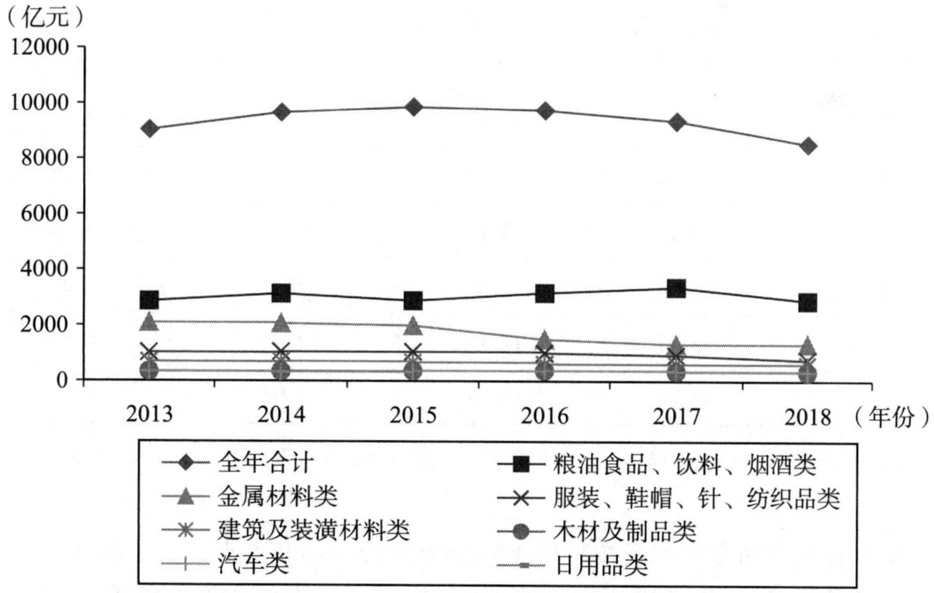

图3－22　2013～2018年亿元以上商品交易市场重要类型市场成交额

资料来源：山东省统计局：《山东统计年鉴（2019）》，中国统计出版社2019年版。

从表3－21和图3－22可以看出，2018年全年亿元以上商品交易市场成交额比2017年减少824.78亿元，下降7.81%。其中，食品、饮料烟酒类，金属材料类和服装、鞋帽、针、纺织品类所占的成交额为亿元以上商品交易市场的成交额中比重最大的三种商品。粮油食品、饮料、烟酒类在2015年有所下降，2016年、2017年连续增长，并超过了2014年的水平，但2018年转为下降，反映了国民经济的发展，国民收入水平的提高带动了消费的增长，但2018年表现不佳；服装、鞋帽、针、纺织品类逐年增长，2016年以来连续下降，2018年比上年下降了17.83%；金属材料类2013年以来连续下降，2018年与上年持平，终于稳住了阵脚，反映了宏观经济的去产能调控对金属材料类商品的影响。

由表3－22可知，其中食品、饮料烟酒类交易市场成交额在历年均占有最高比重，基本保持在30%左右，是市场交易的主力品类。金属材料类市场占比在2013以来连续下降，2018年有所回升，反映了相关行业的不景气状况。服装、鞋帽、针、纺织品类市场成交额与所占比例逐年下滑。建筑及装潢材料类成交额所占比例从2013～2017年总的趋势是下降，但2018年有所上升。

表3－22　2013～2018年亿元以上商品交易市场重要类别成交额比重　单位：%

年份	食品、饮料、烟酒类占比	金属材料类占比	服装、鞋帽、针、纺织品类占比	建筑及装潢材料类占比
2013	31.67	23.11	11.31	7.64
2014	32.40	21.32	10.82	7.28
2015	29.21	20.15	10.64	6.80
2016	32.44	15.38	10.34	6.29
2017	35.97	14.15	9.90	6.52
2018	33.84	15.64	8.92	6.91

资料来源：山东省统计局：《山东统计年鉴（2019）》，中国统计出版社2019年版。

亿元以上商品交易市场按市场类别分为综合市场和专业市场，2018年两类市场的成交额分别是1300.2亿元和7238.3亿元。其中专业市场比2017年的7901.04亿元下降8.39%。综合市场比2017年的1461.74亿元下降11.05%。

2018 年专业市场的成交额是综合市场的 5. 57 倍，专业市场仍然在亿元以上市场中占有统治地位。综合市场与专业市场个数分别为 87 个和 331 个，分别比 2017 年的 94 个和 404 个减少 7 个和 73 个，每个综合市场和专业市场的平均成交额分别为 14. 94 亿元和 21. 87 亿元，分别比 2017 年的 15. 55 亿元和 19. 56 亿元减少 0. 61 亿元和增加 2. 31 亿元。这反映出来由于市场形势不好，淘汰了一部分效率较低的市场，留存下来的市场经营规模和经营效率都比以前有所提高。从市场的平均规模来看，专业市场规模比综合市场规模大得多。这反映了人们的购买习惯，老百姓更喜欢去专业市场购买商品。

从各地市亿元市场的发展情况看，临沂、青岛、德州、淄博、泰安和滨州 6 个市的亿元市场处于前六位。2017 年只有青岛、滨州、淄博、济南、聊城成交额增加，其他各市都不同程度的下降。2013 ~ 2018 年各市亿元市场成交额及增幅情况如表 3 – 23 和图 3 – 23 所示。

表 3 – 23　　2013 ~ 2018 年山东省前十位亿元市场成交额　　单位：亿元

	2013 年	2014 年	2015 年	2016 年	2017 年	2018 年	合计
德州	1375. 72	1530. 49	1483. 41	1342. 04	935. 11	680. 90	7347. 67
临沂	1293. 49	1447. 16	1688. 22	1680. 10	1530. 00	1565. 33	9204. 30
青岛	1255. 62	1215. 33	1109. 61	1193. 07	1305. 45	1250. 78	7329. 86
滨州	840. 10	843. 33	692. 08	559. 77	592. 41	523. 23	4050. 92
潍坊	664. 34	588. 72	575. 56	598. 72	567. 06	520. 29	3514. 68
泰安	641. 01	623. 07	703. 33	612. 19	495. 28	509. 03	3583. 91
淄博	405. 03	561. 64	902. 02	901. 27	973. 45	973. 64	4717. 05
济南	497. 64	435. 95	401. 97	399. 68	479. 70	452. 31	2667. 25
聊城	477. 40	488. 19	471. 83	391. 80	396. 62	434. 70	2660. 54
日照	375. 90	412. 13	443. 45	457. 48	448. 59	322. 41	2459. 95

资料来源：山东省统计局：《山东统计年鉴（2019）》，中国统计出版社 2019 年版。

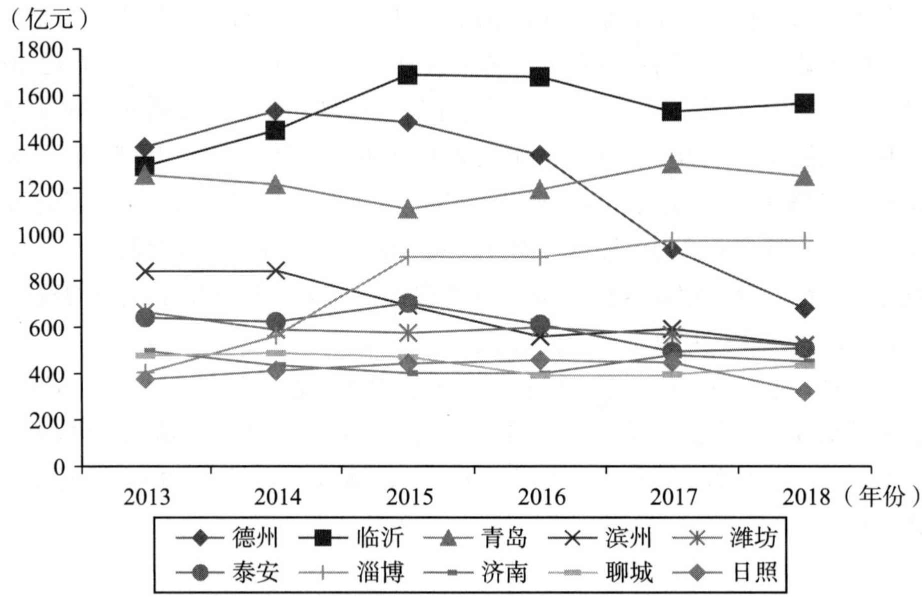

图 3－23　山东省 2013～2018 年前十位亿元市场交易额

资料来源：山东省统计局：《山东统计年鉴（2019）》，中国统计出版社 2019 年版。

从表 3－23、图 3－23 可以看出，临沂、青岛和淄博三市的亿元市场成交额位居山东省前三位，临沂近年发展速度一直比较快，2015 年以来一直占据成交额头把交椅，但 2017 年比 2016 年减少，2018 年又稍微增长；德州从 2014 年以来持续下降，而且近两年呈加速下降趋势，成交额低于临沂、青岛和淄博，下降到了第四名；青岛 2014 年以来连续两年下降，2016 年、2017 年又重拾增势，2018 年稍微下降，位居成交额第二名。淄博 2014～2015 年迅速增长，2016 年以来持续增长，位于第三位；济南市场成交额近年来一直在下跌，2017 年才转为增长，2018 年转为下降，亿元市场成交额下滑到全省地市第九位，与其他城市相比有较大差距，与省会城市的地位有所不符，下一步需要重点加快发展。

3. 批发业、零售业销售额和亿元以上市场成交额占 GDP 情况

山东省 2013～2018 年限额以上批发业销售额、限额以上零售业销售额和亿元以上市场成交额以及它们占 GDP 的比例如表 3－24 和图 3－24 所示。

表 3－24 批发业、零售业销售额和亿元以上市场成交额占 GDP 情况 单位：亿元

年份	GDP	批发业销售额	批发业占比（%）	零售业销售额	零售业占比（%）	亿元市场成交额	亿元市场占比（%）
2013	55911.86	22074.2	39.48	9119.2	16.31	9039	16.17
2014	60164.8	22154.2	36.82	9957.8	16.55	9663.3	16.06
2015	63858.62	19692.5	30.84	9957.6	15.59	9866.3	15.45
2016	67925.62	21625.26	31.84	10503.9	15.46	9751.47	14.36
2017	72634.15	24016.87	33.07	8927.16	12.29	9362.79	12.89
2018	76469.67	27161.08	35.52	7717.1	10.09	8538.49	11.17

资料来源：山东省统计局：《山东统计年鉴（2019）》，中国统计出版社 2019 年版。

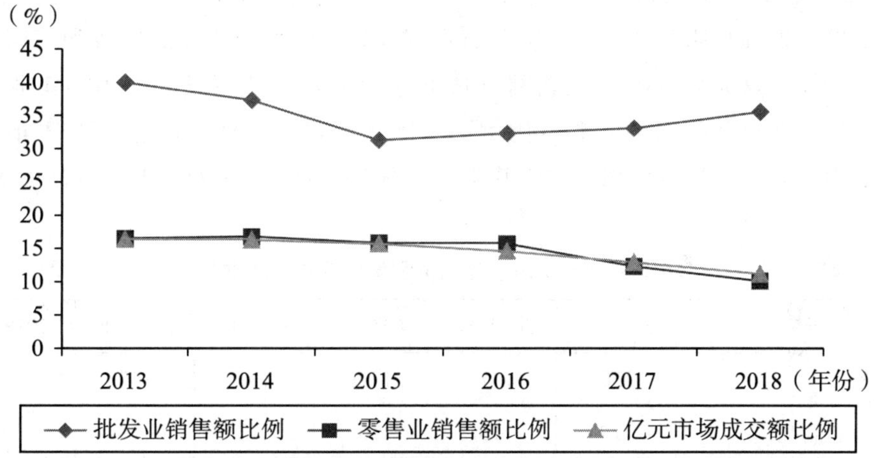

图 3－24 批发业、零售业销售额和亿元以上市场成交额占 GDP 的比例

资料来源：山东省统计局：《山东统计年鉴（2019）》，中国统计出版社 2019 年版。

从表 3－24 和图 3－24 可以看出，2013～2018 年，山东省限额以上批发业销售额绝对值一直在增加。占 GDP 比重一直保持在 30% 以上，仍是第三产业中拉动消费的主动力，2013 年占到了 GDP 的 39.97%，2014 年和 2015 年虽有所下降，但仍超过 GDP 的 30%，2016～2018 年又恢复上升；限额以上零售业销售额绝对值 2016 年以前在增加，2016 年以来一直下降，所占比重 2015 年以来一直下降；亿元以上市场成交额 2016 年以来持续萎缩，占 GDP 占的比例更是一直呈下降趋势。

（四）批发零售业连锁经营分析

近年来连锁经营企业发展速度较快，现代商贸流通业有向连锁经营发展的趋势，连锁企业逐渐在商业、服务业中占据了主体地位。山东批发零售业连锁经营发展迅速，在满足城乡人民生活需要、改善和提高人民生活质量方面发挥着越来越重要的作用。

1. 山东批发零售连锁经营概况

截至2018年底，山东省的批发和零售连锁经营总店数为168个，其中批发业为10个，零售业为158个；门店总数为15362个，其中批发业为3659个，占比为23.82%，比上年的26.41%减少2.59%，零售业为11703个，占73.59%，比上年的68.21%增加5.38%。总的来看，门店总数从2013年以来一直在增长。其中批发业连锁总店数和门店总数一直在减少，而零售业连锁总店数和门店总数一直在增加，这充分反映了互联网背景下连锁批发业的萧条与连锁零售业的景气。零售业在全部门店中的数量比例一直远远超过批发业，而且，2013年以来零售业门店总数占比逐年增加，零售业发展较好，如表3－25和图3－25所示。

表3－25　　2013～2018年山东省批发零售业连锁门店数量　　单位：个

指标	2013年	2014年	2015年	2016年	2017年	2018年
总店数	150	147	151	149	167	168
批发业总店数	19	16	16	12	10	10
零售业总店数	131	131	135	137	157	158
门店总数	11728	10733	11383	12130	13948	15362
批发业门店总数	5326	4008	4032	3856	3683	3659
批发业门店总数占比（%）	45.41	37.34	35.42	31.79	26.41	23.82
零售业门店总数	6402	6725	7351	8274	10265	11703
零售业门店总数占比（%）	54.59	62.66	64.58	68.21	73.59	76.18

资料来源：山东省统计局：《山东统计年鉴（2019）》，中国统计出版社2019年版。

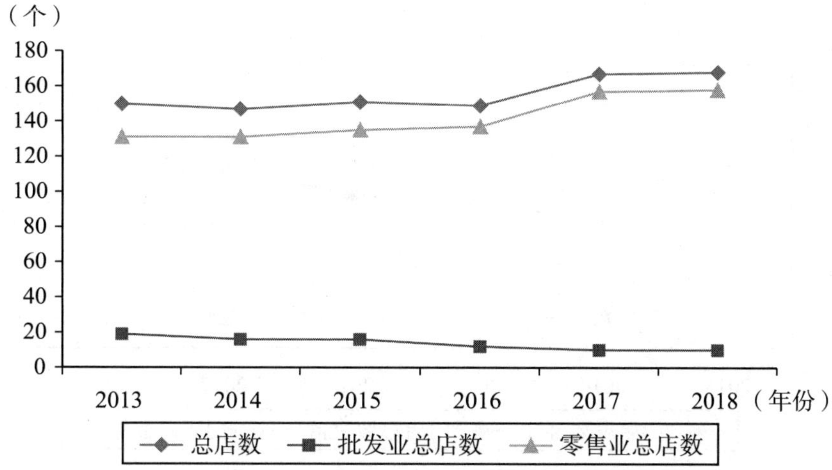

图 3-25 2013~2018 年山东省批发零售业连锁门店数量

资料来源：山东省统计局：《山东统计年鉴（2019）》，中国统计出版社 2019 年版。

近 5 年山东批发零售连锁经营的门店总数呈现波浪式增长。具体数据如表 3-26 和图 3-26 所示。2013 年以来直营店数量逐年增加，直营店占比都在 70% 以上，2018 年直营店占比增至 86.55%。加盟店则呈现较大波动，2014 年、2015 年加盟店总数降幅明显，2016 年以来稍微增加，说明加盟店这种模式在连锁经营中发展形势不好。

表 3-26 2013~2018 年山东省批发零售业连锁直营和加盟情况

年份	门店总数			直营店占比（%）
	合计（个）	直营（个）	加盟（个）	
2013	11728	8609	3119	73.4
2014	10733	8606	2127	80.2
2015	11383	9495	1888	83.41
2016	12130	10202	1928	84.11
2017	13948	11923	2025	85.48
2018	15362	13297	2065	86.55

资料来源：山东省统计局：《山东统计年鉴（2019）》，中国统计出版社 2019 年版。

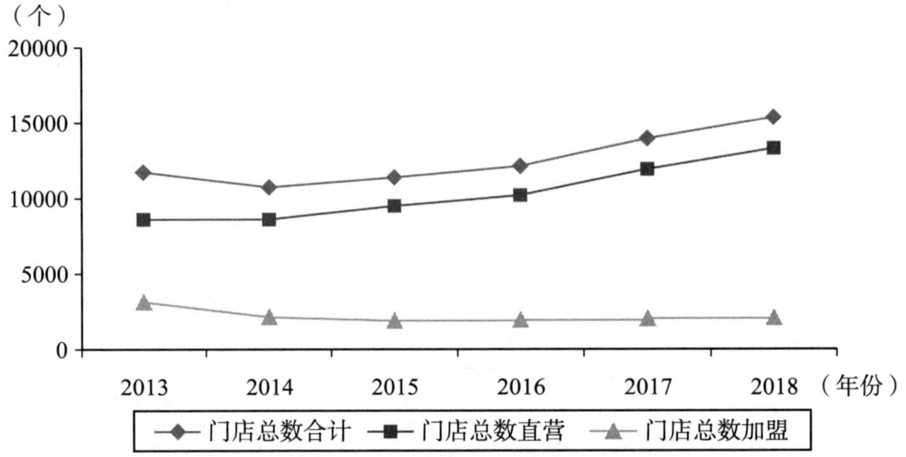

图 3－26　2013～2018 年山东省批发零售业连锁直营和加盟情况

资料来源：山东省统计局：《山东统计年鉴（2019）》，中国统计出版社 2019 年版。

从表 3－27 和图 3－27 来看，2014 年之前，连锁门店商品销售额和批发业、零售业销售额都是持续增长，2015 年由于批发业销售额的大幅下降，导致 2015 年批发零售连锁经营销售额大幅下降为 2017.86 亿元，其中批发业的销售额为 494.74 亿元，零售业的销售额为 1523.12 亿元，2016 年以来稍微增长。2015 年之前批发业与零售业销售额占比基本稳定，但 2015 年批发业销售额占比大幅下降为 24.52%，零售业销售额占连锁门店总销售额的比重大幅上升到 75.48%，2016 年以来比例基本维持不变。

表 3－27　2013～2018 年山东省批发零售连锁销售额比较

年份	连锁门店商品销售额（亿元）	批发业销售额（亿元）	占比（%）	零售业销售额（亿元）	占比（%）
2013	2811.98	1333.64	47.43	1478.34	52.57
2014	2818.61	1239.56	43.98	1679.05	56.02
2015	2017.86	494.74	24.52	1523.12	75.48
2016	2040.23	500.13	24.51	1540.09	75.49
2017	2070.94	505.19	24.39	1565.75	75.61
2018	2163.5	553.6	25.59	1609.91	74.41

资料来源：山东省统计局：《山东统计年鉴（2019）》，中国统计出版社 2019 年版。

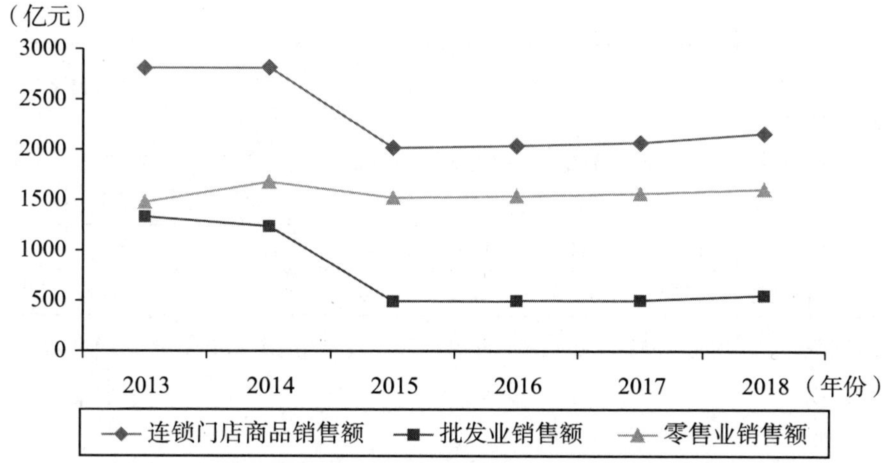

图 3－27　2013～2018 年山东省批发零售连锁销售额比较

资料来源：山东省统计局：《山东统计年鉴（2019）》，中国统计出版社 2019 年版。

2. 批发业、零售业内外资企业连锁经营比较

2013～2018 年山东省批发业、零售业内外资企业连锁经营总店数与门店总数指标如表 3－28 和图 3－28、图 3－29 所示。

表 3－28　　批发业、零售业内外资企业连锁经营总店数与门店总数

年份	总店数与门店总数	合计	内资企业		港、澳、台商投资企业		外商投资企业	
			数量（个）	占比（%）	数量（个）	占比（%）	数量（个）	占比（%）
2013	总店数	150	140	93. 33	3	2	7	4. 67
	门店总数	11728	11278	96. 16	327	3. 79	123	1. 05
2014	总店数	147	137	93. 2	3	2. 04	7	4. 76
	门店总数	10733	10244	95. 44	357	3. 33	132	1. 23
2015	总店数	151	141	93. 38	3	1. 99	7	4. 64
	门店总数	11383	10878	95. 56	365	3. 21	140	1. 23
2016	总店数	149	143	95. 97	3	2. 01	3	2. 01
	门店总数	12130	11658	96. 11	400	3. 30	72	0. 59
2017	总店数	167	162	95. 97	2	1. 20	3	1. 80
	门店总数	13948	13471	96. 58	405	2. 90	72	0. 52

续表

年份	总店数与门店总数	合计	内资企业		港、澳、台商投资企业		外商投资企业	
			数量（个）	占比（%）	数量（个）	占比（%）	数量（个）	占比（%）
2018	总店数	168	163	97.02	2	1.19	3	1.79
	门店总数	15362	14850	96.67	429	2.73	83	0.54

资料来源：山东省统计局：《山东统计年鉴（2019）》，中国统计出版社2019年版。

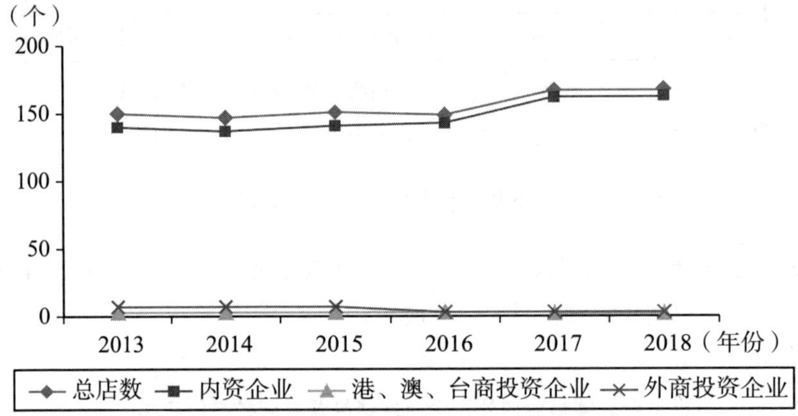

图3-28　批发业、零售业内外资企业连锁经营总店数

资料来源：山东省统计局：《山东统计年鉴（2019）》，中国统计出版社2019年版。

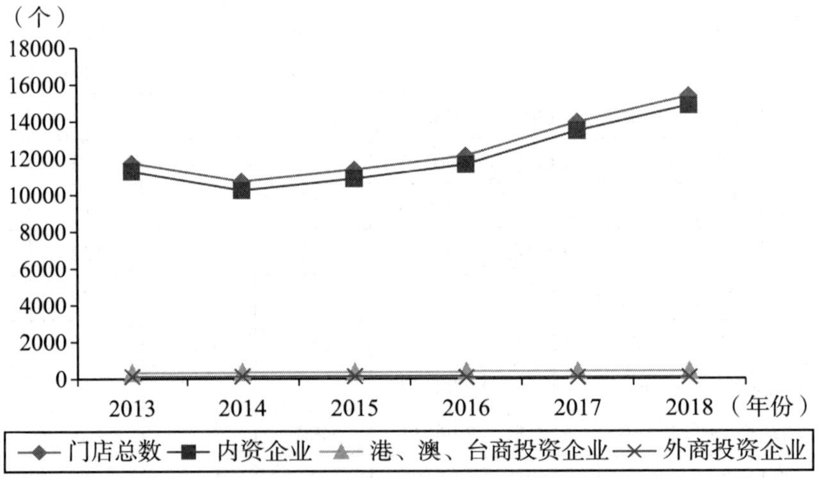

图3-29　批发业、零售业内外资企业连锁经营门店总数

资料来源：山东省统计局：《山东统计年鉴（2019）》，中国统计出版社2019年版。

从表3－28和图3－28、图3－29可以看出，2013～2018年，内资企业的连锁总店数和门店总数占比都超过90%，远大于港澳台商投资企业和外商投资企业，占据绝对份额优势，而且占比在逐年增加，门店总数也在稳步增加。港澳台企业发展比较稳定，总店数与门店总数变化不大，占比变化也不大，2014年以来，门店总数也在逐步增长。2015年之前外商投资企业比较稳定，但2016年遭遇滑铁卢，连锁经营总店数和门店总数都大幅下降，反映了外资企业在2016年经营比较困难，在与本土连锁企业竞争中败下阵来，2018年门店总数有所增加。

山东省批发零售业不同投资类型连锁经营企业近5年销售额数据如表3－29所示。从表3－29、图3－30和图3－31可以看出，2013年传统零售业寻求电子商务背景下的新出路、新模式，市场回暖，内资企业有上佳表现，年增16.89%，但港澳台商投资企业和外资企业都有下滑，销售额负增长，特别是外商投资企业下滑比较厉害，增幅为－13.24%；2014年内资企业销售额基本维持不变，其他两类企业都稍有增长；2015年内资企业受困于电商发展、经济下滑和消费结构升级的综合影响，销售额大幅下降28.41%，外商投资企业销售额也下降19.71%，只有港澳台商投资企业增加11.04%；2016年内资企业由负增长转变为正增长，走出了低谷，但其他两类企业都是负增长，尤其是外商投资企业，下滑幅度达到76.34%；2017年只有内资企业小幅增长1.72%，其他两类企业都继续负增长。2018年内资企业继续增长，外资企业企稳回升，港、澳、台商投资企业继续低迷。

表3－29　　批发业、零售业内外资企业连锁经营销售额

指标	2013年	2014年	2015年	2016年	2017年	2018年
总计（亿元）	2811.98	2818.61	2017.86	2040.23	2070.94	2163.5
内资企业（亿元）	2620.05	2606.53	1839.95	1980.91	2014.96	2107.37
港、澳、台商投资企业（亿元）	23.16	23.78	26.73	23.55	22.65	22.23
外商投资企业（亿元）	169.77	188.30	151.18	35.77	33.33	33.9
内资企业比例（%）	93.17	92.48	91.18	97.09	97.30	97.41
港、澳、台商投资企业比例（%）	0.79	0.84	1.32	1.15	1.09	1.03
外商投资企业比例（%）	6.04	6.68	7.49	1.75	1.61	1.57

续表

指标	2013 年	2014 年	2015 年	2016 年	2017 年	2018 年
内资企业增幅（%）	16.89	-0.5	-28.41	7.66	1.72	4.59
港、澳、台商投资企业增幅（%）	-1.6	2.7	11.04	-11.90	-3.82	-1.85
外商投资企业增幅（%）	-13.24	10.91	-19.71	-76.34	-6.82	1.71

资料来源：山东省统计局：《山东统计年鉴（2019）》，中国统计出版社 2019 年版。

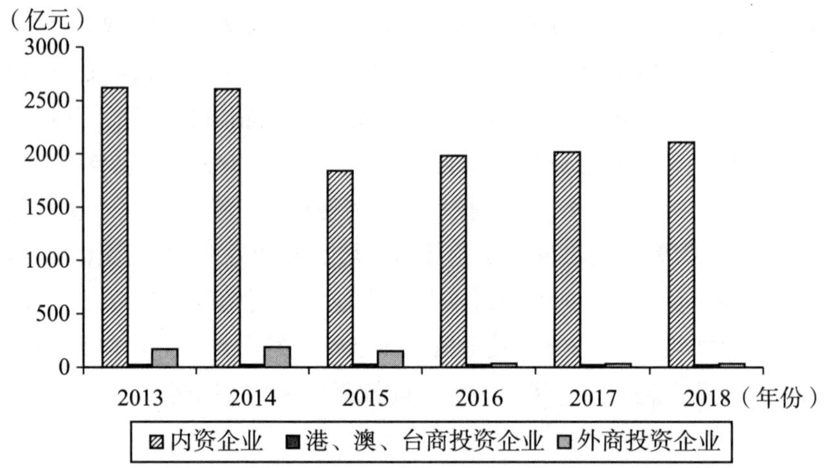

图 3－30　批发业、零售业内外资企业连锁经营销售额

资料来源：山东省统计局：《山东统计年鉴（2019）》，中国统计出版社 2019 年版。

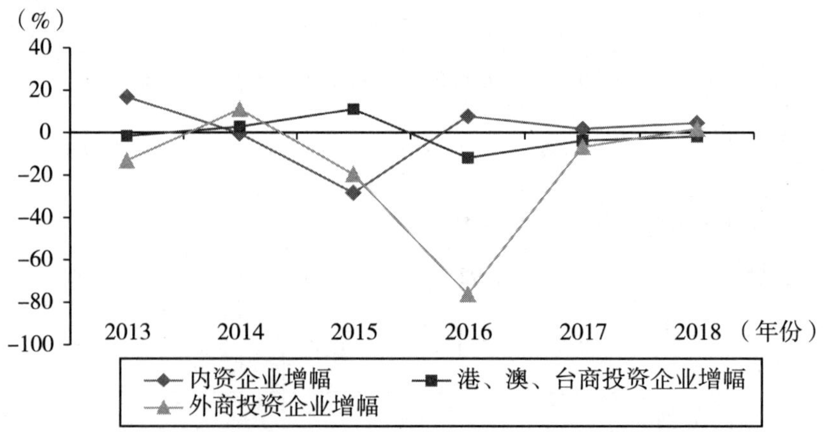

图 3－31　批发业、零售业内外资企业连锁经营销售额增幅

资料来源：山东省统计局：《山东统计年鉴（2019）》，中国统计出版社 2019 年版。

2018 年，内外资连锁经营企业的经营情况、地效、人效等指标如表 3－30、表 3－31 和图 3－32 所示。

如表 3－30、表 3－31 和图 3－32 所示，2018 年，内资企业、港澳台投资企业、外商投资企业连锁经营的门店平均销售额分别是 1419. 10 万元、518. 25 万元和 4084. 63 万元，分别比 2017 年的 1495. 78 万元、559. 36 万元、4628. 60 万元增加－5. 13%、－7. 35%、和－11. 75%，自 2016 年以来门店平均销售额连续下降。内资企业、港澳台投资企业、外商投资企业连锁经营的地效分别是 8. 55 千

表 3－30　　2018 年批发业、零售业内外资企业连锁经营情况

指标	总　计	内资企业	港、澳、台商投资企业	外商投资企业
门店总数（个）	15362	14850	429	83
年末零售营业面积（平方米）	25086064	24655641	124002	306421
年末从业人员（人）	188257	181859	3433	2956
连锁门店商品销售额（万元）	21635036	21073681	222331	339024
地效（千元/平方米）	8. 62	8. 55	17. 93	11. 06
人效（万元/人）	114. 92	115. 88	64. 76	114. 69
门店平均销售额（万元）	1408. 35	1419. 10	518. 25	4084. 63

资料来源：山东省统计局：《山东统计年鉴（2019）》，中国统计出版社 2019 年版。

表 3－31　　2016～2018 年批发零售业内外资企业连锁经营地效和人效

指标	地效（千元/平方米）			人效（万元/人）		
	2016 年	2017 年	2018 年	2016 年	2017 年	2018 年
内资企业	11. 04	10. 75	8. 55	116. 26	116. 62	115. 88
港、澳、台商投资企业	18. 14	18. 82	17. 93	60. 88	60. 72	64. 76
外商投资企业	12. 29	11. 45	11. 06	124. 45	114. 68	114. 69

资料来源：山东省统计局：《山东统计年鉴（2019）》，中国统计出版社 2019 年版。

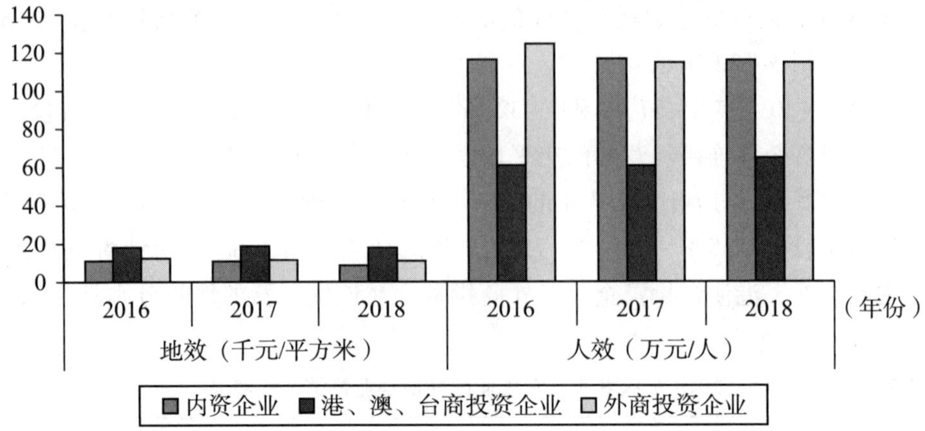

图 3－32　批发业、零售业内外资企业连锁经营地效和人效

资料来源：山东省统计局：《山东统计年鉴（2019）》，中国统计出版社 2019 年版。

元/平方米、17.93 千元/平方米、11.06 千元/平方米，分别比 2017 年增长－20.49%、－4.73% 和－3.37%；内资企业、港澳台投资企业、外商投资企业连锁经营的人效分别是 115.88 万元/人、64.76 万元/人、114.69 万元/人，分别比 2017 年增长－0.64%、6.66%、0.01%，内资企业稍微下降，港澳台投资企业增长，外商投资企业基本不变。2016 年以来内资企业不但地效持续下降，而且人效也没有增加，这反映了内资企业在省内的经营状况不断劣化。

3. 连锁零售业态经营情况分析

2018 年山东省批发零售连锁经营业态主要有便利店、超市、大型超市、百货店、专业店、专卖店。连锁总店数、门店总数、年末营业面积、年末从业人员数以及销售额数据如表 3－32、图 3－33 和图 3－34 所示。

表 3－32　　2018 年连锁零售业态基本营运指标

指标	连锁总店数（个）	门店总数（个）	年末零售营业面积（平方米）	年末从业人员数（人）	销售额（万元）
便利店	4	318	30958	1178	66621
超市	25	2511	2768566	45691	3389732
大型超市	8	295	2723837	20285	2727679
百货店	11	900	5942055	57385	5056327

续表

指标	连锁总店数（个）	门店总数（个）	年末零售营业面积（平方米）	年末从业人员数（人）	销售额（万元）
专业店	109	10315	11077478	46185	7650893
专卖店	5	271	13872	416	11818
其他	6	752	2529298	17117	2731965
合计	168	15362	25086064	188257	21635035

资料来源：山东省统计局：《山东统计年鉴（2019）》，中国统计出版社 2019 年版。

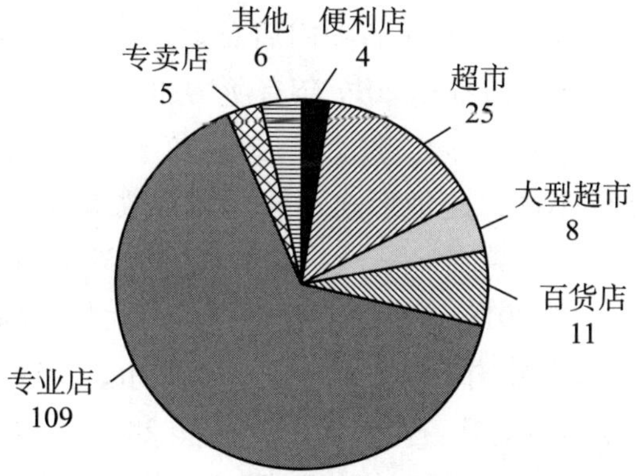

图 3－33 连锁零售业态总店数

资料来源：山东省统计局：《山东统计年鉴（2019）》，中国统计出版社 2019 年版。

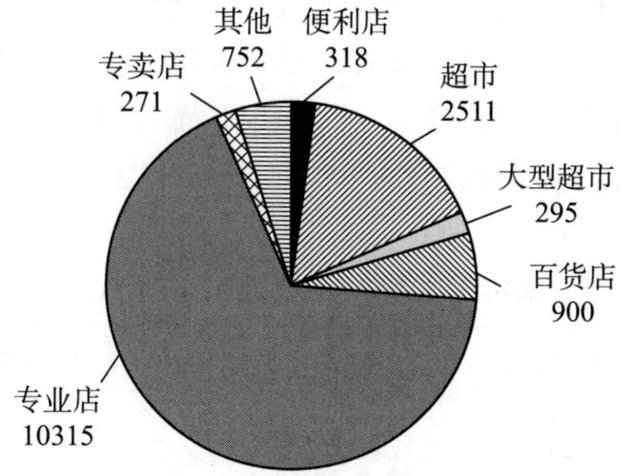

图 3－34 连锁零售业态门店总数

资料来源：山东省统计局：《山东统计年鉴（2019）》，中国统计出版社 2019 年版。

由表3-32、图3-33、图3-34看出，2018年山东省连锁总店数168个，比2017年的167个增加1个；门店总数15362个，比2017年的13948个增加10.1%，连续3年增长。其中专业店连锁总店数109个，比2017年的105个增加4个，占比64.88%，比2017年的62.87%增加2.01%；门店总数10315个，占比67.15%，比2017年的62.98%增加4.16%，不管是连锁总店数还是门店总数均居各种业态之首，显示了专业店这种零售业态旺盛的生命力。

营业面积位列前三的是专业店、百货店、超市，分别是11077478平方米、5942055平方米、2768566平方米；从业人员前三位分别为百货店、专业店、超市，年末从业人数分别是57385人、46185人、45691人，吸纳了最多的从业人员；销售额前三分别是专业店、百货店、超市，销售额分别为7650893万元、5056327万元、3389732万元；专业店的门店总数、年末零售营业面积、年末从业人员数和销售额四个指标值都比2017年有所增加，这显示了2018年专业店的发展势头良好。

不同业态经营条件不同，连锁形式不同，经营效果也有差别，如表3-33、表3-34、表3-35、图3-35、图3-36和图3-37所示。专卖店2016年、2017年人效排名第一，但2018年遭遇滑铁卢，人效大幅下降；专业店人效位列第二，但2016年以来每年略有下降；第三是大型超市，2017年比2016年稍微下降，2018年比2017年略微上升。专卖店2016年、2017年地效仍然是遥遥领先，但2018年同样遭遇重大挫折。便利店位列第二，专业店位于最后。通过人效与地效的比较可以发现，随着收入的提高，消费结构升级，人们更偏向于去专卖店与专业店去购买商品，偏好这种经营业态的精准定位与人员服务，所以这两种业态的人效位于第一位和第二位。特别是专卖店，地效同样很好，说明在当今是最受人们欢迎的业态。但从2018年来看，专卖店经营不利，遇到了重大挫折。便利店人效最差，但地效居于第二位，通常便利店都是面积不大，种类繁多，以方便人们的生活为定位，说明便利店的单位面积产出相当不错。

表3-33　2016年连锁零售业态经营效果比较

指标	人效（万元/人）	地效（万元/平方米）	门店平均销售额（万元/店）
便利店	43.92	2.69	219.61
超市	66.75	1.07	1219.36
大型超市	128.90	1.11	15528.21

续表

指标	人效（万元/人）	地效（万元/平方米）	门店平均销售额（万元/店）
百货店	93.22	1.01	6192.16
专业店	176.40	1.03	832.69
专卖店	246.32	12.76	672.90

资料来源：山东省统计局：《山东统计年鉴（2017）》，中国统计出版社2017年版。

表3-34　　2017年连锁零售业态经营效果比较

指标	人效（万元/人）	地效（万元/平方米）	门店平均销售额（万元/店）
便利店	33.25	2.37	180.24
超市	71.65	1.07	1304.25
大型超市	113.52	0.98	11050.50
百货店	89.28	0.92	5700.22
专业店	170.85	1.06	737.20
专卖店	376.94	18.74	940.26

资料来源：山东省统计局：《山东统计年鉴（2019）》，中国统计出版社2019年版。

表3-35　　2018年连锁零售业态经营效果比较

指标	人效（万元/人）	地效（万元/平方米）	门店平均销售额（万元/店）
便利店	56.55	2.15	209.50
超市	74.19	1.22	1349.95
大型超市	134.47	1.00	9246.37
百货店	88.11	0.85	5618.14
专业店	165.66	0.69	741.72
专卖店	28.41	0.85	43.61

资料来源：山东省统计局：《山东统计年鉴（2016）》，中国统计出版社2016年版。

从不同业态门店平均销售额来看，大型超市和百货店占据优势，充分反映了体量巨大的影响，但其平均销售额呈下降趋势。专卖店门店平均销售额 2018 年低得可怜。通过数据分析，2018 年山东省专卖店全面收缩，经营业绩很差。

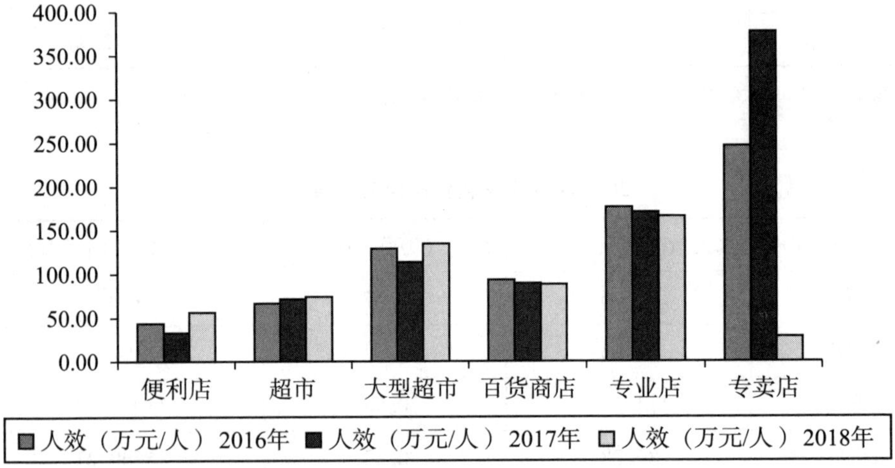

图 3－35　连锁零售不同业态人效

资料来源：山东省统计局：《山东统计年鉴（2019）》，中国统计出版社 2019 年版。

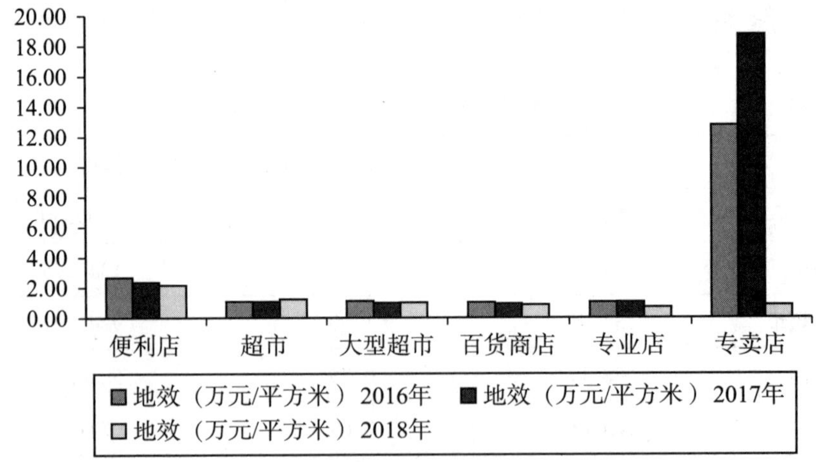

图 3－36　连锁零售不同业态地效

资料来源：山东省统计局：《山东统计年鉴（2019）》，中国统计出版社 2019 年版。

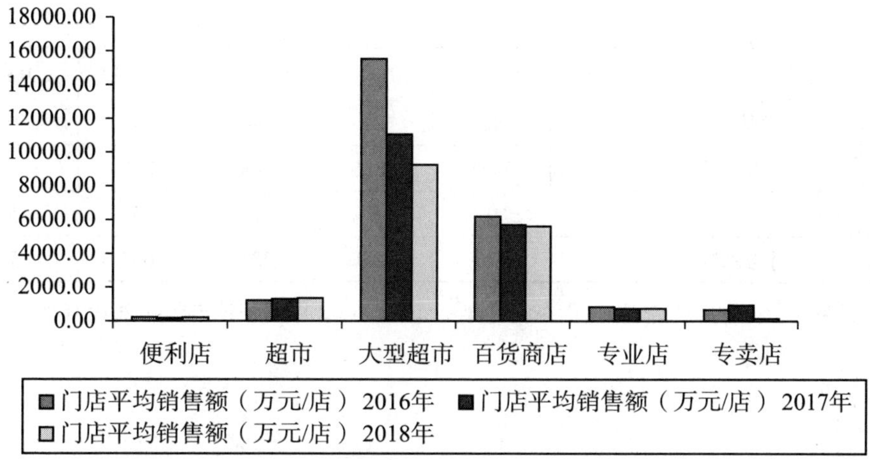

图 3－37 连锁零售不同业态门店平均销售额

资料来源：山东省统计局：《山东统计年鉴（2019）》，中国统计出版社 2019 年版。

由表 3－36、图 3－38 和图 3－39 可以看出，2018 年专卖店门店数量急剧减少了 57.19%，百货店稍微下降，而其余业态的门店数量都在增加。便利店 2018 年比 2017 年增加了 112.00%，继上年增加 76.47%之后继续大幅增长，反映了便利店这种零售业态旺盛的生命力；大型超市门店总数继上年取得 27.13% 的增幅之后，2018 年继续增长 23.43%；专业店 2017 年增长 25.57% 之后，2018 年继续增长 17.42%；百货店的增幅为－1.85%；超市的增幅 2.99%；专卖店增幅－57.19%。

表 3－36　　2013～2018 年不同业态总店数、门店总数比较　　单位：个

业态		2013 年	2014 年	2015 年	2016 年	2017 年	2018 年
便利店	总店数	3	3	2	3	3	4
	门店总数	60	65	63	85	150	318
超市	总店数	27	26	26	30	27	25
	门店总数	2231	2044	2186	2470	2438	2500
大型超市	总店数	9	9	9	7	8	8
	门店总数	524	533	200	188	239	295
百货店	总店数	8	8	12	12	13	11
	门店总数	764	797	868	917	917	900

续表

业态		2013 年	2014 年	2015 年	2016 年	2017 年	2018 年
专业店	总店数	82	82	84	84	105	109
	门店总数	6636	6021	6636	6996	8785	10315
专卖店	总店数	9	9	8	7	5	5
	门店总数	466	476	660	731	633	271

资料来源：山东省统计局：《山东统计年鉴（2019）》，中国统计出版社 2019 年版。

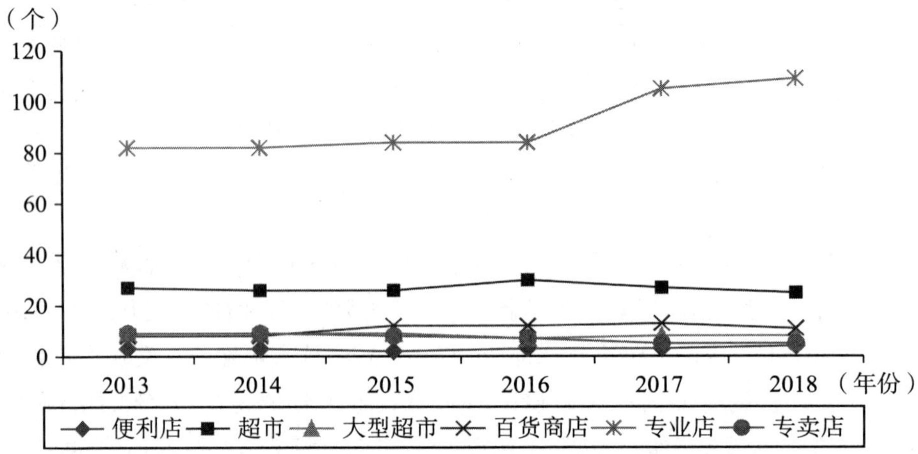

图 3－38　批发零售业连锁经营不同业态连锁总店数量

资料来源：山东省统计局：《山东统计年鉴（2019）》，中国统计出版社 2019 年版。

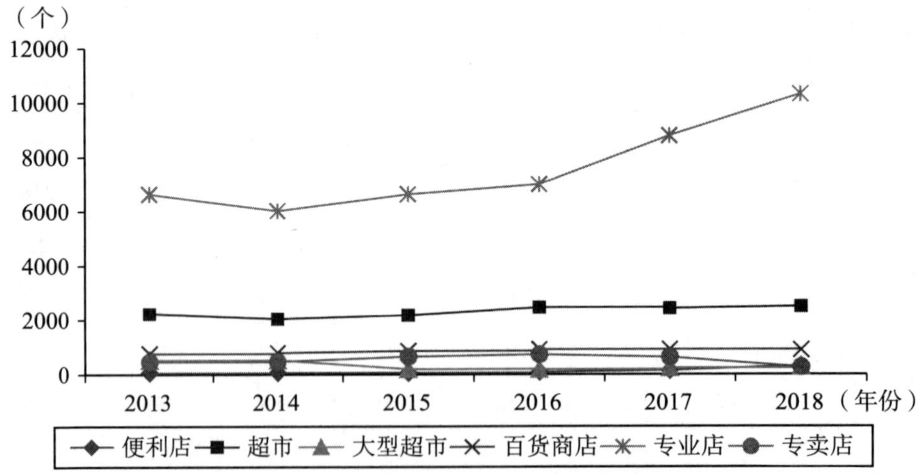

图 3－39　批发零售业连锁经营不同业态连锁门店总数

资料来源：山东省统计局：《山东统计年鉴（2019）》，中国统计出版社 2019 年版。

二、山东省批发零售业存在的问题

通过对近5年来山东省批发零售业的各种数据的分析可以发现，总体来说，由于受到国民经济增速下降的影响，批发零售业近几年的发展不尽如人意，与发达省份比起来有所欠缺，在全国来说处于平均水平偏上一点，与山东省在全国的经济地位不甚相符。总结一下，批发零售业主要存在以下几个问题。

（一）全盘统筹不够，缺乏长期发展战略

批发业有助于集约化使用社会资本，获得规模经济效应，其发展对于提高社会资金的利用效率、降低交易成本、促进经济发展具有重要作用。零售业上连生产制造业，下接居民消费端，搭建起生产供给与消费需求的桥梁，促进生产制造业将产品使用价值转让出去，顺利实现自身价值。另外，使消费者的消费需求得到满足，从而便利了交易，繁荣了市场，活跃了经济。

山东省的批发市场大多数都是民间资本自我发展而来，前期缺乏规划与引导，野蛮生长，与地方产业优势和经济特色缺乏战略契合，也缺乏长远目标，只是得过且过。没有与地方经济联系起来而有目的地去建设特色批发市场，只是追求大而全，小而全的建设。这就导致各地市之间、每个市的各区县之间的批发市场大同小异，经营内容重复，与本地产业特色与重点产业关联性不大，从而使批发零售业与本地经济相脱节，对本地经济发展的促进作用不大，也使产业发展促进批发业发展的作用难以发挥。2015年山东省商务厅出台《山东省批发零售餐饮业转型升级实施方案》，提出了批发零售业的发展目标和转型方向，但缺乏可操作计划，也没有从政策、资金、技术、人才等各方面进行针对性的支持，后续政策措施没有及时跟上，方案效果不佳，从而导致了批发零售业的自主无序发展，各自为政，野蛮生长，经营效率下降。

（二）批发业内资占据绝对优势，利用港、澳、台资及外资较少

在2013～2018年批发业限额以上商品销售总额中，内资企业所占比例远远大于港澳台商投资企业和外商投资企业，平均比例达97%。2018年，港澳台商

投资企业和外商投资企业在商品销售总额中平均所占比重分别是 1.83% 和 0.92%，分别比 2017 年的 2.47% 和 1.71% 下降 0.64% 和 0.72%。特别是外商投资企业的商品销售额大幅下降，比去年减少 33.35%，遭遇了滑铁卢，显示了外资在中国批发行业的水土不服。内资企业商品销售额继续稳步增长，港澳台企业小幅下降。2018 年，限额以上内资企业、港澳台商投资企业、外商投资企业的平均销售额分别为 31.47 千万元、113.78 千万元和 22.03 千万元，港澳台的规模比内资企业要大上不少。港澳台限额以上零售业商品销售额情况近年来一直增长，但其所占比例仍然极低。总而言之，批发零售行业的外资背景的企业效率比较高，盈利能力较强。但山东省批发零售业利用外来资金很少，没有充分发挥外来资金的优势，数据背后透视的是政策支持、行业环境的原因，由于没有统一的政策支持及良好的行业环境，导致批发零售业的外资利用能力极差。

（三）零售业盈利能力变差，可持续发展能力不强

2018 年，山东省限额以上零售企业总资产周转率和固定资产周转率都呈现下降趋势，反映出来限额以上零售业的盈利能力下降，前景不妙。2018 年除了货摊、无店铺及其他零售业销售总额比 2017 年增长了 18.11% 之外，山东省限额以上零售业的销售额全行业性的下滑。下降最厉害的是五金、家具及室内装修材料行业，比 2017 年下降了 47.35%，而且 2017 年比 2016 年下降了 48.14%，连续两年接近 50% 的降幅，充分显示了房地产调整带来的影响。其次是食品、饮料及烟草制品行业，比 2017 年下降了 35.96%；然后是家用电器及电子产品，比 2017 年下降了 35.66%；下降最少的综合零售业，也同比减少了 8.20%。数据充分说明了实体零售行业的整体不景气，线上零售和其他零售业态的兴起。

综合来看，2018 年仅有货摊、无店铺及其他零售业的营业收入比 2017 年有所增长，其他所有行业的营业收入都有了明显下降；而且，所有行业的营业利润及营业利润率下降得更多，充分说明了实体零售业的整体凋零，经营状况堪忧。

（四）零售业强弱不均，马太效应明显

山东省社会消费品零售总额地区发展不均衡，各地市之间有一定差距。根据《山东统计年鉴（2019）》数据，2018 年山东省各市社会消费品零售额中最高的是青岛市，销售额为 4842.46 亿元，占全省社会消费品零售总额的 14.41%，比

上年的 13.4% 提高了 1 个百分点，其次是济南市，社会消费品零售总额为 4404.46 亿元，占全省社会消费品零售总额的 13.11%，比上年的 12.30% 提高 0.81%。而青岛、济南、烟台、潍坊、临沂、济宁、淄博 7 个地市的销售额占全省的 65.22%，其余 10 个地市占 34.78%，其中最低的两个地市分别是日照 2.30% 和莱芜 1.11%。

由此来看，山东省零售业商业布局不够合理，马太效应明显。东部沿海地区经济发达，零售市场发育很快，市场规模不断扩大。山东省西部地区，经济落后，市场发育程度较差，零售业的发展水平与东部沿海地区差距较大。而且，城乡差距较大，在城市特别是大城市消费能力强，市场发育较快，再加上农村市场发育比较缓慢，零售网点基本集中在城市与城镇，乡村只是一些小超市和小零售店，所占比例极小。在城市市场内部也存在发展不均衡的问题：一方面表现在业态结构不合理，专业店、百货店、超市和大型超市分别占零售业连锁门店商品销售额的 35.36%、23.37%、15.67% 和 12.60%，但其效率较低，地效（万元/平方米）分别只有 0.85、0.69、1.22、1.00。而近年来专卖店发展良好，2017 年地效达到 18.74 万元/平方米，人效达到 376.94 万元/人，这两个指标都处于各业态首位，但其规模仍旧偏小，仅占零售总额的 2.87%；但 2018 年限额以上专卖店遭遇了滑铁卢，业绩大幅下滑，惨不忍睹。而便利店 2018 年发展不错，地效 2.15 处于所有业态最高水平。另一方面城市商业网点布局不合理，商业网点的建设速度跟不上居民区的开发与建设，不能及时满足居民的日常需求。

（五）批发业各行业发展不平衡

批发业不同细分行业之间发展出现明显分化。与人们生活关系紧密相关的食品、饮料及烟草制品批发销售总额 2013 ~ 2016 年持续增长，但 2017 年大幅下降，2018 年有企稳迹象，但继续下降。矿产品、建材及化工产品批发销售总额 2014 年、2015 年持续两年下降，2016 年以来持续增长。机械设备、五金交电及电子产品批发市场自 2015 年以来一直比较稳定，但 2018 年大幅增长。纺织、服装及日用品批发市场随着国内及全省消费市场的不断扩大，发展较快，2012 年开始连续两年增长，2014 年又略有下降，2015 年基本持平，2016 年以来持续增长且呈加快趋势。医药及医疗器材批发业自 2013 年以来持续迅速增长。总体而言，纺织、服装，文化体育用品，医药及医疗用品保持增长，农、林、牧产品下降，反映了随着国民收入水平的上升，我国的消费结构在发生变化，人民有了更高的消费需求，消费结构在升级。批发业的结构与山东省新旧动能转换的要求不匹配，新旧动能转换需要机械、五金交电、信息技术、生物医药等行业加速发展。机械设备、五金交电及电子产品批发销售总额2018年大幅增长，反映了投资在增加，宏观经济的向好。

三、促进山东省批发零售业发展的对策

通过分析可知，山东省批发零售业存在缺乏战略规划、外来投资较少、可持续发展能力不足、地域发展不均衡等多方面问题。针对存在的问题，提出如下发展对策。

（一）系统化，整体化，全局化考虑批发零售业发展规划

批发零售业的发展直接关系到消费的顺畅与否，与区域经济发展正相关。应该从战略的、系统的、整体的高度审视批发零售业的发展问题。目前，山东省批发零售业的发展缺乏中长期战略规划，无序发展现象较严重。既有的一些规划指导也都是浅尝辄止，没有把批发零售业放在整个国民经济发展的大系统中去考虑规划问题。批发零售业在国民经济体系当中扮演着重要角色，在第一产业、第二产业和第三产业中起到桥梁与中介的作用，把生产制造出来的商品传递到消费环节，使生产制造部门的价值得以实现，成本得以补偿，并得到合理的利润，从而使国民经济得以顺畅运转。应该由省级主管部门牵头规划与设计，从战略的高度上统筹考虑山东省的整体经济发展战略、各地市经济发展战略，结合全省产业布局与各地市产业优势、资源禀赋等要素，兼顾传统与现代，制定出山东省批发零售业的中长期发展规划。明确政府责任与范围，包括相关法律法规的完善，金融、财政、税收、土地等相关政策的支持与引导，各种障碍的破除与清除等。通过战略规划可以从整体上把握与引导全省的批发与零售业的发展方向，从宏观上为批发业的发展扫清障碍，提供支持，促进山东省批发零售业的健康发展，通过批发零售业的健康发展反过来促进地方经济发展，从而产生良性循环。

山东省正处在新旧动能转换的关键节点。新旧动能的转换离不开批发零售业的发展，批发零售业的发展能够促进新旧动力转换。山东省应该抓住新旧动能转换的契机，做好批发零售业区域发展规划，提升济南、青岛、烟台的全省商贸流

通中心城市的辐射带动作用。以济、青、烟为核心，以大市场、大流通、大物流为理念，依据山东省批发零售业的发展状况，制定好区域批发零售业发展战略，对批发市场区域分布、行业结构和零售业业态结构、地区分布进行科学的顶层规划，合理的战略布局。并抓紧出台促进批发零售业利用外资的相关支持政策，以促进外资对批发零售业的投资，引进外资先进的规划理论与经营方式，促进本土批发零售业的发展，加快新旧动能转换。

（二）利用信息技术，促进批发业效率提升

批发业批发市场的一个重要问题是信息化程度不足，其导致的结果就是批发和零售对接出现偏差，使得批发业资金周转变慢，影响了其收益率。在现代信息技术飞速发展的前提下，电子商务、大数据方兴未艾。各行各业都在利用信息技术加快发展，享受信息技术发展的红利。批发业本来在信息化建设方面就有欠账，如果再不迎头赶上，更容易在信息化大潮中被淹没。

批发市场首先要进行硬件投资，加强信息技术的基础设施投资，光纤进场，加强与完善电子交易设施，电子交易大屏实时显示商品品种、价格、供给、需求信息。还要进行软件投资，建设数据共享平台与电子商务渠道，开发专业 APP，充分利用网络技术及时获取各种信息，使各批发市场能够灵活应对环境的变化。通过信息技术的硬件和软件方面的投资，建立起现代信息系统，批发企业就可以利用自己在专业化、行业深耕、资金、技术、信息、人才、信誉、基础设施、销售网络、物流等方面所具有的优势，逐渐发展成为集仓储、包装、加工、配送、运输为一体的社会化专业物流中心，形成自己的核心竞争能力。

通过建立现代信息系统，可以减轻信息不对称和信息不完全的程度。利用信息技术对大数据进行提炼和分析，各批发主体可以共享信息、共享客户，能够及时了解各商品供求信息与价格信息，及时发现行业趋势和未来发展方向，掌握行业动态；可以利用自己的信誉优势和地域、人员、仓储优势，进入上游环节，和生产商密切合作，建立战略伙伴关系，共同承担风险，充当生产商的国内或地区总代理，从而打通产业链条，使自己提前介入前导环节，降低经营风险；也可以发挥自己的信誉优势、渠道优势和人才优势等向零售领域延伸，发展批零一体化，从而将批零交易内部化，可以降低成本、提高效率。批发企业进入下游零售环节，也可以提前了解终端消费者信息和消费需求，掌握市场发展趋势，未雨绸缪，从而降低经营风险。

总而言之，通过利用信息技术，可以降低批发业经营风险。批发主体可以及时掌握上游生产信息与下游需求信息，向上贴近生产，更好地为生产服务，向下靠近市场，变被动为主动，根据市场需求安排品种，根据供给情况安排业务，从而解决了以前坐等客户上门的被动状态，提高了经营效率，促进了批发业的发展。

（三）零售业与时俱进，创新发展

近年来，新零售行业越来越受到人们的关注。项目端各种新企业、新商业模式不断涌现，深刻地影响了人民群众的生活，并出现了每日优鲜、盒马鲜生等优秀的企业。投资端，新零售行业的投融资持续活跃，吸引了众多投资者的关注。对于行业来讲，“技术升级、基础设施完善、消费需求变革”这三点，是重点助力新零售发展的行业重要驱动力。

所谓新零售，即企业以互联网为依托，通过运用大数据、人工智能等先进技术手段，对商品的生产、流通与销售过程进行升级改造，进而重塑业态结构与生态圈，并对线上服务、线下体验以及现代物流进行深度融合的零售新模式。“新零售”的核心概念在于推动线上与线下的一体化进程，其关键在于使线上的互联网力量和线下的实体店终端真正融合在一起，形成真正意义上的合力，从而完成电商平台和实体零售店面在商业维度上的优化升级。

对于零售企业来说，要呼应时代号召，加快利用信息技术，加强互联网与零售业的联系与建设，通过门户网店、微信、微博等多种网络形式加强与消费者互动，利用好大数据分析消费者行为，切实了解消费者的需要，更好地满足消费者。

2020 年初的新冠病毒疫情对零售造成了巨大的压力，实体零售受到很大冲击，基本上入不敷出，使得新零售的一条腿受到很大影响。同时使得零售业创新发展、通过线上销售更显得迫切。但线上销售有个重要的缺点就是体验欠缺，如何既能促进体验，又能让消费者成本较低甚至足不出户地完成购物是下一阶段零售业创新的重点。所以虚拟现实技术未来的发展空间一定很宽，谁能够率先用在新零售上，谁就有可能取得领先优势。

（四）强化品牌建设，增加顾客价值

批发零售业进入门槛较低，技术水平要求不高，竞争比较充分。随着经济的发展，收入水平的提高，消费结构在升级，消费者从消费中不仅希望获取高的使

用价值，而且越来越期望获取更多的心理附加值，就会越来越关注与追求品牌。品牌是对企业信誉的背书，知名品牌能够带给顾客信任、尊重的感觉，增加顾客价值，从而产生品牌溢价，品牌的知名度越高，其影响力就越大。因此，品牌建设对批发零售业来说就显得越来越重要。山东省的批发零售企业品牌知名度普遍不高，缺乏叫得响、消费者耳熟能详的品牌，品牌建设任重而道远。想要加快发展，就要创立自己的品牌，打造品牌知名度。批发零售企业一旦建立起品牌知名度，可以借助自有品牌的知名度与影响力提高顾客的忠诚度。自有品牌可以实现零售企业的差异化经营，企业自主加工生产，质量可靠，能够省去广告费、代理商扣点、进店费等中间环节费用，为顾客提供性价比高的商品，从而使拥有自有品牌的零售商在制造、质量控制和商品配送上掌握更多的主动权，能够获得更高的利润；还可以通过多种方式改变消费者的消费心理，使其逐渐熟悉信任自有品牌商品，从而使企业获得品牌溢价，提升企业盈利能力。因此，加强品牌建设，提升营销水平，从而打造品牌知名度，就成为山东省企业的不二选择。

（五）提高零售业附加价值

由于生产力的发展和技术的进步，劳动生产率大幅度提高，物质产品现在极大丰富，消费者进行消费再也不是单纯为了满足使用价值的消费，而是追求在消费之中感受到愉悦、感觉到尊重、感觉到放松以及与价值观相符的一种深处的心灵体验。这种体验，从本质上来说是一种深层次的情感和精神诉求。如果消费得到的体验与认识相符，则会感到心满意足，即使代价高点也可以愉快接受。反过来，即使价廉物美，但消费体验不是那么的美好，很大可能不会进行实质性消费，而且会进行不良的口碑传播。所以，从哲学层次上来讲，消费追求的是一种消费理念，每个人的消费都是自身意识理念和价值观的表现。

因此，零售企业应加强文化与意境建设，从店铺装修、商品摆放、欢迎导语、语文规范、衣着品位等全方面提升零售业的附加价值。主要是提升零售业的文化韵味，加强文化建设。零售企业的文化建设包括物质层、行为制度层与精神层文化建设。物质层文化建设重在硬件，要有独特而走心的设计，环境与商品相得益彰，从而起到既是购物，又是文化休闲之旅的体验；行为制度层文化建设着重从业人员的举止规范，最重要的是提高从业人员的文化素养，一个谈吐不凡的从业人员给顾客的感觉会是眼前一亮，连带着对整个企业的感观也会上升；精神层文化反映着全体职工共同的价值观念和精神追求。要从消费者的情感、精神和文化诉求为出发点，打造企业的精神层文化，使关注消费者的文化诉求内化于企业的所有部门、所有环节、所有流程和所有员工。根据行业特色和产品特点设计附加价值，而不能生搬硬套，落入俗套而不自知。江小白之所以那么受欢迎，很大部分的原因就在于它走心的文案直击消费者内心，使你产生一种喝的不是酒，喝的是情怀的感觉，这才是江小白的高明之处，也是最高层次的附加价值。

参考文献：

［1］尹德洪、尚帅：《批发零售业对经济增长影响述评》，载《商业经济研究》2018 年第 6 期。

［2］褚先文、蔡逸群：《论新零售时代传统零售企业突围》，载《湖北经济学院学报（人文社会科学版）》2018 年第 1 期。

［3］张文、张念明：《供给侧结构性改革导向下我国新旧动能转换的路径选择》，载《东岳论丛》2017 年第 1 期。

［4］陈文武：《应对电商冲击大型实体零售企业发展对策——基于网络购物投诉分析》，载《武汉商学院学报》2014 年第 6 期。

［5］赵树梅、徐晓红：《“新零售”的含义、模式及发展路径》，载《中国流通经济》2017 年第 5 期。

［6］史锦梅：《新零售：零售企业供给侧结构性改革的新业态——基于需求满足论的视角》，载《当代经济管理》2018 年第 1 期。

［7］中国零售业市场调查研究与发展趋势预测报告（2016－2021 年）。

［8］山东省统计局：《山东统计年鉴（2019）》，中国统计出版社 2019 年版。

第四章

山东住宿餐饮业发展现状与对策研究*

随着我国社会经济水平的不断提升与人民生活水平的不断提高，住宿餐饮业在我国经济社会中的地位也不断提高，数量不断增加，服务水平持续改善，同时住宿餐饮业的营业额保持了高速的持续增长，在吸引了大量劳动力的同时，也成为了我国经济产业当中的一大支柱。近年来山东省住宿与餐饮业发展稳定，已经成为山东省经济发展的重要组成部分和当地重要的民生产业，也是拉动消费、稳定增长的重要力量，它不仅带动各个相关产业的发展与进步，每年向社会提供大量的就业机会，是社会再分配的一个重要环节，更是社会稳定、经济繁荣的直接体现。本章主要介绍山东省住宿与餐饮业发展现状，总结发展过程中存在的问题，分析未来发展态势，并提出提升其发展的对策措施。

一、山东住宿餐饮业发展现状与特点

党的十九大报告指出，中国特色社会主义进入新时代，我国社会主要矛盾已经转化为人民日益增长的美好生活需要和不平衡不充分的发展之间的矛盾。作为“幸福产业”之首，旅游是人民生活水平提高的重要标志，是人民对幸福美好生活更高层次的追求。山东省住宿餐饮业保持稳定发展，在满足人民消费需求和改善生活条件方面发挥了重要作用，也带来了众多的就业机会和创汇条件，对加快山东省经济发展做出了积极贡献。

* 作者简介：赵娟，山东商业职业技术学院公共管理学院。

（一）山东省住宿餐饮业发展现状

2018 年山东省住宿餐饮企业销售收入有所上升，行业结构合理。但法人企业数量、从业人员数量均有所下降，品牌化建设仍需加强。

1. 法人企业数量

2014～2018 年山东省限额以上住宿餐饮业的法人企业数量由 3354 家降低到 2700 家，平均下降幅度为 3.9%。营业数额从 2014 年的 538.4 亿元，下降至 2018 年的 386.9 亿元，平均下降幅度达 2.8%。其中，限额以上住宿法人企业数量 5 年内增加 13 家，餐饮法人企业数量减少 667 家。详细数据如图 4－1 所示。从目前来说，自 2014 年以来，山东省住宿餐饮业发展整体上呈现继续回落趋势，虽然绝大多数经营数据和行业指标呈现负增长，但是近几年总体经营情况相对来说比较稳定。其中，住宿业发展呈现不显著缓慢增长，各年度间变化不明显。餐饮业相关指标下降明显，各年度间起伏波动较大。整体上，住宿餐饮行业规模在持续萎缩减少，法人企业数量和从业人数持续下降。总体情况来看，目前山东省住宿餐饮行业仍然处于转型升级的关键时期，行业结构调整的压力仍然较大。

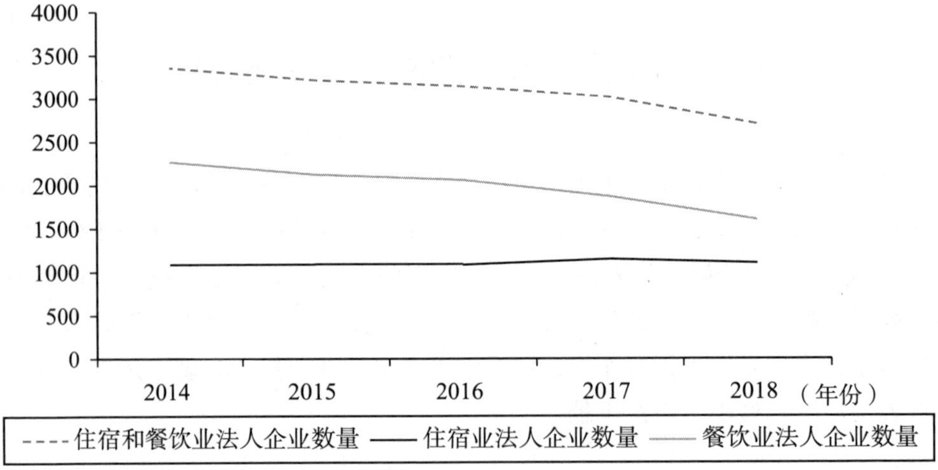

图 4－1 2014～2018 年限额以上住宿和餐饮业法人企业数量

资料来源：山东省统计局：《山东统计年鉴（2019）》，中国统计出版社 2019 年版。

2. 销售收入情况

2018 年，全省限额以上住宿和餐饮业法人企业数量 2700 家，比 2017 年减少了 310 家。[①] 这表明在宏观环境影响下，住宿餐饮企业规模呈现集聚发展趋势，企业规模效应逐渐显现。而且不同行业规模中，大型企业经过转型升级和战略调整开始逐渐平稳发展，中型企业与小微型餐饮企业下降趋势尤为突出，面临复杂多变的市场和复杂的行业环境，大中小型餐饮企业都在积极谋求转型，但短期内并没有取得明显的效果。

从纵向发展来看，2014～2018 年，山东省限额以上住宿餐饮企业营业额呈先升后降趋势。由 2014 年的 538.4 亿元降低到 2018 年的 386.9 亿元，年均下降幅度 5.62%。其中，2016 年以前营业额增长速度明显，在 2016 年以后，营业额增长幅度放缓，并趋于下降趋势。2016 年较 2014 年增长 4.2%，2017 年开始出现负增长，较 2016 年下降 11.9%，2018 年下降更加明显，较 2017 年下降 21.7%。具体如图 4－2 所示。

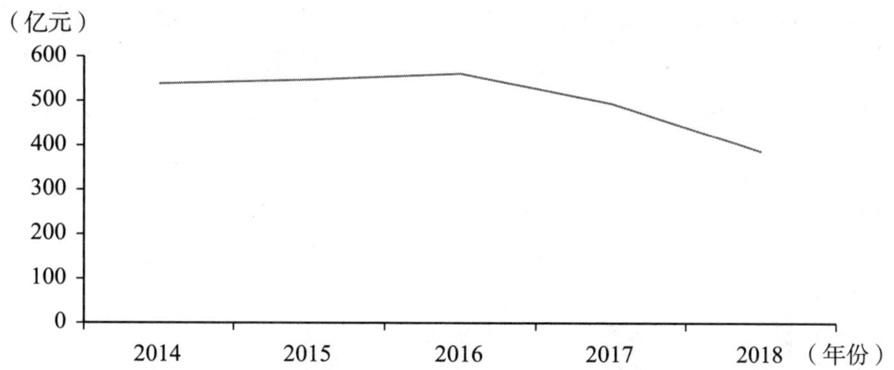

图 4－2　2014～2018 年山东省限额以上住宿餐饮业营业额

资料来源：山东省统计局：《山东统计年鉴（2019）》，中国统计出版社 2019 年版。

受近年来国家政策及产业环境等因素的影响，山东省住宿餐饮业整体规模虽然持续上升，但增速较慢，在第三产业中所占的比重逐年下降。详细情况如图 4－3 所示。自 2014 年以来，限额以上住宿餐饮企业的营业额所占第三产业比重持续下降，由 2014 年的 2.08%，下降到 2018 年的 1.02%。从经济指标来看，住宿餐饮企业在第三产业中的作用和地位在逐渐下降。

① 资料来源：山东省统计局：《山东统计年鉴（2019）》，中国统计出版社 2019 年版。

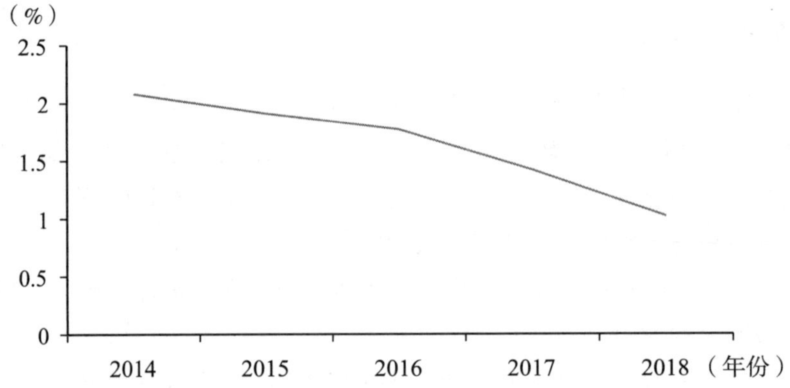

图 4－3　2014～2018 年限额以上住宿餐饮业在第三产业中的比重

资料来源：山东省统计局：《山东统计年鉴（2019）》，中国统计出版社 2019 年版。

3. 从业人员情况

2018 年山东省住宿餐饮业年末从业人员 20.01 万人，比 2016 年减少 2.41 万人，吸纳社会劳动力能力有所下降。根据图 4－4 所示，2014～2018 年山东省住宿餐饮业年末从业人员数量呈波动发展趋势。其中，住宿业从业人员数量从 2014 年的 10.50 万人降低到 2018 年的 9.15 万人，降幅达 12.86%；餐饮业从业人员数量从 2014 年的 14.33 万人减少到 2018 年的 10.82 万人，降幅高达 24.49%。

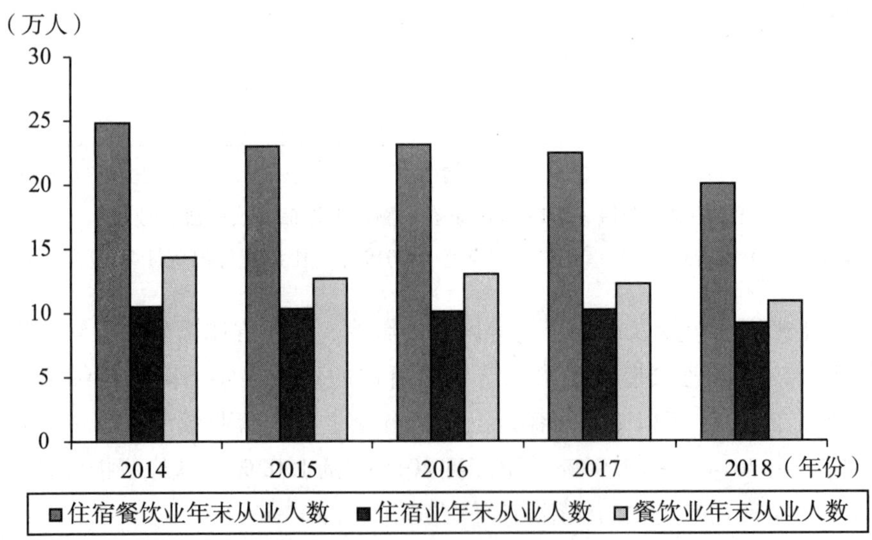

图 4－4　2014～2018 年限额以上住宿和餐饮业年末从业人数

资料来源：山东省统计局：《山东统计年鉴（2019）》，中国统计出版社 2019 年版。

4. 品牌发展情况

2001～2018 年，山东省入围过中国餐饮百强的山东餐饮企业不足 10 家，其中正餐企业有山东皇宫餐饮集团、青岛良友饮食股份有限公司、山东蓝海酒店集团、山东银座旅游集团有限公司、山东凯瑞商业集团有限公司等；快餐及团餐企业有山东金德利集团快餐连锁有限责任公司等。2018 年，在市场的重新洗牌下，大众餐饮成为市场主体。正餐集团 50 强营业额合计超过 550 亿元，山东凯瑞餐饮集团仅次于杭州饮食服务集团和上海杏花楼（集团）股份有限公司，位居第三。但是，在火锅餐饮、快餐、团餐和西餐等餐饮集团 10 强名单中，并没有出现山东餐饮企业。由此可见，山东省餐饮行业在多品牌塑造和持续发展方面与国内先进省份相比存在较大差距。

5. 行业结构分析

（1）营业范围。2018 年山东省住宿餐饮行业营业范围多样，包括高端星级酒店、经济型酒店、商务酒店，以及正餐、大众快餐、自助餐、休闲餐、沙龙餐饮、娱乐餐饮、美食街、美食城、特色餐饮、地方小吃店，甚至庄户饭店等的迅速发展，逐步形成了多层次、多样化经营格局。餐饮业经营以往是以鲁菜为主的地方菜和少数份额的省外菜，现在是鲁菜、川菜、京菜、沪菜、粤菜、潮州菜、东北菜等应有尽有；日本料理、泰国料理等外国餐饮，麦当劳、肯德基等洋快餐也逐渐被人们所接受和青睐，形成了花样繁多、丰富多彩，南北菜系大合唱、中西餐饮大交流的可喜局面。

（2）行业类别。从住宿餐饮业具体类别来看，2018 年山东省限额以上住宿餐饮业总营业额达 386.9 亿元，其中客房收入达到 114.92 亿元，占 2018 年住宿餐饮业总销售额的 29.70%，同上年相比减少了 22.48 亿元；餐费收入达到 240.82 亿元，占住宿餐饮业总销售额的 62.24%，同上年相比降低了 79.46 亿元（见图 4－5）。

（3）资金结构。随着经济体制改革的深化和市场发展的需要，住宿餐饮企业的经济成分发生了深刻变化，以国有经济为主的时代已成为历史。社会上各种经济成分的住宿餐饮企业，诸如外商独资、中外合作、中外合资、多种形式的股份制、私有制酒店、饭店迅速发展。2018 年，山东省住宿餐饮业网点中，非公有经济性质的企业占 89.08%，其中住宿行业非公有制性质企业占行业总数的 87.63%，餐饮行业非公有制性质企业占行业总数的 95.76%。从登记注册类型来

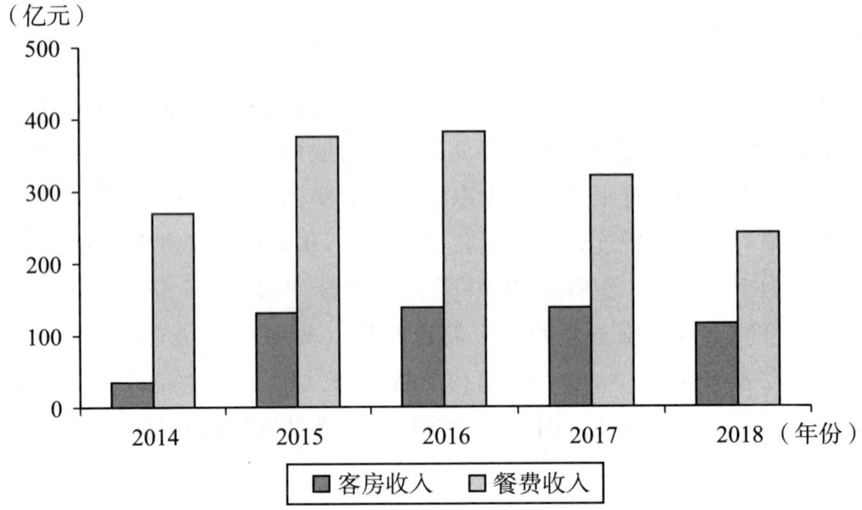

图4－5　2014～2018年山东省住宿餐饮业各行业销售额

资料来源：山东省统计局：《山东统计年鉴（2019）》，中国统计出版社2019年版。

看，2018年山东省限额以上住宿业法人企业中，内资企业数量1100家，占到了93.6%，而港澳台资及外资企业比例相当小，总数量为19家，各自只占到了1.2%。以国民经济行业划分，旅游饭店658家，所占比例达58.38%，一般旅馆436家，占到了38.69%，其他住宿业26家，占比2.3%。在餐饮行业中，2018年山东省限额以上餐饮业法人企业中，内资企业数量1780家，占到了98.23%，而港澳台资及外资企业比例相当小，总数量为25家，只占到了1.38%。以国民经济行业划分，正餐服务企业1705家，所占比例达94.1%，快餐服务71家，占到了3.91%，其他餐饮业7家，占比0.3%。这说明山东省虽然经历了40多年的改革开放，但港澳台和外国的投资比重依然较小，山东省住宿餐饮行业吸收港澳台资及外资的道路依然任重道远，而住宿餐饮行业内的多种经营发展情况依然不尽如人意。

（4）区域结构。2018年各市限额以上住宿餐饮行业差距较大，如图4－6所示，山东省17地市住宿餐饮企业平均经营额为227570万元，其中烟台、威海、济宁3个地市在平均水平以上，其余14个地市均位于平均水平以下。经营额最高的烟台和最低的莱芜相差高达14倍之多。17地市中经营情况良好的基本分布在省会和胶东区域，以及一些人口较多的地市。从经营成本的角度分析，2018年山东省限额以上住宿餐饮企业平均主营业务成本99697万元，通过地市之间对比，发现相互之间的主营业务成本差异较大。成本高于平均值的有济南、青岛、烟台、济宁、临沂等8个地市，成本低于平均值的有聊城、滨州等9个地市。其中，主营业务成本最高的青岛市比最低的莱芜市高接近41倍（见图4－7）。

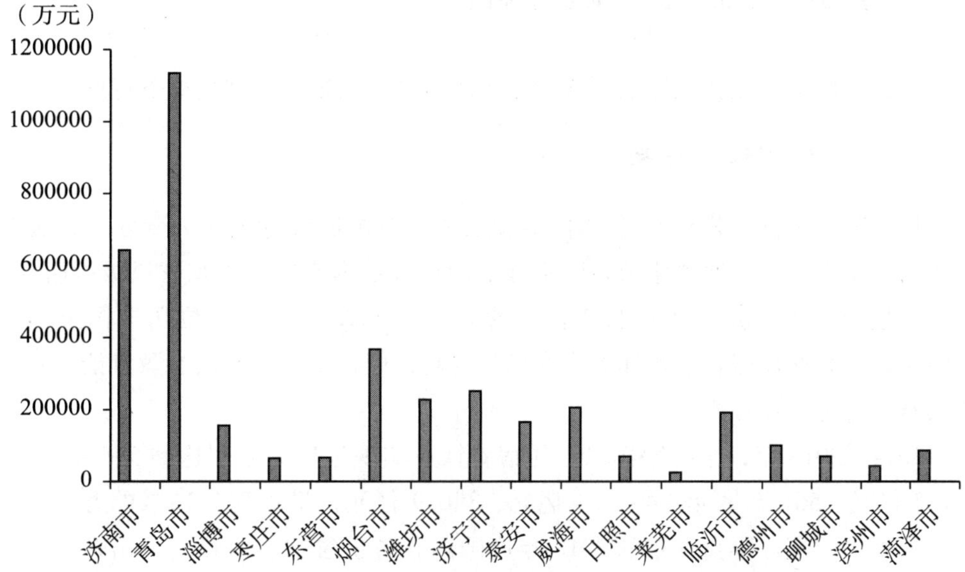

图4－6　2018年山东各市限额以上住宿餐饮行业营业额

资料来源：山东省统计局：《山东统计年鉴（2019）》，中国统计出版社2019年版。

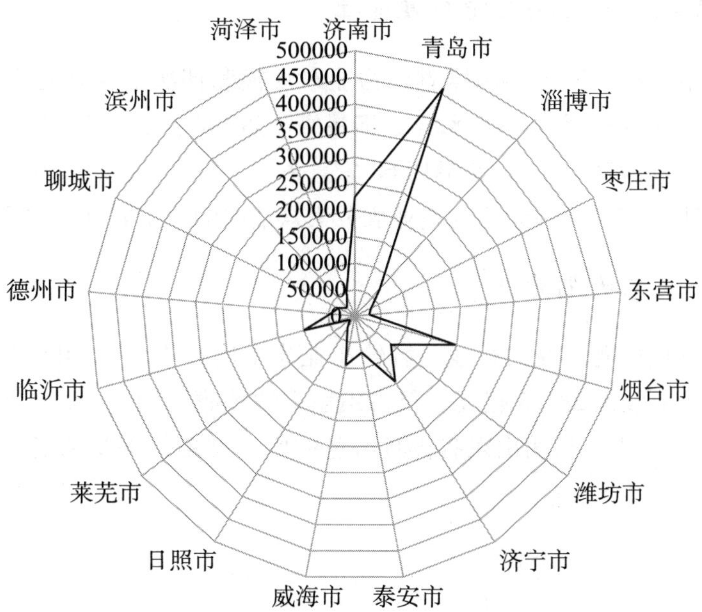

图4－7　2018年山东各市限额以上住宿餐饮行业主营业务成本

资料来源：山东省统计局：《山东统计年鉴（2019）》，中国统计出版社2019年版。

（二）山东省住宿餐饮业发展特点

从具体情况和最新统计数据来看，山东省住宿餐饮业呈现出如下特点。

1. 行业规模稳步增长

根据国家旅游局公布的《2018 年度全国星级饭店统计公报》显示，以完成财务统计填报工作并通过旅游行政管理部门审核数据为准，山东省星级饭店 637 家，总量居全国省份（区）第 3 位，营业收入 132.61 亿元，位居全国第六。[①]说明山东省餐饮住宿企业整体规模在稳步提高，但在全国范围内看盈利能力和企业效益有待进一步提高。

2014～2018 年，全省限额以上住宿餐饮业实现零售额分别达到 538.4 亿元、547.3 亿元、561.5 亿元、494.64 亿元、386.9 亿元，呈现逐年递减的态势。另外，根据中国烹饪协会发布的 2018 年度国内各省份餐饮收入排行，山东省餐饮收入 3680.23 亿元，同比增长 10.5%，高于全国平均 10.7% 的增长速度，在全国餐饮收入排名位居第二。

2. 大众化企业成为住宿行业主体

从行业结构看，2018 年山东省住宿业在规模和档次上保持着金字塔的市场结构，五星级酒店 30 家，占 4.82%，四星级酒店 146 家，占 23.47%，三星级酒店 378 家，占 60.77%，二星级酒店 68 家，占 10.93%，总体来看，服务大众市场的占比高达 71.7%，体现了住宿业服务大众消费的民生属性（见图 4－8）。

3. 餐饮业态优化升级

作为市场化程度较高的行业，餐饮产业集中度并不高。2018 年，山东省限额以上餐饮企业收入 281.5 亿元，仅占山东省餐饮收入的 8.7%，比重较上年下降了 1.58 个百分点，说明山东省极具特色的中小型餐饮深受消费者喜爱，发展活力长盛不衰。

---

① 国家旅游局监督管理司：《2018 年度全国星级饭店统计公报》，2018 年 10 月。

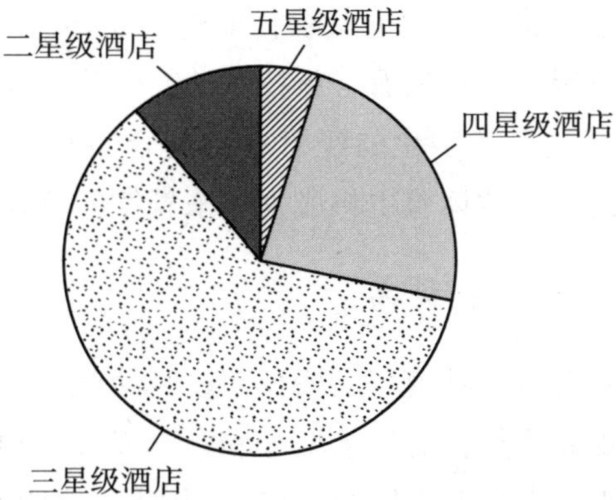

图4-8　2018山东省星级酒店规模分布

资料来源：山东省统计局：《山东统计年鉴（2019）》，中国统计出版社2019年版。

2018年全国餐饮收入首次突破39644亿元，同比增长10.7%，已经连续两年保持了两位数的增长。山东省2018年餐饮业较去年增速也达到10.5%，以商务宴请接待为主的高档餐饮企业通过调整经营定位、转变营销策略，纷纷向大众化转型。如山东蓝海酒店集团推出“特价菜”“尝鲜价”“平价套餐”等亲民产品，加上专业贴心的服务，效益逐步提高。一些海鲜高档餐饮企业的倒闭，也给中档餐饮企业带来了市场机遇，其中山东凯瑞餐饮集团营业收入增速高达41倍以上。

4. “互联网+”蓬勃发展

餐饮业是受互联网渗透较早且影响较深的行业，两者融合的步伐不断加快。一方面，餐饮企业将互联网先进的技术、理念、思维、方式等引进来，更加重视技术投入，加快信息化建设，挖掘互联网对传统餐饮企业在营销、运营管理等各个方面的作用，使互联网技术真正成为自身加快转型的助推器。据调查统计，2018年餐饮O2O市场规模7128亿元，同比增长70.9%，占餐饮业总体规模的17.98%，餐饮百强企业网络销售更是猛涨132%。另一方面，基于餐饮业的庞大市场和强大生命力，互联网企业也积极主动的从为餐饮企业提高效益、解决信息化难度出发，通过持续的技术创新，为餐饮企业提供更有效的解决方案。

随着移动互联网对于居民生活的渗透不断深入，以及“80后、90后”等网生代消费者成为餐饮消费的主力军，当前市场对手机线上点餐、等位和支付等需求出现持续增长，同时对餐饮消费便利性、个性化和品牌化的需求也在与日俱增，这使得餐厅在功能与服务线上化、用户消费体验持续提升以及全链路线上线下一体化等维度的竞争，将成为国内餐饮行业进一步转型升级的主阵地。此外，从我国餐饮互联网化发展的历程来看，新技术、新体验将成为餐饮行业下一步发展的重心，逐步用智慧化、数字化的经营理念迎合年轻消费者的喜好，而移动化、自助化、智能化的新餐饮体验也将成为未来餐饮的重要发展方向。

5. 国民经济贡献度日益提高

目前，山东省住宿餐饮业规模逐渐增长，在吸纳就业、带动农业发展、增加税收等方面都发挥了重要作用，对经济增长和社会发展做出了突出的贡献。2018年，山东省住宿餐饮业营业收入增长 11.91%，占社会消费品零售总额的 13.4%，对整个消费市场贡献率达到 12.6%，拉动消费市场增长 1.6%。2018 年，山东省住宿餐饮业的年末从业人员 20 万人，继续创造了大量的就业岗位，帮助缓解就业压力。另外，2018 年，山东省住宿业应交所得税 8642 万元，餐饮业应交所得税 18001 万元，总计应交所得税 26643 万元，成为山东省重要的财政收入组成部分。

6. 旅游产业的快速发展成为行业发展的重要推动力

旅游产业作为住宿餐饮业的一个重要相关行业，近年来其良好的发展态势对山东省住宿餐饮业的发展起到了正向的推动作用。2014 年山东省外汇旅游收入为 27.14 亿美元，截至 2018 年底山东省外汇旅游收入为 33.64 亿美元，整体上看基本呈现稳步上升的趋势。2014 年山东省入境旅游总人数 445.7 万人次，其中外国人人数 325.7 万人次，2018 年入境旅游总人数为 513.1 万人次，其中外国人人数 366.1 万人次，总体上呈现稳步上升趋势。详细情况如表 4-1 所示。

表 4-1　国际旅游接待情况

年份	旅游人数（万人次）	外国人（万人次）	旅游外汇收入（亿美元）
2014	445.65	325.7	27.14
2018	460.8	335.9	28.96
2016	485.5	352.5	30.63
2017	494.4	353.1	31.74
2018	513.1	366.1	33.64

资料来源：山东省统计局：《山东统计年鉴（2019）》，中国统计出版社 2019 年版。

二、山东省住宿餐饮业发展存在的问题

自改革开放以来，随着我国经济社会发展步伐的加快，山东省住宿餐饮业健康、蓬勃发展，产业规模进一步升级。国民消费能力的大幅度提高、市场需求的不断扩大、互联网+等新理念的运用等为住宿餐饮业的发展注入了新的活力；与此同时高投入低产出的传统模式，经营成本的日益增加，人力资源的不协调发展，个性化、集团化的发展的力度不够，盲目扩张等因素也对本省住宿餐饮业未来的发展提出一些挑战。

（一）行业管理不到位，企业经营成本不断增高

由于住宿餐饮业投资的多元化，近几年来行业基本处于自发调节和盲目发展的状态，网点建设的随意性比较强，布局不尽合理。缺乏行业标准规范，特别是一些餐饮企业缺乏诚信，违规违法经营的现象时有发生，损害了消费者的利益，影响了行业形象。山东省行业组织的权威性同国外行业协会相比比较弱化，甚至形同虚设，目前各地行业协会所采用的自律性惩戒手段主要有强制培训、谈话提醒、公开谴责、通报批评、限期整改等，惩戒力度不够。

"四高一低"是目前山东省餐饮行业面临的主要困境，即房租、人工、原材料、水电成本高；食品安全、消费投诉、媒体曝光风险高；门店销售难增长，利润水平持续低。餐饮业的租金、食材原料、人工等成本在逐年上涨，餐饮盈利空间已经摊得越来越薄，再加上取消了最低消费，对一些餐馆来说经营步履维艰。近年来原材料成本支出持续增加，采购成本上涨，人力资源成本上涨，固定成本及可变成本都呈现递增上涨趋势，但终端商品价格上涨幅度低于经营成本的上涨幅度。消费者可选择餐饮产品的多样化，导致消费市场细分分流，利润率降低，人工成本增加，人均消费水平降低，成本率上升，利润空间缩小。

（二）行业结构失衡已成为发展瓶颈

随着国民生活水平的提高、大众餐饮的普及推广和节假日休闲度假的开辟以及国外游客观光旅游的延伸，外出旅游的人口也越来越多，外出就餐的人数逐渐

增加，受这些有利因素的影响，山东省住宿餐饮业一直都处于持续稳定的发展之中，规模从整体上处于持续增长的状态，行业结构趋于合理。但在总体规模供不应求的情况下，山东省住宿餐饮业的结构仍然失衡，在一定程度上制约着行业的发展。

一是经营结构失衡。餐饮企业的经营结构应紧随顾客消费习惯的变化而改变。现代消费群体和消费意识已经发生改变，按照消费市场年龄层次来进行划分，消费特征差异很大，“40后”和“50后”、“60后”和“70后”、“80后”和“90后”，消费心理及消费观念消费边界特征明显。同时，公务消费明显减少，私人消费呈现递增趋势，高档餐饮需求降低，大众餐饮、家常餐饮、特色餐饮需求量旺盛，并且有很大的提升空间。但是目前餐饮市场经营方式粗放，细分市场研究不足，与消费者的需求在数量和质量等方面都存在差距。

二是产品与品牌结构失衡。山东省内住宿餐饮业在品牌结构上，本土集团在“四加五减”市场已经形成规模优势；国际集团在标准五星级及豪华市场地位牢不可破，但部分本土饭店集团已经开始布局这一市场，例如山东舜和国际酒店，就将顾客就餐体验变成了一种与国际饮食文化接轨的文化体系；度假型酒店数量偏少，且多集中于旅游度假胜地；中档饭店的集约化程度和品牌建设依然薄弱，而在当今国内形势下，这部分企业却成为目前住宿和餐饮业赢利的主力军；本土集团在经济型市场呈现出绝对的优势，商务型酒店的数量这几年蓬勃发展，已经出现供大于求的趋势，但除少数大型集团外，一些中小规模的集团纷纷选择退出经济型饭店市场。产品与品牌结构的情况不能满足不同层次的顾客的需要，不利于山东省住宿餐饮业的长期可持续发展。

（三）住宿餐饮业服务同构现象严重

随着国民经济稳定增长和城乡居民收入水平的明显提高，顾客的需求由“温饱型”转向“富裕型”继而转向“精神享受型”，维权意识不断增强，人们迫切追求更深层次的酒店服务环境。现阶段，顾客的需求呈现多元化、多层次、人性化，具体表现为生理需求、心理需求、精神需求，对山东省住宿餐饮业的服务质量有了更深层次的要求。但是，目前我省酒店行业的服务依然停留在满足客人基本需求层次上，服务同构现象严重，酒店个性化的服务没有突出，特色不鲜明。目前，多数企业将精力集中于菜品设计创新、住宿餐饮企业连锁经营、住宿进餐环境的营造、营销及住宿餐饮业员工的激励等方面，对于住宿餐饮业服务，主要集中在服务的标准化研究上，对于住宿餐饮业的个性化服务的探索则相对缺乏。根据《2014 年度全国星级饭店统计公报》，山东省星级酒店的数量不在少数，然而真正能够成为顾客心目中印象深刻的酒店数量却不多，这就说明酒店在强大硬件设施的基础上，更需要优质的服务能力，从而提升酒店的整体的实力。企业除了应注重标准化的服务程序和服务标准外，也应关注企业执行力、领导力和团队协作能力等关键因素。

（四）人力资源短缺问题突出，员工整体素质不高

随着山东省住宿餐饮业市场规模的日益扩大，高素质人才的需求也不断增加。企业对懂经营、善创新、能引导消费潮流的经营管理型、策划型、复合型的人才需求也越来越大，各个企业单位普遍缺乏有文化、懂管理、能创新的优秀管理人员和一线员工。但山东省住宿餐饮业人才短缺已成为突出问题，这种短缺既体现在数量上，也同时体现在质量上。造成人才短缺的主要原因一方面是行业之间的竞争加剧了人才供求关系的不足；另一方面企业在职员工流失也越来越严重。据统计，住宿餐饮企业在职员工平均流失率超过了 13%。此外，员工整体素质不高也成为酒店长期可持续发展的制约因素。酒店行业的进入门槛较低，且企业人力资源短缺的问题长期得不到有效解决。长期的人力资源供求矛盾造成酒店行业在用人方面不够严格，员工素质良莠不齐，难以满足现代酒店行业的需求。住宿餐饮业的服务质量依赖于员工的整体素质，近年来山东省住宿餐饮业虽然在提升员工素质方面投入力度较大，企业的服务质量得到了一定的提升，酒店服务水平有了很大的提高，但是由于水平参差不齐，整体效果不够明显。根据抽样统计，70% 的酒店中有超过半数的员工是大专以下文化水平，而大专学历以上的从业人员人数较少，导致企业服务人员的整体素质不高，不论在数量上还是质量上都制约着企业的发展。

（五）经营管理体系落后，创新意识不强

经营管理体系是企业的方向标，是企业的灵魂动力，经营管理体系的落后导致企业缺乏生命力。产品是企业发展的核心竞争力，产品创新力度不够会直接影响企业在行业的影响力和竞争力。

1. 现代化经营管理体系引进建设力度有待加强

山东省住宿餐饮企业的经营管理体系都是依据传统企业的经营模式而建设的，导致经营管理体系相对落后。对现代化经营管理体系的引进吸收问题，是制约企业长远发展的根本问题。企业财务管理体系、现代市场营销战略体系、中央厨房采购配送体系、对客服务和员工科学管理体系、企业后勤服务保障体系等是构成企业现代化经营管理体系的重要部分，而山东住宿餐饮企业在这些体系建设方面都有待加强。

2. 信息化程度急需扩大发展

信息化时代，世界上任何一个角落都可以瞬间抵达，网络订房、网络订餐以其方便性、实用性已经成为一种发展趋势。社会的进步和发展，催生了住宿餐饮业内许多派生新名词，例如，团购、微信、QQ 等，对于这些新生事物，数字技术已经在餐饮行业内得到了应用，炒菜机器人的出现，让我们对标准化生产的未来充满了希望，而点菜师这个新兴职业工种的出现，使得餐饮业的标准菜谱成为一个行业。省内住宿餐饮业在信息化方面有一定程度的应用和发展，但远落后于国内发达地区，而且创新性不足。

3. 企业产品创新不足，同质化现象严重

据统计，大部分住宿餐饮企业都是传统经营，市场雷同化程度较高，本土项目开发不够，品种单一，还没有形成一整套可向外推介的特殊优势。企业的品牌创新能力、可持续发展能力有待进一步提高。阻碍企业产品创新的因素主要有：缺乏创新意识；缺乏创新知识；创新只停留在表面，力度不够等。

（六）产业融合力度不够，难以形成发展合力

单一的产业缺乏竞争力，这就需要整合各产业的优势力量，进行组合，打造一个健康，快速发展的产业集合。因而融合发展是今后产业快速发展的必然趋势，作为“无烟”和绿色行业的标兵，旅游业与住宿餐饮业密不可分，两者之间如何做到交叉融合，打破行业之间的界限，形成新的内涵产品是行业融合发展的重点工作之一。旅游业兴旺，住宿餐饮业就兴旺已经成为一种定律，这也是旅游城市的优势。目前，在对现代旅游形式的挖掘上还不够深入，在很多领域还没交

叉融合进来，如医疗旅游、文化旅游、度假旅游等。同样，高新技术向住宿餐饮行业内的渗透，也改变了住宿餐饮业的经营模式，从坐等顾客上门，看天吃饭，转变为互联网与住宿餐饮业的融合，顾客可以自己直接从网上订购的产品和服务。但是当前，大多数本地企业行业之间信息不对称，难以形成规模效应，无法做到批量采购和信息优势，更是缺乏帮助顾客细化和推销的过程，好多人还不了解给顾客提供咨询的过程也是企业产品推销的过程，网上虚拟住宿预订系统，网上虚拟订餐订房间系统都是这些服务的先行者。目前住宿餐饮业应当充分利用这些发展趋势，为自己赢得发展的空间和利益最大化。

近年来随着会展业的蓬勃发展，衍生出会展旅游业这一新型产业，会展旅游是旅游属性结合会展活动的特点而衍生出来的活动。深入挖掘与会展业及会展旅游业的合作，积极探索出一条共同发展，共同繁荣的合作之路。随着会展行业的大发展，住宿餐饮业与会展业的合作已日趋显现，但是只停留在表面，要深入挖掘内在的内涵联系，从而实现更好发展。

三、山东住宿餐饮业的发展趋势分析

随着经济的不断发展，住宿餐饮业单位数量不断增加，营业额持续增长，不仅吸纳了大量的劳动力就业，也成为繁荣经济、拉动消费需求增长的重要力量。但是，近年来，由于受国内外经济增长放缓、食品安全、国家政策变化等不确定因素增多等影响，住宿餐饮业营业收入增幅也相应降低，与前几年的高速增长相比，已出现明显放缓迹象。今后，住宿餐饮业的发展将更多地呈现出如下态势。

（一）互联网+将成为行业发展的新引擎

在国家互联网+战略的带动下，互联网+迅速波及旅游住宿业。对于旅游住宿企业，它不仅是一个技术工具，更是一种思维方式，正不停地影响着住宿业的发展创新。互联网对住宿业的影响从开发建设、市场营销、运营管理到商业模式创新，涉及多个层面和环节。当前业界仍然过多关注互联网营销对住宿企业的价值和影响，但应该认识到，营销只是住宿价值链的重要一环，住宿企业最终还得自力更生，用互联网来变革和优化其价值链的各个环节，构筑和巩固其核心竞争力。

互联网在住宿餐饮业中应用多年，得益于国家互联网+政策推动，餐饮O2O、团购等模式成为一片新市场，从外卖到私厨等各种服务模式也在不断升级。住宿餐饮业因为其独特的自然条件，首先承接了互联网+的大潮，借力开始产业结构调整、升级，提升企业综合竞争力，挖掘企业创新发展动力。而且，根据速途研究院近日发布《2018中国互联网+餐饮行业报告》显示，当前互联网+餐饮的市场规模仅占整个餐饮市场不足4%，潜力依然巨大。整体上来说，互联网+餐饮的市场中，中端餐饮占了52.2%的比重，成为在线餐饮的主力军；从地域的发展上来看，在线餐饮的用户和商户仍大量在一线城市聚集，一线城市覆盖率达到84.1%。而二三线城市则相对发展缓慢；从每天各餐时间上来看，午餐时间用户对于在线餐饮的需求量最高，占比68.7%。晚餐其次，占比17.8%，而在一线城市对于夜宵的需求也逐渐增加，夜宵的需求占比8.1%，早餐需求占比5.4%。同时，在商家巨额补贴的诱惑下，外卖O2O的覆盖率快速提高，以价格低廉的快餐为主。人们对于互联网餐饮的接受程度提高，正餐成为继快餐之后的第二大市场，此外小吃、饮品、生鲜等相关的餐饮商品的在线需求量也开始提高。

（二）智能化手段的全面普及推广将成为现代酒店业的发展趋势

随着科技的发展、节能环保形势的严峻、客人的消费舒适度概念的提升、酒店管理意识的提高，酒店智能化已经成为日益热门的话题。在现代背景下，围绕经营和服务业延伸出许多热门话题。诸如：如何让酒店能耗降低低碳环保？如何能提高酒店整体的智能化水平，给客人科技及人性化的体验？如何提高酒店的综合管理水平，提高员工工作效率，减少人员配置？如何让各个智能系统紧密互联、协调工作？无一例外，这些问题的提出和解决都脱离不开智能化应用的背景。山东酒店智能化也正在大踏步进行中。

（三）食品安全是餐饮行业永不改变的主旋律

近年来，随着地沟油、烤鸭油、瘦肉精等问题的不断曝光，消费者对于酒店食品安全问题更为关注。烹制菜品除了要掌握好的技术外，最重要的还是要选择好的食材。未经过化肥催熟、农药灭虫、除草剂除草的，不使用抗生素抗病的，没有被化学物质污染过或接触过的食材将越来越受到青睐。这种食材被称为绿色健康食材。

为了保证食材的绿色和健康，山东多家酒店在这方面做了很多工作。如济南万达凯悦酒店，在保证食材绿色健康的同时，自助餐冷餐区所有食品绝不过夜，泉城大酒店保证食品绿色安全的同时严把烹饪加工过程中的卫生安全关，同时，山东省威海市大屋海情酒店、山东省蓬莱市蓬达大酒店等率先引进酒店管理5S系统，在保证食材绿色健康的前提下，进一步完善了酒店的现代化管理。

（四）大众餐饮趋势已成，“小而美”成流行时尚

随着大众餐饮的普及推广，菜品返璞归真热潮已经到来。现在的鲁菜是由济南和胶东两地的地方菜演化而成的，原本讲究丰满实惠，大盘大碗，然而随着社会经济的变化，人们消费水平的提高，鲁菜的风格逐渐被忽略淡忘了，诸如尖椒炒猪心、农家乐、山村炕土豆、锅巴酥肉、老家豆腐等地道的山东乡土菜正在渐渐淡出人们的视线。目前，返璞归真的“土菜”最热卖。这些“返璞归真”的餐馆不再追求精美高档的店面，相反，土锅、土炕都可以上；菜品方面，突出家乡“土”味，大碗肉、火锅羊肉、大缸甜沫汤、铁锅鱼、竹筐烧饼等，并将后厨搬到前厅，或建设玻璃幕墙厨房，使厨房工作“透明化”。同时重视明档的建设，让客人一进门就能接触到香喷喷的食物或半成品，甚至能亲眼目睹整个餐饮制作过程，一方面增加了饮食情趣；另一方面也是对餐饮工作者的一种鞭策，从而保证了食品卫生和服务质量。

在山东，“小而美”的饮食风格将继续盛行。其中，单品打天下将成为一个特色。就像许多日本、韩国菜馆会专注做好寿司、拉面或石锅拌饭，部分“小而美”山东菜馆也会专注做好单品并作为主打（见表4－2）。这种单品经营模式具有运作简单、人力成本低、经营难度小，但回报周期短，尤其在如今平均工资不断上升的餐饮市场，在国家建设集约型社会的今天，无论是大酒店还是小食肆，接地气、走平民路线、走“小而美”的思路都是一条不错的出路。

表4－2　　山东著名单品小吃及特色店

店名	名吃	店名	名吃
济南小城故事	朝天锅	烟台山村名菜	黄金玉米窝头
济南小城故事	鸡丝春卷	烟台山村名菜	肉丁馒头

续表

店名	名吃	店名	名吃
济南丁香创意中国菜	萝卜丝饼	泰安银盛园	泰山豆渣窝头
济南丁香创意中国菜	苏合	泰安银盛园	泰山野菜窝头
济南丁香创意中国菜	三鲜锅贴	淄博福口居	枣酿糕
烟台顺水人情	千层发糕	淄博福口居	荷叶肉
烟台蓬莱春	江米夹沙糕	淄博鼎好家常菜	博山烤肉
烟台东顺园	如意金银卷	临沂御香苑	红烧兔头

（五）品牌效应加大，更多资本介入

品牌力将成为餐饮市场激烈竞争的制胜法宝。随着人们在就餐环境、体验等方面的要求越来越高，名气大、品牌响的餐厅将越做越大。餐饮市场的竞争，必将回归到品牌间的竞争。同时，资本扩张将成为2018年的年度大戏。知名中餐连锁店开始提炼经营技术、积淀品牌价值、整合上下资源，融资扩张，不断探索餐饮业加速发展的新模式。新一年将有更多资本看中餐饮发展快的模式，兼并介入餐饮行业。

（六）旅游住宿业的发展模式更加多元

酒店业将变得越来越“轻盈”。大型酒店集团将停止或降低资本密集的地产投入，转而与地产商和业主合作，提供酒店授权、管理、托管和出租服务（如济南万达凯悦大酒店、青岛喜达屋酒店等）。餐饮住宿企业的发展模式也呈现多元化趋势。品牌塑造正成为酒店集团的商业模式核心，同时兼并收购和联盟等外延式扩张模式正得到更多运用。高端酒店采用管理合同模式的比重较大，其次为自营和租赁经营。特许经营在中低端酒店中越来越广泛，第三方酒店管理模式接受度还不高，但已开始有部分企业采用。度假租赁、短租等住宿资源整合和分享平台已成为非标住宿单位的福音，也成为互联网+和分享经济的热点，风险资金正蜂拥而入。分时度假模式、分权度假模式、不动产投资基金（REITS）、商业信托（BT）、众筹和融资租赁等住宿业金融模式也将得到更多尝试。

（七）主题精品酒店将迎来发展机遇

主题精品酒店是酒店与文化创意产业结合，度假租赁业是住宿业与互联网和分享经济的结合体，民宿是旅游住宿与家庭住宅的结合，房车、邮轮和豪华游船则是旅游住宿与交通的融合，健康养生酒店则是住宿与医疗、健康产业的融汇。以精品酒店为例，随着消费能力提升，消费意识觉醒，消费观念更新，消费需求分化，消费品位提高，消费层次升级，酒店不仅是一个住宿空间，也成为一个文化创意的展示空间，一个时尚生活的体验空间，这为精品酒店提供了发展的土壤。精品酒店因其文化创意、个性特色，符合潮流，顺应需求，应时而生，并开始得到各类资金的关注（见表4－3）。

表4－3　　山东主题精品酒店概况

所在地（市）	数量（家）	名称
济南	4	爱之缘主题连锁精品酒店、爱琴海情侣主题精品酒店、济南圣捷玛主题酒店、丁豪公寓、
青岛	12	城阳678主题精品酒店、青岛罗曼客精品酒店、我行我宿、青岛福致酒店式公寓、罗莎主题宾馆、青岛凯嘉逸晟精品主题宾馆、金莎主题概念连锁酒店、大溪地酒店、青岛金莎精品连锁酒店、亚地利精品酒店、京苑128商务酒店、苹果精品主题客房
威海	2	爱之缘主题连锁精品酒店、逸庭精品主题连锁酒店
临沂	2	久候精品酒店、临沂瀚林精品主题宾馆
泰安	2	都市花园泰安新泰电视塔店、泰安兰庭精品酒店式主题公寓
潍坊	1	潍坊简爱红柜主题客房
烟台	1	莱州绿洲精品主题酒店
日照	1	日照潮起潮乐主题概念宾馆

（八）住宿行业经营结构将呈现新特点

住宿业和餐饮是旅游消费的重要一环，作为旅游产业的三大支柱产业之一，住宿业在新的形势下也面临行业经营结构的转变。一是新兴旅游住宿业态的支配性力量正日益凸显。旅游住宿业的关注焦点经历了从星级标准酒店到品牌标准酒店，再到最近的非标准住宿业态的过程，目前旅游住宿业已经形成了星级标准、品牌标准和非标住宿三种形式并存的住宿业格局（以泉城酒店、山东大厦为典型代表），即广义的旅游住宿业态已经形成。旅游住宿业发展进入新常态，在2018年山东住宿业急需借机加快转型与创新，谋求更大发展。二是以经济型酒店为代表的创新创业型酒店正成为旅游住宿业发展的主基调。经济型酒店正以创新重塑形象，通过产品升级、服务流程、组织结构等方面的创新，从高度标准化走向适度特色化，以契合更多消费者的需求。下一步，经济型酒店的投资也更多向四线城市和县域城市倾斜。

四、提升山东省住宿餐饮业的对策

近年来，山东省住宿餐饮业进一步取得了令人瞩目的成绩。作为经济、文化大省，山东住宿餐饮业在看到成绩的同时还应看到其在发展中存在的问题。山东省住宿餐饮业在政府导向，产业结构，经营理念，人才管理，对客服务能力，多产业融合发展等方面依然略有欠缺，因此政府主管部门，行业协会及企业应各司其职，采取有效措施，努力提升山东省住宿餐饮业。

（一）加大政策扶持力度，加强法规制度建设

政府对住宿餐饮业起到调控引导作用，政府主管部门要积极帮扶企业、建立安全质量体系、干预振兴企业品牌、推动住宿餐饮业发展。住宿餐饮业的发展，需要政府部门在长远战略规划，相关政策的制定方面给予更多的关注，要在充分调研和评估的基础上，出台鼓励住宿业发展的优惠政策，政府质监、物价、工商、卫生、消防等部门和单位，要发挥监督、协调和服务作用，对住宿企业在开办、经营等过程中遇到的问题及时给予帮助解决。要协调相关单位落实国务院和省有关住宿企业用水、电、气与一般工业企业同等价格的政策，要清理减少相关收费项目及费用，减轻企业的负担；要引导企业提高服务质量，强化内部管理，应用节能技术，实施品牌化、连锁化、便利化经营。加快制定餐饮业管理的国家级和地方性法规，建立健全行业法规体系。要制定餐饮业发展规划，并将其纳入

城市商业网点规划。加强餐饮业统计工作，建立统计调查体系，增强行业运行分析。开展餐饮业创新理论研究，深入研究行业发展过程中面临的新情况、新问题，有针对性地提出解决的政策措施。有法可依，有法必依。餐饮业必须有统一的执法部门，加大处罚力度，杜绝像地沟油之类事件的再次发生，只有将其清除出局，才具有震撼作用。

（二）充分发挥行业协会作用

随着改革的深入，政府职能正从微观干预转向宏观管理作用，政府部门职责在于努力创建一个有利于公平竞争的市场环境，充分发挥市场在资源配置中的基础作用。这就要充分发挥餐饮行业协会中介组织的作用，支持行业协会在加强行业自律、维护企业利益、沟通行业信息、加强业务交流、推广先进技术以及人员培训等方面做好工作。2019 年商务部明确了今后不主办行业评比，这是政府将开展行业评比、人员资格认证等工作移交给行业协会的信号。各行业组织应积极发挥作用、促进餐饮业又好又快的发展。

行业协会要积极组织行业活动，提高区域竞争力，推动行业良性运作。行业协会是旨在促进行业发展，规范行业秩序的自治组织。涉及住宿餐饮业的行业协会主要有中国烹饪协会、中国饭店业协会、山东省烹饪协会等。行业协会应发挥维护市场公平，节省企业间的交易成本，保护市场主体合法权益，改进对市场的决策和管理，制定行业规范的作用。随着山东省份场经济体制的发展，政府也越来越主动地鼓励和培育行业协会，部分权力开始从行政机构向行业协会转移。

住宿餐饮业的发展，还需要企业开展行业自律，以弥补政府管理方面存在的不足，行业协会作为连接政府与行业之间桥梁的行业组织，不但要协调住宿业内的关系，还要协调与相关部门及其他行业的关系，经常性地组织行业企业举办管理经验交流和服务人员部门经理的培训，加强与国内外同行相关企业的交流合作，在充分发挥自身技术品牌、市场等优势的基础上，吸收外部先进的经营管理经验，把企业做大做强。

（三）振兴山东餐饮品牌，提高行业竞争力

现代住宿餐饮业的核心竞争力是品牌的影响力，打造迎合主要顾客群体偏好的品牌是住宿餐饮业稳定发展的必要条件。一是政府主管部门积极创造有利的投

资环境，有针对性地引进具有代表性的国内外知名住宿餐饮企业。二是振兴扶持地方品牌企业，引导其不断探索，不断创新，结合传统文化，并融入现代经营理念，积极转型，提升自身竞争力。三是将企业品牌的建设与鲁菜菜系和菜品研发创新紧密结合，发挥名店、名师、名菜的品牌叠加效应。在对传统菜系改进、创新的基础上，采众家所长，提升菜品的档次，推动餐饮业的发展。

企业应通过系统的创新管理维护和提高品牌形象。一是要创新管理制度，要坚持产品质量是核心，基础工作是保障，科学管理是关键的要求；二是创新经营方式，突出各地传统特色，加强品牌营销，做精餐饮文化；三是菜品创新，餐饮行业应在烹饪技能、工具、原辅料、调味、器皿等方面吸引各家之长，相互融合，继承传统，推陈出新，形成兼容并蓄，共同发展的市场供给体系，显示鲁菜强的生命力和发展前景。在创新品牌、打造品牌过程中注重统一性、文化性，把基础做好做实，在餐饮市场形成美誉度，争创著名商标、餐饮名店，让鲁菜餐饮品牌成为老百姓心目中的金字招牌。同时，要组织专门人员对鲁菜进行研究，在鲁菜的推陈出新和改进创新上狠下功夫，既要保持传统风味和特色，又要根据市场需求不断创新发展。尽快挖掘和培养一批既能熟练掌握传统的鲁菜烹饪工艺，又能根据现代市场需求改进传统的烹饪工艺和技术的高级烹调师，加大创新力度，努力提升鲁菜的品位和形象。

餐饮品牌的打造还在于品牌架构的丰满，也就是在餐饮主品牌的上下游打造出一个完整的链条。创新多变，自成体系是品牌化整合的工作重点。现在的餐饮消费也已进入到第三重阶段，即看不见、摸不着的整体消费意识阶段，消费者在离开消费场所后在头脑中形成的整体感知回应是什么，这便体现出餐饮店的品牌文化，所以商家的独特体系已不仅仅是菜品、味道、服务、环境、音乐等，而是综合因素的整体体现。品牌化打造是山东省住宿餐饮业日后突围的重要手段之一，而实时的战略与战术运用更是餐饮业自成体系的重要方法，以便在“不同的区域里都能创造精彩”。

（四）整合市场资源，调整优化产业结构

山东省住宿餐饮业产业结构失衡现象较为突出，集团化发展建设进度有待进一步加强。调整优化产业结构有利于整合市场资源，避免浪费，为推动山东省住宿餐饮业发展夯实基础。

1. 提高行业竞争力，走集团化发展之路

传统住宿餐饮业经营成本高，经济效益低，经营规模小，为提高山东省住宿餐饮业的国内、国际竞争力，改善山东省住宿餐饮业普遍存在的规模小、较分散的经营状况，走集团化之路是山东省住宿餐饮业蓬勃发展的必然趋势。集团化发展之路促使企业一方面降低成本提高收益；另一方面可跨领域经营，实现多元化经营。集团化经营主要可以采用以下方式：

（1）委托经营管理：将企业委托给专业的管理公司代为管理，依托专业管理提升企业的品牌形象与品牌竞争力。

（2）连锁经营管理：住宿餐饮业暴利的时代已经是过去时，理性消费、平民化的消费成为当代的主流，只有探索走连锁经营的道路，统一标准化的经营运作模式，突出服务优势、价格优势、品牌优势，才能屹立不倒。

（3）特许经营管理：依托于国内、国际知名的连锁集团，连锁集团成熟的管理经营模式、先进的营销体系、完善的服务标准、稳定的客源为企业的发展夯实基础，从而使企业能更好的将精力放在对客服务及产品创新上，打造自己的特色优势。

2. 重点解决产业结构失衡问题

近年来，山东省住宿餐饮业规模不断扩大，但产生的经济效益却不容乐观，主要原因在于产业结构失衡。近年来消费环境发生剧变，消费需求结构的变化要求住宿餐饮企业应随之调整产业结构与布局寻求新的发展空间，因此扭转当前衰败局势的方法在于整合产业结构。可依据“有效规划，控制总量，调整结构”的方针从以下几个方面入手：针对类型分布上的结构失衡，可将一些效益不高的商务型酒店改造成经济型的度假酒店。针对旅游季节分布上的结构失衡，住宿餐饮业可以公关私人企业的会议、考查等项目合作，积极与会展业合作提高旅游淡季客房的入住率和餐饮的上座率。针对地区分布上的结构失衡，在山东省住宿餐饮业主要集中地区，主管部门积极打造一个健康的竞争机制，优胜劣汰，淘汰落后企业，形成稳定的市场竞争氛围，在旅游城市迅速规划完善住宿餐饮业的规模与产业结构。针对档次分布上的结构失衡，可扶持中、低档餐饮的发展，控制高档餐饮的扩张，形成健康的酒店生态圈，高中低档酒店应形成金字塔型的结构。

（五）拓宽发展领域，加强关联产业融合发展

住宿餐饮业的发展离不开与其他行业的紧密结合，近年来山东住宿餐饮业发展呈现出投资主体多元化、经营业态多样化、经营模式连锁化的特点。与住宿餐饮业关联性最高的产业是旅游业，随着行业的快速发展，住宿餐饮业与其他产业的融合发展日趋明显，传统意义上观光旅游已不能满足住宿餐饮业的发展，住宿餐饮业要进一步拓宽合作领域，加强与会展业、文化产业、新型旅游业等产业融合发展。

1. 以文化旅游为品牌，带动住宿餐饮业发展

以鉴赏异国异地传统文化、追寻文化名人遗踪或参加当地举办的各种文化活动为目的的旅游。寻求文化享受已成为当前旅游者的一种风尚。山东省拥有深厚的传统文化底蕴，住宿餐饮业有针对性地采用多元化的文化包装，结合各类的创意打造全新理念的文化旅游品牌，带动住宿餐饮业的发展。

2. 以休闲度假产业为依托，丰富休闲娱乐项目

山东省休闲度假旅游产业呈现出稳步发展的态势，但与其他省份休闲度假产业相比还存在一定的差距，所以山东省在休闲度假产业上，多注重开发富有特色的旅游产品，采取信息化的营销方式，注重环境的保护，丰富休闲娱乐项目。将山东省休闲度假建成环境优美，服务优质，功能齐全的旅游度假胜地。

3. 以会展旅游为带动，挖掘住宿餐饮业发展潜力

会展为城市提供旅游资源、旅游产品展示的良机。有利于提升城市地位、增加城市的知名度，这些都为山东住宿餐饮业的进一步发展提供了有利的环境。会展旅游业在国内和省内都是一项新兴的产业，而会展旅游持续、健康发展需要各级政府的大力扶持和积极引导。政府应主要在产业规划、行业管理、基础设施建设、城市整体宣传等方面发挥宏观调控和行业指导作用。

（六）转变经营管理模式，适应市场发展需求

社会发展进步带动着市场需求的不断变化，企业为满足不断变化的市场需

求，就要在管理经营模式、对客服务、企业产品等多方面积极转变，以适应现代化发展的需要。

1. 调整市场定位

山东许多高端餐饮企业原来主要长期依赖公务消费群体，面对新形势，山东高端餐饮企业应全新定位消费群，调整经营方向。应细分和丰富中小型企业、商务散客、旅游团队等目标客户，并以婚宴、家庭聚会等礼仪性消费为突破口，主推针对白领和家庭为主的大众消费。同时，应调整产品结构，降低消费标准，取消最低消费和服务费、增加中低档菜品、增加家常菜，降低菜价。另外，餐饮形式也应改变，例如通过吃自助火锅等方式，节省成本，让利于消费者。为了亲近大众消费者，高端餐饮企业有必要进行环境改造，打造大众消费环境，推出大众市场项目。另外，利用网络等进行营销创新，推出团购营销等举措，给消费者以更多方便和实惠。推行贴近大众消费的用餐标准，以增加客人消费次数来提高营业收入。

2. 积极创新发展

首先，山东省住宿餐饮企业应顺应形势发展，借鉴业内先进经验，实现创新发展。如海底捞餐饮股份有限公司为顾客提供的个性化服务做得非常到位，包括为带小孩的客人提供婴儿车，给客人提供手机套和眼镜布等。这些个性化服务造就了稳定客源，非常值得山东高端餐饮企业借鉴和推广。其次，要推出特色经营，加强资源整合和创新，对山东本土菜加大研究和开发力度，挖掘和改良乡土菜肴，丰富山东餐饮菜肴，提升产品品质，从而助力餐饮市场转型升级。山东本土菜有许多特色菜肴，如九转大肠、糖醋鲤鱼等，非常受大众消费者的欢迎，且山东许多深藏民间的传统特色菜肴尚未得到开发，还有深挖潜力。最后，随着绿色餐饮的深入人心，餐饮企业应更多地融入绿色经营理念，从菜品、管理等方面发展绿色特色餐饮。

3. 加强成本控制

为节约成本，高端餐饮企业转型可以通过提高个人的工作效率，打造有竞争力的员工队伍来节约用工成本。可进行合理裁员，在人员调整时要注意留住核心骨干员工，确保员工素质，确保服务质量。据山东省酒店与餐饮协会的综合统计，2018 年山东省绿色饭店企业平均节电 15%，节水 10%。在节能减排同时，企业平均收入和毛利率也分别增长了12.8%和3.51%。在低碳运营方面随着能源成本逐年上升，平均每万元收入能耗同比减少8.6%。由此可见，节能减排能有效降低高端餐饮企业的能耗成本，为成功转型奠定基础。此外，农餐对接具有集中采购、确保食品安全又能降低采购成品的好处，目前中国饭店协会已建立了农餐对接采购办公室，正大力推进此项工作，山东也应加快农餐对接的步伐，有效降低采购成本。

4. 推动餐饮行业连锁发展

山东省高端餐饮企业转型可借鉴其他省份和地区高端餐饮企业成功转型的经验。如省内山东龙泉集团原以经营海鲜起家，后把经营重心转向大众消费市场，在经营传统中餐的基础上开拓了许多新项目，主推山东本土菜，打造成为深受本地居民喜爱的本土知名餐饮集团。省外成功例子则以重庆餐饮业的“抱团战略”为典型，该战略实施实现了重庆整个餐饮行业的集体成功“突围”。山东省高端餐饮企业转型可借鉴这些成功经验，结合本身特点和现状，提出可行方案。山东省高端餐饮企业转型应横向发展，走连锁化道路，实行产品标准化、服务标准化，实现品牌化发展。山东省政府部门应积极引导转型后的餐饮企业进行品牌建设和产业优化，发挥服务业奖励资金的引领、指导作用，提高奖励范围，增加奖励数额，合理制定奖励条件，加大对特色化、连锁化、品牌化的知名企业奖励力度。

（七）加强企业人力资源开发

员工是企业赖以生存的根本，人力资源发展战略是推动企业发展的基本战略，是组成山东省住宿餐饮业可持续发展战略的重要部分。

1. 加强与高校、科研院所的合作

目前，随着山东省住宿餐饮业的迅猛发展，地方餐饮住宿企业在存在不同程度的人力资源不足问题，导致自主创新能力跟不上国内外住宿餐饮业发达地区的发展趋势。为此，山东省住宿餐饮业应该积极、主动和当地相关高校合作，充分利用高校的人才优势以及技术力量，共同进行项目的开发与研究。尤其是关于菜品开发和旅游资源开发方面的项目，项目的投资和风险都比较大，如果仅仅通过山东本省餐饮住宿企业自身的技术力量很难顺利完成项目，因为近年来酒店产品

都在不断创新，而山东餐饮住宿企业的技术力量及人力资源情况稍显不足，有相当的复杂问题自己无法解决，因此，山东餐饮住宿企业应该寻求专业科研院所的帮助，以项目为联系纽带，把科研院所的研究成果转化为山东餐饮住宿企业的技术力量。

2. 加强内部培养和培训，充分挖掘员工的自身潜力

山东餐饮住宿企业想要加强自身的科研力量，不仅应该依靠外部力量，同时还应该借助内部培养和培训，充分挖掘员工的自身潜力。山东餐饮住宿企业应该制定一套科学、合理的薪酬分配制度，将市场研发人员的工资待遇与这个项目的市场经济效益直接挂钩，对于研发人员的薪酬待遇，不仅包括基础工资，同时应该采用利润分成、技术津贴、项目津贴、销售收入分成等多种方式，保障和稳定它们的收益。应该确保市场开发人员的薪酬和其他餐饮住宿企业保持相当的水平并有所提高，这样才可以更好地留住人才，使他们为企业提供长期的服务。同时，应该给市场开发人员提供更多升迁的机会，帮助他们制定职业生涯规划，在生活上多给予照顾，使市场开发人员感受到企业的人性化关怀，这样才能充分地调动员工的积极性。同时，餐饮住宿企业应该重视对市场开发人员的培训，多为这些人才提供学习和培训的机会。另外，企业应该定期聘请专家对酒店员工进行在职继续教育，深入挖掘技术人员的内在潜力，从而更好地留住人才，让人才能够更好地发挥自己的能力，从而为企业创造更大的收益。

3. 减少企业冗员过多问题，加强技术工人的培养

首先，为了提高员工的有效利用率，餐饮住宿企业应该合理利用国企改革政策，培养掌握技术的员工，这样不仅有利于提高员工的效率，也有利于提高员工的收入，稳定企业的职工队伍。其次，餐饮住宿企业应该不断引进先进的新技术、新设备，并且鼓励优秀的技术员工向年轻、有潜力的员工传授经验，提高整个技术员工队伍的技术水平。

4. 引进优秀管理人才，建立健全薪酬激励制度

企业应该多引进一些具备现代市场观念的优秀人才，打造一支优秀的管理人才队伍。同时，山东餐饮住宿企业应该进一步优化薪酬分配制度，将管理人员的个人业绩与薪酬收入直接挂钩，这样可以激励管理人员的工作积极性，使他们积极地参与企业内部和外部管理，真正提高企业的人力资源管理水平。

参考文献：

［1］国家旅游局监督管理司：《2018 年度全国星级饭店统计公报》，2019 年 10 月。

［2］山东旅游政务网，http：//www.sdta.gov.cn/sy/ggxx-tzgg/newInfo/fb017e8d3ff4465e01400580fb23006a.html，2019 年 7 月 22 日。

［3］中国旅游饭店业协会：《中国饭店集团（管理公司）2018 年度发展报告》。

［4］山东省统计局：《山东统计年鉴（2019）》，中国统计出版社 2019 年版。

第五章

山东物流业发展现状与对策研究*

随着我国经济的快速发展，经济产业结构也在不断调整与优化，第三产业比重持续上升，现代服务业在经济结构中的比重不断加大。现代物流业属于生产性服务业，在现代服务业中，现代物流业扮演着重要角色，其作为国民经济的基础性和战略性产业，融合了道路运输业、仓储业等多个产业，涉及领域广，就业人数多。物流业的发展可以推动产业结构调整升级，它的发展程度也成为衡量综合国力的重要指标之一。近年来，山东省经济运行保持总体平稳，经济结构继续改善，新旧动能持续转换，高质量发展开局良好，对国民经济增长的贡献突出。随着供给侧结构性改革的不断深化，物流业的发展环境和氛围不断改善，山东省物流业呈现出良好的发展态势，支撑了现代经济的发展，保障了社会大局的稳定。

一、山东省物流业总体发展现状

2018 年，山东省充分发挥了产业优势，紧抓国家政策，各地市都推出了一系列助力措施，促进了物流业的降本增效、创新与应用，物流业继续保持了稳中有进的发展态势，发展水平和竞争能力都有显著提高，对山东省经济转型和产业升级发挥了重要的支撑和保障作用。

（一）行业规模持续增长，运行效率逐步提高

2018 年，山东省物流业行业运行继续呈现出稳中有进的态势。上半年，全

* 作者简介：乔文祯，山东商业职业技术学院，云商务大数据研究中心。

省实现社会物流总额9.28万亿元，同比增长7.1%，上半年，全省17个地市中，货物物流总额排名前三位的是青岛、临沂和济南，分别完成1.4亿元、1.3亿元、1.1亿元；上半年增速超过10%的地市有东营、菏泽、日照和济南，分别增长13.4%、12.4%、10.1%和10.0%。2018年全年社会物流总额超过20万亿元，占全国的7.5%左右，货运量34.9亿吨，同比增长8.3%，货物周转量9983.6亿吨公里，同比增长3.3%；物流降本增效持续推动，社会物流总费用约为1万亿元，与GDP比率约为14.5%，略低于全国平均水平①。

表5-1　　山东省物流业降本增效发展概况

年份	社会物流总额（万亿元）	货运量（亿吨）	同比增长	货物周转量（亿吨公里）	同比增长
2014	18.55	26.1	0.2%	8176.9	0.9%
2015	19.03	27.3	4.7%	8229.7	0.6%
2016	20.02	28.2	8.9%	8811.9	5.6%
2017	20.36	32.3	14.6%	9663.5	9.7%
2018	—	34.9	8.3%	9983.6	3.3%

资料来源：山东现代电商与物流研究院：《山东省物流业降本增效发展概况》，2019年。

山东省社会物流总费用占GDP的比率一直呈缓慢下降趋势，从2014年16.2%降至2017年的14.2%。2018年，山东省以供应链试点带动行业发展，通过推广应用标准托盘循环利用和开展带板运输，持续推动物流行业降本增效，企业运行效率大幅提升。2018年上半年，试点城市各类企业平均物流成本占主营业务收入的比重由试点开展前的37.20%降到21.20%，车辆周转率由1.25次提升到1.9次，物流成本占主营业务收入不断下降，物流车辆周转率明显提高。②

（二）物流业政策发展环境不断优化

近年来，国家和山东省内先后出台了促进物流业发展的规划政策30多个，涵盖了物流业发展的各个领域和环节。2018年，山东省政府发布了《进一步推

①② 资料来源：山东现代电商与物流研究院：《山东省物流业降本增效发展概况》，2019年。

进物流降本增效促进实体经济发展的通知》，要求从加大物流放管服改革力度、降低物流税费成本、加强物流重点环节建设、推动智慧物流发展、促进产业融合发展、加强部门协调联动六方面深化物流供给侧结构性改革，加快培育物流发展新动能。各地市结合当地实际，出台相关配套政策，加快物流发展。青岛市发布《关于进一步推进物流降本增效促进实体经济发展的通知》，进一步推动全市物流业降本增效、转型升级，降低实体经济运营成本；烟台市出台《烟台市物流业发展三年行动方案（2018～2020 年）》，实施六大行动，推进五大物流园区建设，打造十大物流中心，初步建成七大产业供应链及四大供应链服务体系。① 为山东省物流业发展提供了强大了政策支持。

（三）物流业多元化格局已形成

经过多年发展，山东物流已形成多种所有制并存、多元主体竞争、多层次服务共生的格局。从所有制看，国有、民营和外资三足鼎立；从需求看，既有民生需求，也有来自农工商等产业需求；从提供主体看，既有传统企业，也有专业化企业和新兴企业。在近年来物流业重要性日益显现的态势下，社会资本纷纷进入物流领域。服务产品和服务模式日趋呈现多样性，第三方、第四方、供应链、平台、联盟、O2O、众筹等多种经营模式加快发展。服务空间分布上有同城、区域、全国、跨境等多种类型。服务时限上有“限时达、当日递、次晨达、次日递”等多种类型。物流企业不断开拓业务范围，开展代收货款、上门取件、代客报关、代客仓储、代上保险、代发广告、签单返回等时效业务和增值服务；冷链、跨境包裹、社区代收货、智能快递箱、校园快递、农村快递等新兴和专业化业务不断涌现。

同时，物流业与电子商务交叉渗透融合进程也在加快，物流服务竞争方式日趋多样化、差异化，竞争形态发生了很大变化。电商物流、快递快运、物流地产、冷链物流、航空物流、物联网等细分市场成为投资关注点。一些物流企业开始进军物流电商领域。

（四）物流服务科技水平有较大提升

与过去科技含量较低的状况相比，2018 年山东省物流业发展水平明显提高。

① 资料来源：山东现代电商与物流研究院：《山东省物流业降本增效发展概况》，2019 年。

物流集成化和自动化水平有较大提升，一体化运作、网络化运营、信息技术服务和供应链管理能力都有明显提升，涌现出一批现代化、规模化、品牌化物流领军企业及示范园区。

一是物流行业自身技术进步较快，信息化程度不断增强。高速铁路、高速船舶、自动化立体仓库、自动分拣设备、智能物流设备等现代物流装备进入快速发展期，物流企业普遍使用手持终端、车辆卫星定位技术、电子条码、无线靶枪等，互联网、车联网、物联网、大数据、云计算等技术加快应用，信息网络技术与物流业进一步加快融合，新网络技术对物流业务的支持能力进一步增强，物流供需匹配 APP 系统受到重视。

二是物流领军企业、示范园区快速发展。截至 2018 年 12 月，山东省国家 A 级物流企业 347 家，5A 级物流企业 37 家；国家星级冷链物流企业 18 家，占全国的 29.5%，数量居全国首位；2018 年农产品冷链流通标准化示范企业 6 家。截至 2018 年 12 月，山东省国家级示范物流园区有 5 家；2018 年国家优秀物流园区 8 家；济南国际内陆港被授予全国首个“国家智慧物流创新先行区”。①

（五）物流产业组织结构有所优化

山东省整合零散运输资源，优化运输组织结构，提升运输组织效率，大力发展多式联运、甩挂运输等先进运输方式。快递、电商、零担、医药、物流地产等细分物流市场品牌集中、企业集聚、企业集约的趋势进一步显现。在公路零担市场，加盟型网络依托资本和技术优势，集聚了一批小微物流企业，货运市场集约化步伐加快。

伴随“一带一路”建设，快速崛起的“齐鲁号”欧亚班列，直达沿线 9 个国家的 37 个城市，拥有 19 条线路，形成陆海联动、东西相接、南北贯通的国际物流大通道。青岛港大力发展海铁联运，打造“一带一路”东方桥头堡，开通了以“青岛港为轴心”辐射全国的海铁联运网络，目前已开通多式联运班列 42 条，形成了“一市一线、一地一港、覆盖山东、面向世界”的网络布局，搭建起连接日韩、东南亚、中亚、中欧和中蒙的过境物流通道；威海市立足发展大交通、大物流，着力发展海铁、陆海多式联运，威海中外运、威东航运、英航国际货代以及威广物流、荣成远东 5 家多式联运试点企业采取多项措施加强货源组织，多式

① 资料来源：山东现代电商与物流研究院：《2018 年山东省物流业发展概况》，2019 年 3 月。

联运业务发展势头良好。[①]

（六）农村物流业有较大发展

当前农村物流利好政策的不断颁布以及物流技术的不断提升，推动了山东省农村物流业的升级转型。一是山东省农村物流业发展迅猛。农村物流业市场发展速度加快，规模不断扩大，农村道路基础设施建设提升明显，农村物流运输能力不断增强。二是互联网电商企业踏足农村业务，推动了农村物流业的转型升级。伴随着农村电商产业的快速发展，农村物流服务需求持续高涨，许多大型互联网电商企业为了拓展农村业务，纷纷开展农村物流布局，为农村物流的发展注入了新鲜血液，成为了农村物流发展的新动力。三是农村物流业技术含量不断提升，农产品质量得到保障。随着农村物流服务需求的不断增多，以及人们对农产品品质需求的日益强烈，山东省从事冷链物流的企业数量不断增长，农村物流核心技术也得以迅速发展。农村物流技术的发展不仅利于农村物流发展，更能保障山东省农产品质量与安全。

（七）冷链物流总体上呈现快速发展态势

2018 年，山东省认真贯彻落实《国务院办公厅关于加快发展冷链物流保障食品安全促进消费升级的意见》等政策文件，结合山东实际出台了《关于加快发展冷链物流保障食品安全促进消费升级实施方案》，努力促进各项措施落实到位，全省冷链物流发展取得明显成效。

一是冷链物流市场需求旺盛，基础设施稳步改善。2018 年，全省肉蛋奶总产量达到 1521.4 万吨，蔬菜及食用菌产量 8192 万吨，水果产量 2788.8 万吨。水产品总产量 861.4 万吨；全省注册资金 1000 万元以上冷链物流企业 200 余家，冷库 2200 余座，低温储存能力超过 910 万吨，占全国（4775 万吨）的 19.1%，冷库规模居全国首位。[②] 二是冷链物流新模式发展迅速，技术装备水平明显提升。以功能化、规模化、国际化为特点的冷链物流新模式在山东省迅速兴起，威海建立了威海综合保税区、威海港、石岛港、威海机场等 11 个功能性特色口岸，开通了威海至日本关东、威海至大连的 8 条集装箱航线以及通过青岛港口出口欧美

① 资料来源：山东现代电商与物流研究院：《山东省物流业降本增效发展概况》，2019 年。

② 资料来源：山东现代电商与物流研究院：《山东省城乡物流调研发展报告》，2019 年。

及东南亚的海上冷链物流通道；青岛也规划建设了央联万贸中国北方国家水产品交易中心和冷链物流基地；制冷工艺从传统的高温、低温型向预冷、气调、超低温、速冻等多种类型发展；运输车辆向高温、低温和蓄冷保温各细分温区发展，恒温控制运输和真空预冷技术得到有效应用。三是冷链流通追溯体系不断完善。重点冷链物流企业建立了ERP物流管理系统、口岸预录入和报检系统、WMS仓储管理系统等信息化系统，实现了监控通关、海运、陆运、仓储等各业务环节的智慧化管理，青岛、济南、潍坊、淄博、烟台、威海、临沂等先后5个批次被列入全国肉类蔬菜流通追溯体系建设试点城市，基本实现了肉类蔬菜流通信息的正向跟踪、逆向溯源，保障了肉类蔬菜流通质量安全。

（八）政府积极出台政策推动物流园区建设

近年来，山东省委、省政府将加快物流园区发展作为推动物流业提质降本增效的重要抓手，制定出台了一系列政策措施促进物流园区的设施加强、功能完善和集约集聚发展。

一是加强了政策规划引导。按照国家促进物流业发展的各项决策部署，结合实际，山东省相继出台了《山东省物流业转型升级实施方案（2015~2020年）》《关于加强物流短板建设促进有效投资和居民消费的实施意见》《关于促进邮政和快递服务业健康发展的实施意见》《关于加快农村物流发展的实施意见》，其中对物流园区的规划布局、功能完善、模式创新、运营管理等给予了多方面政策支持，为物流园区的有序健康发展提供了良好的政策环境。二是加快推进了重点园区项目建设。印发实施了《山东省现代物流项目三年滚动投资计划（2017~2019年）》，将全省50个重点物流园区建设项目纳入储备库，科学规划梯次储备，有效促进了全省物流园区的合理布局和有序发展。积极争取国家和省各类资金5.8亿元支持31个功能强、模式新、带动大的重点物流园区建设发展，突出从基础设施完善、信息化标准化水平提升、专业化园区打造等方面予以重点支持。三是强化了试点示范带动。积极争创国家级示范物流园区，组织开展了申报单位的专家评审，先后两批择优推荐了山东盖家沟国际物流园、临沂经济技术开发区现代物流园、青岛胶州湾国际物流园、山东佳怡物流园、威海国际物流园5家成功入选国家级示范物流园区。四是加大了多渠道支持力度。认真落实简并增值税税率，增值税税率由四档简并为三档，将税率由13%降为11%；阶段性降低城镇土地使用税税额标准，将城镇土地使用税在2016~2018年税额标准降低1

元；出台了《关于金融支持物流业发展的意见》，提出提高物流企业抵质押物财产险、贷款保证保险等覆盖面，对合作银行发放的物流小微企业贷款损失给予30%补偿等具体措施。出台的《关于促进邮政和快递服务业健康发展的实施意见》中对专门快递产业园区给予了明确优惠政策支持。

二、山东省物流业发展中存在的问题

近年来，山东省物流业由高速发展逐步转为向高质量发展，物流总额和增加值稳步增长，但也必须清醒地看到发展中产生的问题。现阶段山东省物流业发展水平依然较低，在思想观念、服务功能、运营管理、发展规模等方面存在较多问题，相关法律体系建设和行业规则制定的步伐也落后于产业现实发展水平。

（一）物流基础设施不够完善，网络化水平不高

一是物流基础设施不完善。山东物流基础设施相对滞后，存在结构性短缺，现代化设施比重低，不能满足现代物流发展要求。主要表现为：现代化仓储、多式联运转运等设施不足，高效、顺畅、便捷的综合交通运输网络尚不健全，布局合理、功能完善的物流园区体系尚未建立，物流基础设施之间不配套，难以有效衔接；大量煤炭中长途运输依赖公路，造成大量优质能源的消耗和运输成本的增加；部分沿江通道高等级航道占比低，网络化程度不高；航空货运基础设施发展总体不足；仓储建设严重滞后，仓库面积大大低于国内平均水平，公共通用仓库建设缓慢且“带病作业”，存在重大安全隐患。

二是网络化水平不高。山东物流系统性和综合性不强，运输结构不合理，组织化程度较低，呈现分散、各自发展的态势，配套性、兼容性较弱。主要表现为：“干、支、末”与“物流枢纽、物流园区、物流中心、配送中心、终端网点”等构成的物流网络很不完善；物力基础设施网络、信息网络、运营网络尚在形成之中；公共物流基础设施、社会化物流基础设施、企业自营物流基础设施之间的比例不合理；高效便捷、能力充分、衔接顺畅、结构优化、布局合理的综合交通运输体系尚未形成，铁路在综合交通运输中的优势未得到充分发挥，货运份额比重明显偏小，沿海和内陆集疏运体系不配套，难以实现合理分工和有效衔接；一些地方物流园区、物流中心盲目大量兴建情况严重，造成闲置浪费；仓储

设施资源分布在不同行业和部门，缺乏有效整合。

（二）创新能力不足，信息化和智能化程度低

一是创新能力不足。物流业整体创新相比于创新活跃的生产制造环节和交易环节严重滞后。物流企业缺乏创新动力，研发投入低，商业模式创新、组织创新、技术创新、管理创新等滞后，尚未进入“创新驱动”的发展新阶段。省内物流企业的组织惯性现象普遍，对已有的物流服务体系优化升级意愿不强。此外，物流企业的创新面临来自跨国公司的技术壁垒、资金壁垒、外部资源壁垒、管理壁垒，来自国内环境对企业进入的限制壁垒，以及企业自身对创新的阻碍，如技术依赖等。这些壁垒严重阻碍了物流企业的创新发展。

二是信息化和智能化程度低。主要表现为：物流信息化建设相对缓慢，行业信息化标准、规范不健全，信息类专业人才相对缺乏；物流信息化整体应用水平尚处于较低层次，特别是中小物流企业的信息化水平很低，先进的信息技术应用较少，对企业运营生产环节的渗入层次较低；信息资源缺乏统筹开发，共享率低，更新速度慢；物流企业对自身的信息化发展缺乏规划，缺乏覆盖整个企业的、全面集成的信息系统，无法发挥“信息流”主导“物品流”的作用，从而造成库存、运力的浪费，变相增加了运输成本。

（三）第三方物流和供应链服务发展不足

第三方物流企业多是由功能单一的运输企业、仓储企业转型而来，经营规模小，综合化程度较低，在管理、技术及服务范围上整体水平不高，不能为企业提供完整的供应链服务。服务水平低，服务成本较高，影响了第三方物流服务效率。大多数第三方物流企业技术装备和管理手段比较落后，服务网络和信息系统不健全，供应链建设和管理服务水平低，很难适应现代物流追求动态运作、快速响应的要求，运行体制不畅，政企职责不分，部门管理中条块分割、分割运营及制度约束问题突出，物流组织化程度低，一定程度上肢解了物流资源社会化配置综合效益，制约了第三方物流产业发展。

（四）物流业与相关产业联动不足

农业、商贸业、电子商务联动不足，物流速度慢、成本高、渠道不畅、模式

陈旧，严重制约了制造业由大变强、解决三农问题、推动商贸服务和电子商务的持续发展等进程。集疏运一体化等物流资源的整合和利用的规划、实施难度和成本相对较高，相关产业与物流业不同程度、层次的供需结构性矛盾普遍存在，与物流业联动信息化平台和技术应用滞后，未能充分发挥对联动发展的促进作用。相关行业的物流外包程度相对较低，开放程度有待提高；自营物流退出成本较高，物流外包的风险较难控制，物流外包的服务范围尚待进一步明确。物流业与相关产业联动发展的综合环境落后于省内经济和社会发展的需求和速度，如物流企业深度介入制造业的战略性考虑和能力缺乏，制造业核心竞争力的国家化战略性选择及其物流业务分离和外包的动力不足等。

（五）规范有序的物流市场尚未形成，国际化水平较低

省内许多物流企业经营不规范，服务意识淡薄，法律意识不强，诚信体系严重缺乏。统一开放、公平竞争、规范有序的物流市场远未形成。一些地方针对物流企业的乱收费、乱罚款问题突出。信用体系建设滞后，物流业从业人员整体素质有待进一步提升。跨国物流企业在用地、税收等方面得到一些地方政府的诸多优惠，享受超国民待遇。物流市场的进入与退出、竞争规则基本上无统一法律法规可循，对社会性的物流服务缺乏有效的外部约束，不正当市场竞争难以避免。省内物流业国际连接能力不强，国际资源整合能力弱，国际竞争力弱，缺乏国际战略通道和战略支点，缺乏国际物流治理能力，滞后于全球化发展进程，物流的国际化能力亟待提升。与中国高速增长的其他国际贸易相比，物流业尚未形成与之匹配的全球物流和供应链体系，国际市场份额很低，进出口所需的物流服务很大程度需要依赖国外跨国物流企业。而省内的国际物流企业规模普遍偏小，不仅缺乏规模优势，难以承担大型业务项目，而且附加值低，业务面单一，难以形成齐全的物流产业链。

（六）物流可持续发展和安全问题突出

一是物流可持续发展问题较为突出。主要表现为：公路、航空、铁路、水路等运输方式的资源、能源、土地等消耗和大规模排放问题突出。无效运输、不合理运输、过度包装等问题严重，造成城市交通压力的加大和资源能源的浪费。物流企业缺乏绿色低碳的物流管理理念，节能环保意识不强，物流作业清洁技术和

设备投入不足，循环物流、逆向物流等发展滞后，资源能源利用效率低，物流过程对环境造成的危害较大。

二是安全问题较为突出。一方面，食品、药品等民生物流问题突出。山东省食品物流冷链在技术上和环节上与发达国家依然差距较大，食品物流过程冷链供应不足，物流成本过高。农产品物流多以常温物流或自然形态物流形式为主，由于缺乏冷冻冷藏设备和技术，水果、蔬菜等农产品在采摘、运输、储存等物流环节上损失率高，存在安全隐患。药品物流的总体水平同样停留在初级阶段，片面重视对物流功能的发展，强调运输、配送、库存管理等个别物流功能的实现，药品质量安全管理存在隐患。另一方面，物流运输环节安全问题突出。超载、超速、驾驶员操作不当以及报废车辆继续行驶造成的严重人身安全和货物损害事故经常发生，货物在运输途中遭遇作业人员乱抛乱扔、私拆偷拿，危化品仓储管理薄弱，安全隐患较为突出。此外，信息安全问题也日益显现。物流信息安全水平较低，物流信息和快递信息泄露时常发生，部分物流企业对用户信息不能执行严格保密制度，存在内部人员利用信息谋利的情况，造成用户信息和个人隐私泄露，信息安全形势不容乐观。

（七）物流人力资源保障和应急能力薄弱

一是物流人力资源队伍不强。山东省内物流人力资源总量和层次均不高，物流从业人员在学历结构、职称结构和技术等级结构等方面均与发达地区存在较大差距。物流人力资源培养结构不合理，以物流科技创新和知识型物流人才为核心的教育体系尚未形成，在学校教育方面和职业培训方面，省内都不能很好地满足物流企业对物流人才的需求。物流职业认证制度不完善，培训项目和层次有待进一步提高，师资队伍建设有待加强。物流人力资源后期培养力度不够，物流企业只重视现有人力资源的使用，对人才培训的重视和投入不够。物流人力资源缺乏科学合理的战略性规划，企业员工缺少职业生涯规划，造成企业整体管理水平不高和发展后劲不足，严重制约了物流行业的发展。

二是应急物流能力薄弱。现有应急物流保障系统抗风险性较差，应急快速反应机制不健全，国家级救灾物资储备仓库布局不合理和应急衔接不畅，在应对各类重大突发性事件时，难以做到“第一时间”应急物资的保障。主要原因是，一方面，由于传统物流经营互相封闭，割裂了物流各方面的联系，衔接不顺畅，难以及时满足应急保障的需要；另一方面，现有长期形成的物流定式和以单纯追求竞技效益最大化为驱动力的物流模式不利于应急物流的实现。现行的应急物流保障机制以行政命令为主要手段，不计物流运作成本，并且应急物流指挥体系不完善、配送指标体系不健全，配送方式欠灵活，交通运输存在较大问题，军地物流服务保障各自为政，制约了应急物流的高效性、系统性运转。

（八）物流体制机制、法律政策等尚不完善

一是物流业管理体制和治理能力弱。物流行业的管理权限涉及多个部门、多个行业，涉及中央与地方各级政府，因而物流管理权限部门分割、条块分割的现象极为突出，不同部门间、地区间缺乏有效协调，阻碍物流业发展的体制机制障碍仍未打破。国家至今没有统一的物流发展主管部门，对物流业缺乏全国性的交通运输、仓储管理、信息网络等总体规划，也未能实现对物流网络的统一布局，对物流业的管理和治理呈多元化的分散方式。这种自成一统、地区封锁和市场分割的模式极大地削弱了对物流业的管理和治理能力。政府与物流市场主体组织管理界限不清，亟待明确。政府对全国物流业发展的总体思路不够明晰，对物流业在国民经济中的地位、发展模式、发展重点、产业体系、科学体系等重大问题还需深入研究。作为物流市场主体组织，由于受所有制形式、行业的限制，市场竞争机会不同，导致物流市场主体组织的发展不平衡。国有物流企业相较于民营物流企业在铁路、公路、航空、海洋、信息、金融等重要物流资源方面竞争优势较大。

二是物流法律法规和政策不完善。国内物流立法相对滞后，现行的物流法律法规大多从计划经济体制中沿用下来，难以适应市场经济环境下现代物流发展的需要。相关法律法规体系普遍在技术上缺乏对物流实践工作的调整作用和具体指导，微观约束能力和宏观调控能力不足。从法律效力上来看，现行的物流法律法规直接具有操作性的层次较低，法律效力不强，价值目标难以协调。法律法规之间存在重复规定和相互冲突等问题，缺乏系统性和衔接性，难以充分发挥规范和调节作用。而且众多的物流活动环节使得调整物流的政策法规散见于各行业主管部门处于各自利益而制定的部门法中，形成了多头而分散的局面。此外，对物流市场的准入条件缺乏统一法律规范，对物流企业的准入门槛设置较低，针对物流企业的市场准入和资质问题的立法亟需完善。

（九）冷链物流体系尚未完全形成

当前，山东省冷链物流总体上呈现出快速发展态势，但专业化、现代化、全

程化、规模化的冷链物流体系尚未完全形成。

一是冷链物流“断链”问题比较普遍。在“最先一公里”环节，生鲜产品往往缺失预冷环节，多数企业存在分拣区无制冷系统、无车辆对接密封装置、冷库无温度缓冲区现象，无法保证生鲜商品的预冷和全过程低温。二是冷链物流基础设施相对滞后。冷链设备设施与发展需求相比存在较大缺口。三是第三方冷链物流发展迟缓。现有的第三方冷链物流企业整体服务水平和标准不高，没有形成区域化、规模化、产业化的服务网络。四是冷链标准化推广存在明显瓶颈制约。国家虽然制定了冷链物流标准化等相关标准，但推行进度较为缓慢。五是冷链物流信息化水平不高。冷链信息化系统建设不完善，系统效能较低。缺少大型冷链物流信息服务平台，冷链供需双方信息不对称。部分企业虽然自建了物流信息服务平台，但信息共享难度较大，资源使用效率不高，维护也造成了较大资金缺口。

三、山东省物流业的发展趋势

随着互联网购物模式的物流业市场规模持续扩大，结构不断优化，新政策、新理念、新模式、新业态和新技术持续涌现，在推动物流业的不断变革的同时，也使得物流行业面临新的发展机遇和挑战。

（一）山东物流业发展面临的机遇

1. 物流产业规模将持续扩大，服务能力将进一步提升

近年来，山东省物流行业运行呈现出良好的发展势头。从 2019 年上半年来看，全省累计完成公路、铁路、水路、民航货运量 17.95 亿吨，同比增长 2.5%；完成公路、铁路、水路货物周转量 5003.8 亿吨公里，同比增长 6.7%；全省快递行业服务业企业业务量累计完成 122676 万件，同比增长 29.71%，业务收入累计完成 129.49 亿元，同比增长 24.09%。[①] 预计 2019 年物流行业总产值将超过 21 万亿元，山东省物流业服务能力将会进一步提高，一体化运作、网络化经营、信息技术服务和供应链管理能力也将明显提升，现代化、规模化、品牌化物流领军

① 资料来源：山东现代电商与物流研究院：《2019 年上半年山东省物流业发展概况最终版》，2019 年 12 月。

企业及示范区数量将进一步增加。

2. 物流的先导作用将逐渐显现

当前服务业对 GDP 增长的贡献率达到近 60%，物流行业作为重要的服务产业，基础性、战略性地位逐步巩固，先导作用开始显现。党的十九大报告首次将物流基础设施等同于水利、铁路、公路、电网等网络建设，进一步提升了物流产业的地位。继全国物流园区规划之后，政府有关部门首次出台《国家物流枢纽布局和建设规划》，要求规划建设一批国家级物流枢纽。加快推进要素集聚和资源整合，充分发挥在全国物流网络中的关键节点、重要平台和骨干枢纽作用，实现区域物流格局与产业布局重塑，将有效支撑“一带一路”“京津冀协同发展”“长江经济带”等国家政策落地，培养新的经济增长极。

3. 物流将向供应链层面不断演进

全球经济已经进入供应链时代，掌握现代供应链体系是国家竞争力的重要标志。物流业只有深度介入各相关产业产前、产中后、产后全产业链服务，开展销售、生产、采购及逆向物流预测预警，才能更好发挥物流业的支撑服务和先导带动作用。加强数字供应链、智能供应链研究，推动先进制造业与物流业深度融合，深入挖掘制造、商贸行业物流需求，重构现代供应链体系，是寻找行业新的增长点，有效支撑实体经济，助力经济高质量发展的重要趋势。

2017 年 10 月，国务院办公厅印发了《关于积极推进供应链创新与应用的指导意见》，部署供应链发展有关工作；十九大报告中又重点指出，要在现代供应链领域培育新增长点。山东物流业也将继续加快向现代供应链发展的步伐。供应链创新与应用，有利于加速产业融合，深化社会分工，提升产业集成和协同水平；有利于加强从生产到消费各个环节的有效对接，降低企业经营和交易成本，促进供需精准匹配和产业转型升级；也有利于交通物流企业更深更广地融入全球供给体系，成为推进“一带一路”建设落地，打造全球利益共同体和命运共同体的全新动能。

4. 新技术和信息技术的应用将促进物流业产业升级

交通运输、物流、先进制造、信息网络、新能源、新材料、生物科技等领域在孕育新的技术突破，高速铁路、大型高速船舶、绿色航空、电动汽车和新能源汽车、无人驾驶、智能交通、智能仓储、智能分拣、新材料技术、节能环保技术、物联网、下一代信息网络、现代管理、计算科学等将在物流领域得到更加广泛的推广和应用，互联网、移动互联、大数据、云计算、物联网、人工智能等将与物流业深度融合，这些都对物流业升级带来重大促进作用。未来物流技术创新将显著反映出安全、快速、便利、大型化、自动化、信息化、数字化、网络化、智能化、个性化、多样化、人性化、精细化、绿色化和节能化等时代性特点。

5. 智慧物流将成为行业转型升级新动力

网络时代的到来，促使各个领域的发展发生了翻天覆地的变化。现阶段物流行业的快速发展，在智能化以及信息方面的要求也在不断提高，过去的物流服务模式已经无法满足当前市场的需要，而物联网的出现为人们日益增长的物流需求提供了解决方案，那就是智能化物流。在全新的网络体系下，智慧物流的发展得到了极大程度的重视。2018 年智慧物流市场规模超过 4000 亿元，预计到 2025 年，智慧物流市场规模将超过万亿元。① 在全球化的技术创新应用的浪潮下，丰富多元的物流场景将成为 5G、物联网、人工智能等新技术的未来。智慧物流将以用户需求倒逼产业链各环节强化联动融合，深刻影响生产和流通模式变革。目前，智慧物流更多强调在技术应用上，包括无人驾驶技术、智能仓储、无人机等。而智慧物流发展的高级阶段，将促使关注智能技术在协同共享上发挥作用，通过重塑产业分工，再造产业结构以及转变产业发展方式，建立高效、协同，兼顾模式和个性化发展的组织新生态。

在网络技术的推动下，对物流的相关工作人员、运输工具以及管理系统等进行统一管理，进而形成高端化的物流互联网模式，不仅方便快捷，同时能够随时对物流信息进行跟踪，大大提高了智慧物流的运输效率。将物联网技术运用到运输中，可以实现其智能化，对运输中的信息进行感知，做出更加科学的规划，实现科学化调配，提升运输效率；将物联网技术运用到仓储中，可以实现其自动化。管理物流的作业平台，实现自动仓储管理，从而减少企业成本，提高运行效率；将物联网技术运用到配送中，可以实现其动态化。及时地获取用户数量、需求、价格信息、交通条件等相关信息，进而跟随这些信息的变化，制定出更加科学合理的配送方案，提升配送效率。

① 崔忠付：《中国物流变化与趋势展望》，载《现代物流报》2019 年 8 月 12 日，第 A01 版。

（二）山东物流业发展面临的挑战

1. 经济规模扩张与结构转换给物流业发展带来深刻影响

随着国家的发展，中国未来一二十年将成为世界第一大经济体，由此将成为物流需求增量和物流市场规模最大的国家。未来一二十年，中国将基本实现工业化，工业化推进过程中工业体系仍将有较大发展，大宗能源、原材料和主要商品的大规模运输方式和物流需求仍将旺盛。同时，产业结构将从“二、三、一”进入到“三、二、一”阶段，服务业和工业一道共同推动国内的经济增长。经济规模的扩张会使物流的发展更加注重服务质量、效率、品牌、特色、个性和体验，基于更高时间和空间价值的物流需求也会越来越大，向工业化后期迈进将使综合物流成为时代潮流。而产业结构的变化和逐步升级以及生产方式的变化，也将带来“短、小、轻、薄”商品以及小批量、多频次、灵活多变的物流需求快速增加。这些趋势将给省内物流业带来结构和服务方式转型等方面的新挑战。

2. 新型城市化对物流业布局提出更高要求

国内社会正经历着规模宏大的城市化，推动着物流活动集中于城市群、城市带、大中小城市和城际间，不断增加的物流量、机动车量以及能源短缺、环境污染、交通拥堵和道路安全等问题，迫切需要提升城市内、城际间物流效率，构建符合“以人为本、城乡统筹、大中小城市相协调”的新型城市化要求，建设功能强大、高效集约的城市物流和配送体系。区域经济协调发展以及一体化要求将加快区域物流一体化，构建有利于东中西协调发展的物流服务体系。中西部区域增长新格局，要求中西部加快物流业发展，改变物流业长期制约中西部地区发展的状况。未来网络零售市场除了在沿海发达地区、一二线市场继续保持稳健增长外，还将呈现出由沿海地区向内陆地区逐渐渗透、由一二线城市向三四线城市及县域渗透的趋势。随着网络零售市场的渠道下沉，三四线城市、县乡镇、农村电子商务将发展迅猛，将对农村和三四线城市及县乡镇的电子商务物流发展提出更大更高的需求。

3. 经济全球化的新格局推动物流市场深刻调整

经济全球化推动各国的联系和相互作用日益加深，这也要求世界各国间能有更好的交通运输、物流、通信、信息等基础设施连接。中国除与发达经济体继续保持密切经贸往来外，与新兴经济体以及发展中国家的贸易增长将会成为新的亮点，贸易格局的变化将带动国际物流活动此消彼长。

中长期看，中国国际贸易仍将有稳健增长，带动国内的国际物流继续较快发展，尤其是跨境电子商务物流会有更快发展。山东扩大对外开放可以推动物流市场朝着更高层次的竞争发展。更加开放和不断升级的物流市场将使以价格作为主要竞争手段的状况有所改变，服务、品牌、创新、社会责任等非价格竞争方式将会得到加强，专业性国际物流企业和基于专业化基础上的综合性国际物流企业将会得到更大发展。跨国物流企业将深度渗透山东的传统物流领域。激烈竞争的物流市场将推动物流领域的兼并重组持续发生，各种形式的物流联盟不断涌现，预计会出现超大规模跨国物流企业集团或联盟，市场集中度会进一步提高。而山东的对外商贸和跨国商贸规模较小，在国际经济新秩序尚未完全建立之前，国际贸易摩擦和各种形式的壁垒有可能增加，物流与供应链安全将受到贸易保护主义、恐怖主义、极端主义、分裂主义等方面的挑战。

4. 可持续发展和要素成本上升驱动物流发展转型

由于物流企业运营所需的能源、劳动力、土地价格持续上涨，加之服务价格偏低、融资环境不佳等影响，依赖“高投入、高消耗、高排放、低产出、低效益、低科技含量”的传统物流运作模式将难以为继，面临着降低成本、提高效率、可持续发展的转型要求。另外，安全意识将更加深入人心，政府、企业和消费者会更加重视物流安全，对确保运输安全、仓储安全、装卸安全、快递安全、配送安全、加工安全、信息安全、社会安全、环境安全和国家安全等方面提出了更高的要求。

5. 应急和民生物流的重要性日益凸显

当前，自然环境和气候复杂多样，自然生态灾害严重。在加快推进工业化、城市化和经济社会转型时期，各类突发性事故发生概率将会加大，加之全社会安全意识不断提高，应急物流体系建设十分迫切。三农问题、医药卫生、社会救助、生活用品服务、邮政普遍服务、可追溯食品供应链管理等要求加快发展服务于民、方便于民、受益于民的民生物流。而山东省在应急物流和民生物流方面的建设较薄弱，出现紧急公共事件，难以通过物流来实现居民足不出户就能买到物资的需求。

四、提升山东物流业的对策

物流业已成为国民经济发展的基础性、战略性、先导性产业。面对新时代的机遇和挑战，山东省应借助新一轮产业革命、技术革命深入推进，运用物联网、云计算、大数据、人工智能、区块链等重大技术与物流深度融合，加快推进物流标准化，加强物流数据开放共享，创造物流新业态，降本增效继续助推物流业实现高质量发展。

（一）完善物流基础设施，加强网络基础建设

从空间上，对地区内所有的可利用资源进行整合，在现有的物流基础设施上，统筹规划各地市物流基础设施建设，在统筹规划编制过程中首先要有战略目标，解决城乡二元流通结构，接着制定总体规划，包括重点任务推进计划，确保各地市物流一体化建设能够按照循序渐进，逐步实施，最终形成空间设施布局、功能比较完善的物流基础设施一体化体系。此外还需要加大物流网络技术和网络基础设施建设的资金投入，确保各地市尽快实现信息共享和大数据以及云计算等互联网技术的使用，推动物流朝向智能物流转型与升级，为物流行业的发展提供更多路径。积极推进物流网络化建设，一方面要实现物流产业基础设施的高度共享；另一方面要推进物流设施、渠道的双向融合对接，促使物流资源要素得到更好的使用和优化配置。

（二）持续推进城乡物流一体化体系构建

一是加强组织领导，加大政策扶持力度。把城乡物流一体化发展纳入社会主义新农村建设中，加强组织和领导，制定出阶段性发展目标。由各级政府部门做好引导工作，部门之间相互配合，共同参与其中，通过制度的方式相互监督和制约，为城乡物流一体化健康发展提供保障。从政策上加大扶持力度，培育出具有农村特色的流通主体。首先在农村流通合作组织上要加大培育和扶持力度，支持各种跨区域的合作组织；其次在流通中介组织上要加强培育，尤其是农产品运销专业户和农村经纪人；再次从政府和资金上扶持各种农村流通企业的发展；最后

对各种支持性政策措施进行完善，减少农村物流的各种费用和税收，提高农村物流的经济效益，提高物流企业的积极性。

二是畅通城乡物流渠道，建立稳定产销关系。做好城乡公网规划，以城市带动农村经济发展为目的，完善城乡之间的干线公路网和高速，完善农村地区基础的水泥路网，提高农村的交通运输力，因地制宜，建立适宜的物流中心；健全农村物流网络，确保农副产品能够在最短的时间内送到城市消费市场上；利用市场化手段，对现有的物流网络资源进行全面的整合，逐步形成比较完善的城乡商贸流通体系。充分发挥大企业的骨干带动作用，整合城乡社会商业网络，标准化改造连锁方式，与大型商贸企业合作，形成城乡一体的销售网络，可根据实际情况建立特色的销售门店；整合供销社的传统经营网络，吸收社会上的投资，按照连锁方式进行规范运营；整合农产品流通网络，大力扶持农村地区的特色农产品加工生产基地，鼓励农产品实施品牌化、标准化和工业化进程，可在城市设置连锁店，销售专柜，扩大产品销售规模；升级改造批发市场，促使城乡之间的商品可以进行双向流通，促使城乡之间的市场可以完美的对接，并建立比较稳定的产销关系，形成以大市场带动农村地区经济发展的现象。

三是加强一体化管理，完善监管机制。健全城乡流通发展政策，进一步提升城乡流通产业战略地位，根据城乡一体化发展，充分协调政府各个部门之间的工作，制定合理的发展政策，确保城乡资源合理利用，分工明确；规范执法行为，加强监督力度，杜绝一切不法行为，为城乡流通营造良好的环境，同时还需要加大力度改善农村消费环境；加大农村基础设施扶持力度，通过鼓励和引导社会资金投入的方式来不断完善农村流通设施，尤其是绿色流通通道，政府部门应给予政策上的支持和更多优惠政策；建设农村信息服务体系，实现信息资源共享和充分的利用；创新信贷服务模式，以融资的方式，为流通企业提供更多的资金需求。

（三）发展多种运输方式组合的综合运输

针对山东省运输结构不合理和失衡问题，积极推动多种运输方式组合的综合运输。山东省货运量的近80%由公路运输承担，而与之相比更环保、成本更低的铁路、水路运输只承担货运量的一小部分。造成这种运量分配不合理的根源在于不同运输方式分散建设，衔接不够紧密，难以形成协调发展的综合运输体系。要使多种运输方式协同作用，一是鼓励已有铁路线对接的港口灵活经营、充分发挥海铁联运的优势，对没有铁路线对接的港口修建铁路线；二是复航山东段京杭运河，沟通京杭运河与小清河。探讨如何将多种运输方式联合，应将哪些运输方式联合，形成不同运输方式的优势互补。

（四）全力打造一体化智慧物流

智慧物流数字化作为促进物流行业快速发展的必然趋势，对物流行业整体经营和管理有着举足轻重的作用。因此，物流行业一定要深入研究高新技术的优势，充分利用新科技对物流数据全面整合，促使物流各个环节都能得到数字化处理，以达到物流数据共享效果，这种模式不仅对智慧物流整体经营管理进一步创新和改革，同时推动智慧物流行业不断朝着多元化方向发展。此外，智慧物流全智能化状态下，其环保效果更好，通过智能规划与资源共享能够改善传统物流运输的弊端，不仅实现了绿色包装，同时实现绿色运输，对智慧物流行业可持续发展提供有力保障。

（五）着力补齐冷链物流短板

针对当前山东省冷链物流发展存在的突出问题，应着力在设施完善、标准建设、智能提升、主体培育、要素支撑等方面补齐短板、提质增效。

一是着力完善城乡冷链物流基础设施。优化冷链物流网络配送体系，加快冷链基础设施建设，补齐“最先一公里”“最后一公里”设施短板；加大对冷链系统性建设的资金投入力度，发展“一库多温”和“一库多用”，完善城乡配送体系，推广“互联网＋”冷链物流应用创新。

二是加快城乡冷链物流标准化体系建设。尽快在国家层面强力推行标准化运输设备跨区域推广应用；鼓励科研机构、大专院校、冷链物流企业积极参与国家标准和行业标准的制定、修订工作；推动冷链物流上下游环节的无缝衔接，让货物在流通的过程中全程标准化；推动农产品保鲜技术与蓄冷装备的推广普及；推行农产品冷链城市配送车辆统一标识和车型标准化。

三是着力提升冷链物流信息化智能化水平。依托农产品优势产区、重要集散地，探索推行冷链物流公共服务信息平台运营新模式，建立冷链物流大数据中心及物流指挥平台，形成大数据分析系统，实现数据交换和信息共享，优化配置冷链物流资源，推进条形码、RFID、GPS、传感、北斗导航及地理信息等技术在冷链物流智能化管理方面的应用，建立生鲜农产品质量安全全程监控系统平台。

（六）积极探索物流可持续发展

绿色物流是时代的选择，更是一个低投入物流。它不仅是要追求降低成本，更重要的是高效节能、少污染，它可以带来物流经营成本的显著下降。绿色物流发展的需要，是应对全球竞争、可持续发展的需要，而绿色物流的兴起和所谓的物流可持续发展，是以减少对环境的污染、减少资源消耗为目的的。

一是加大信息技术建设投入。在决策支持上、车辆运输上和在企业内部的财务管理方面以及人事管理方面更加的高效化和清洁化，要利用先进的信息技术提高运输汽车的利用效率，同时通过对第三方企业内部系统的信息化和先进化实现内部人员和系统的运作效率，达到对于能源资源的节约和污染区排放量的减少。

二是积极倡导绿色低碳环保理念。物流企业要坚持可持续发展的理念，深深根植在物流服务和运作的全过程中，要实现理论和实际的结合，投入到市场化的物流运作中去，实现物流服务流程的创新和优化，对于物流策划工作，要切实实现环保、低碳和绿色的理念要求，同时要积极学会循环利用物流的相关设施，减少对空气的污染，实现经济效益和社会效益的统一。

三是实现政府政策支持保障。建立更加完善的政策法规和法律制度，按照绿色低碳可持续的要求进行省内物流的规划和设计，制定出更加符合山东省特色的发展政策，努力地探索和营造有利于企业开展绿色低碳物流活动的政策法规，在将绿色和低碳物流经营制度化、法律化的同时更需要政府在财政和税收方面加大补贴力度，激励企业开展环保经营，同时要制定合理的低碳要求和标准，促进低碳绿色的物流发展。

四是在企业中植入绿色环保意识。低碳经济和绿色经济要深深地融入物流企业物流作业全过程中，从不同的渠道和使用不同的方法向物流企业中植入和灌输一定的环保绿色和低碳的理念，对于物流企业管理人员进行培训环保意识和低碳意识，使得领导管理人员在物流企业中做好带头作用，树立环保形象，传播绿色环保理念，规定企业制度规章，实现低碳的企业文化理念的统一，在传播环保理念的同时，加强监督力度，完善惩戒制度，提高企业文化的凝聚力。

参考文献：

［1］山东现代电商与物流研究院：《2018 年山东省物流发展概况最终版》，2019 年 3 月。

［2］山东现代电商与物流研究院：《山东省物流业降本增效发展概况》，2019 年。

［3］山东现代电商与物流研究院：《山东省物流园区发展报告（2018）》，2019 年 3 月。

［4］山东现代电商与物流研究院：《山东省城乡冷链物流发展调研报告》，2019 年 9 月 25 日。

［5］山东现代电商与物流研究院：《2019 年上半年山东省物流业发展概况最终版》，2019 年 12 月。

［6］魏继刚：《中国物流业发展的现状、问题与趋势》，载《北京交通大学学报》2019 年第 18 卷第 1 期。

［7］崔忠付：《中国物流变化与趋势展望》载《现代物流报》2019 年 8 月 12 日。

第六章

山东电子商务发展现状与对策研究*

近年来，我国电子商务保持高速发展态势，其规模稳步提升，从东向西、从一二线城市向三四线城市、从城市到乡村，在助推消费升级、增加就业、助力脱贫、推动乡村振兴等方面的作用日益明显。在全国电子商务发展良好的氛围下，山东省也越来越重视电子商务的发展，不断推进示范建设，依托机械、化工以及农业等行业优势，大力发展 B2B 电子商务，不断促进线上线下深入融合，农村电商保持快速增长，跨境电商规模不断扩大。近几年，山东省电子商务也保持蓬勃发展态势，已经成为山东经济发展的重要力量。本章主要分析山东省电子商务发展现状，分析其在发展中出现的问题以及未来可能出现的趋势，并探讨提升其发展的对策。

一、山东电子商务发展现状

2018～2019 年，山东省电子商务保持良好的发展态势，在培育新业态、创造新需求、拓展新市场等方面的作用日渐凸显，为城乡发展一体化、区域协调发展和实现精准扶贫提供动力，逐步成为推进山东新旧动能转换的重要抓手。

（一）2018 年山东省电子商务发展指数情况

全国电子商务发展指数旨在从发展规模、成长潜力、应用渗透、支撑环境四个方面全面考察各省电子商务发展水平。据全国电子商务发展指数显示，2018

* 作者简介：杨曼，山东商业职业技术学院，工商管理学院。

年广东、浙江、北京、上海、江苏五个省份继续领先，是我国电商发展的先导省份。山东、福建、四川、安徽四个省份电子商务优势逐渐形成，属于我国电子商务发展的第二梯队。

根据《中国电子商务发展指数报告（2018）》显示，山东省电子商务发展指数为32.58，超出平均值（见图6－1），位居全国第6名（见表6－1），比上年上升两个名次，这说明山东省具有良好的电子商务发展势头。根据电子商务交易额、网络零售额、有电子商务活动的企业数等指标，山东省电子商务规模指数为46.28，位居全国第6名。山东省电子商务成长指数为35.58，位居全国第25名，比上年下降1个名次，这说明山东省电子商务增速放缓。山东省电子商务渗透指数为19.01，位居全国第7名，比上年上升9个名次，这说明山东省电子商务对传统经济发展的影响逐步加深。山东省电子商务支撑指数为18.41，位居全国第8名，这说明山东省电子商务发展基础建设良好，为产业提供了良好的发展环境。

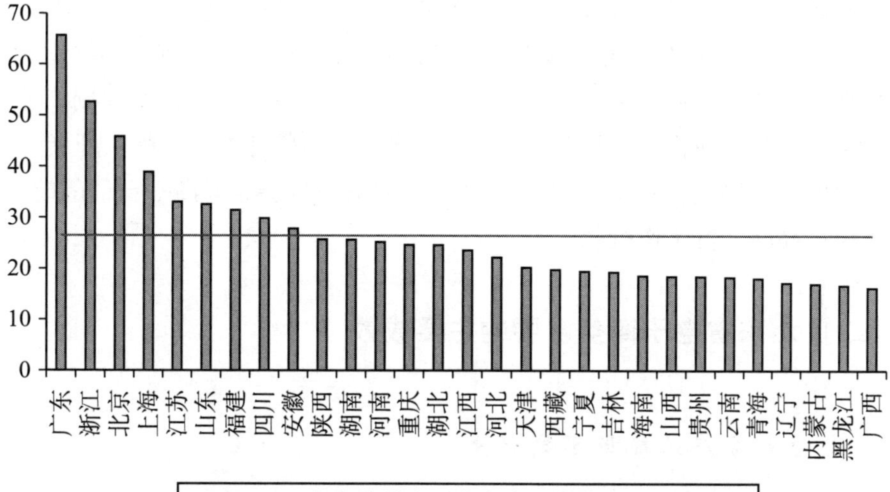

图6－1　2018年各省份电子商务发展指数与平均值关系

资料来源：《中国电子商务发展指数报告（2018）》，2019年5月。

表6－1　　2018年全国前10名省级行政区域电子商务发展指数测评结果

排名	省份	电子商务发展指数
1	广东	65.60
2	浙江	52.62

续表

排名	省份	电子商务发展指数
3	北京	45. 84
4	上海	38. 87
5	江苏	33. 05
6	山东	32. 58
7	福建	31. 44
8	四川	29. 86
9	安徽	27. 83
10	陕西	25. 73

资料来源：《中国电子商务发展指数报告（2018）》，2019 年 5 月。

根据规模指数和成长指数来看，山东省目前处于高规模低成长的境况。山东省规模优势来源于其 B2B 业务的快速发展，依托机械、化工及农业等行业优势，积极发展大宗商品交易平台，其中电子类交易市场近 200 家，涵盖农副产品、大宗工业原料以及石油化工产品等。同时，山东省注重打造本土品牌，开展“鲁商国际品牌产品”网上行活动，深化与阿里、京东、苏宁等电商平台的战略合作，建立品牌产品网上行工作机制。

（二）山东省电子商务发展的主要成效

1. 电子商务产业规模不断扩大

2018 ~2019 年，山东省电子商务保持良好发展势头。2018 年，山东省实现网络零售额 3294 亿元，同比增长 26. 5% 。其中，实物型网络零售额 2481 亿元，同比增长 26. 7% 。农村电商保持快速发展，实现网络零售额 813 亿元，同比增长 30. 7% 。全省农产品网络零售额达 221 亿元，其中水果销量最大，占比 25. 5% ；其次为水产品和中草药，分别为 18. 8% 和 15. 1% 。青岛、济南、临沂三市规模依旧居全省前三位，合计占比超过 60% ，其中青岛占比 29. 5% 、济南占比 23. 4% 、临沂占比 8. 5% 。另外，滨州、枣庄、菏泽等市增长较快，同比增长分别为40%、40%和36.2%。[①] 2019年1~6月，山东省实现网络零售额1883.8亿元，同比增长20.3%，居全国第7位。其中，实物商品网络零售额1474.1亿元，占网络零售额的比重为78.3%，增长19.7%；非实物商品网络零售额409.7亿元，占网络零售额的比重为21.7%，增长22.5%，增速高出实物商品网络零售额2.8个百分点，产业结构逐步优化。[②]

从各市网络零售额规模看，青岛、济南和临沂市分别为577.1亿元、376.6亿元和145.9亿元，位居前三，分别占全省网络零售额的30.6%、20%和7.7%，三地市合计占比达到58.3%；德州、菏泽和滨州市增速较快，分别增长26.8%、26.4%和25.1%。[③]

从经营主体方面看，截至2018年7月，山东省各类网商217.7万家，其中应用型网商204.2万家，占比达93.7%。[④] 2018年，山东省网络零售检测平台店铺数量112.6万家，同比增长4.1%。其中，实物商品店铺数量为47.1万家，增长2.6%，占比为41.8%。山东省积极推进电子商务示范企业创建，目前全省共有国家级电子商务示范企业12家、省级电子商务示范企业90家。其中，山东世纪开元电子商务有限公司入选“2018中国印刷包装企业100强排行榜”“2018印刷电商品牌20强”；开创集团荣获“2018中国互联网经济年度品牌奖”“中国互联网20年最佳企业服务”等荣誉，开创云位列“2018云计算百强榜”第36位，为山东农业、制造业、教育等领域10万多家企业提供上云服务；韩都衣舍蝉联2018年“双十一”互联网服饰品牌冠军，获得“2018年度淘宝内容营销大奖”，是唯一一家获此奖项的淘宝女装类目品牌。[⑤]

从电商平台分布看，2019年1~8月，淘宝网、天猫商城网络零售额分别为766.7亿元和704.4亿元，占全省网络销售额的30.2%和27.8%；京东商城、美团外卖网络销售额分别为346.6亿元和92.7亿元，分列全省第3、4位。

从实物商品行业看，2019年1~8月，家用电器和音像器材在全省实物商品行业中位列第1，网络零售额达417.57元，占全省的21.2%；日用品位列第2，网络零售额303.28万元，占全省的15.4%；服装鞋帽、针纺织品网络零售额274.83万元，位列第3，占全省的14%。[⑥]

---

① 中华人民共和国商务部网站，http：//www.mofcom.gov.cn/article/resume/n/201901/20190102830061.shtml。

②③ 山东现代电商与物流研究院网站，http：//www.xddswl.com/IndustryInfo/detail？id=561。

④ 山东省商务厅网站，http：//commerce.shandong.gov.cn/art/2018/7/17/art_16311_1727998.html。

⑤ 山东省商务厅：《2018年山东省电子商务发展报告》，2019年6月。

⑥ 山东省商务厅网站，http：//commerce.shandong.gov.cn/art/2019/9/25/art_21415_7193593.html。

2. 农村电商发展质量并举

2018 年农村电商保持快速发展，全省农村电商实现网络零售额 813.4 亿元，同比增长 30.7%。农产品实现网络零售额 221 亿元，从销售大类看，水果占比最大，占比 25.5%；其次为水产品和中草药，分别为 18.8% 和 15.1%。

农村电子商务示范建设进一步推进，费县、郓城县、沂水县、鱼台县 4 县入选 2018 年电子商务进农村综合示范县，滕州、海阳、安丘、新泰、荣成、惠民、莘县 7 县（市）入选 2019 年国家电子商务进农村综合示范县。2018 年，农村网商经营主体规模不断扩大，"淘宝村" 发展至 367 个，比上年增长 51.03%，全国排名第四，仅次于浙江、广东和江苏。菏泽市具有 267 个淘宝村，在全国具有淘宝村数量的城市排名中位列第一。在县域淘宝村产业集群中，曹县具有 113 个，位居全国第二[①]。

电子商务公共服务体系不断完善，基本建成了县镇村三级服务网络，乡村服务覆盖率达 70% 以上。农产品品牌建设不断提升，在阿里、京东、苏宁等企业电商平台上线"鲁产名品馆"、设立 83 个"地方特色馆"。全省共 25 个农产品品牌入选 2018 年中国果品区域公用品牌价值榜，入选数量位列全国第一，其中烟台苹果品牌价值 137.39 亿元，位居榜首。[②]

2019 年 3 月"村播计划"正式启动。作为全国首个整体启动"村播计划"的省份，山东省选取济南商河、潍坊昌乐、潍坊青州、泰安肥城、烟台海阳、烟台福山、临沂蒙阴、滨州惠民、威海荣成、济宁微山、聊城莘县、菏泽郓城 12 个"村播"试点县，通过"村播计划"实施"农产品千人千店成长计划"、建立农产品"村播"联盟、"村播"联播等新形式，培育 1000 个淘宝主播、孵化 1000 个有直播能力的店铺，举办 100 场特色村播活动，打造山东农产品网红品牌。[③]

电商直播成效显著。各地市纷纷探索学习电商直播新模式，借助电商直播进一步提升农特产品品牌影响力。海阳市成功举办 2019 年山东烟台海阳樱桃开摘节，在淘宝短视频红人直播和村播的共同推介下，活动实现 3 天网络销售额逾 500 万元；临沂市部分网商通过快手等短视频平台进行直播，陶子家女装月销售

---

① 南京大学空间规划研究中心、阿里新乡村研究中心：《中国淘宝村研究报告（2014－2018）》，2018 年 12 月。

② 山东省商务厅：《2018 年山东省电子商务发展报告》，2019 年 6 月。

③ 石家庄日报社数字报，http://sjzrb.sjzdaily.com.cn/html/2019－07/29/content_1957696.htm。

额达1000万元，小丽店女装月销售额达600万元；蒙阴县获选“2019淘宝直播村播试点县”，在“村播计划”启动活动中，推广“蒙阴蜜桃”“蒙山蜂蜜”等地标产品，首日累计销售蒙阴蜜桃、蜂蜜、大樱桃4000余单，销售额近20万元。①

涉农电商平台建设有序推进。与阿里巴巴共同开发建设了“好粮有网”粮食电子交易平台，作为专业性、区域性、公益性电子交易平台，可实现粮食在线一键成交；积极对接知名电商平台，充分挖掘各地农特产品资源，在阿里、京东、苏宁三大平台设立了省级、市级及县级“特色地方馆”83个。

3. 园区建设稳步推进

截至2018年底，山东共有各类电子商务产业园400多家，经认定的国家级电子商务示范基地6家、省级电子商务示范基地37家、省级跨境电子商务产业聚集区25家。其中，临沂商城国际电商产业园目前入驻企业126家、托管服务企业45家，带动就业1200多人，2018年“双十一”临沂商城实现网络零售额约12.13亿元，同比增长56.24%；菏泽天华电商产业园共有49家企业参与2018年“双十一”，全天总销售额突破3.2亿元，其中家具类目占销售额80%；青岛邮政跨境电商产业园目前已注册企业127家、入驻企业40家，拥有智能仓储设施2300平方米，国际包裹通达全球190多个国家。②

4. 电商物流快速发展

电商物流园区建设稳步推进。京东集团在青岛胶州市投资建设的京东亚洲一号青岛物流园区已投入使用，旨在打造省内最大的电商集散地，实现青岛地区快递两小时送达、全国十二小时送达的目标，为消费者带来了全新快捷的购物体验。淄博方达电商园与北京菜鸟联盟签订《智能仓库合作协议》，就一站式仓配、全国仓储网络、供应链金融达成合作，解决电商企业库容紧张、成本高、融资难等问题。

城乡物流配送体系日渐完善。2019年2月14日，商务部等5部门联合下发《关于进一步落实城乡高效配送专项行动有关工作的通知》，淄博、烟台、潍坊3市入围首批全国城乡高效配送专项行动试点城市，为推动全省城乡高效配送专项行动奠定了扎实基础。

---

① 山东现代电商与物流研究院网站，http://www.xddswl.com/IndustryInfo/detail?id=561。

② 山东省商务厅：《2018年山东省电子商务发展报告》，2019年6月。

快递终端服务广泛覆盖。截至 2019 年 5 月，全省累计布放智能快件箱 4.14 万余组，箱递率达 17%。淄博市快递企业与“摩西管家”合作，利用“摩西管家”社区平台实现末端投递，已试点建设 103 处社区快递综合服务站；潍坊寿光已打造“菜都驿站”综合服务中心 68 处、“青州快递驿站”综合服务中心 30 处，多种方式相结合的末端投递服务格局更加完善。[①]

邮政业务快速发展。山东省邮政管理局数据显示，2019 年上半年全省邮政业发展态势良好，快递业务收入完成 129.49 亿元，列全国第 6 位，同比增长 24.09%，快递业务量达 12.27 亿件，列全国第 5 位，同比增长 29.71%。

5. 跨境电商势头迅猛

近年来，山东跨境电商产业蓬勃发展，省级跨境电商主体达到 136 家，1.5 万多家传统外贸企业和制造企业运用跨境电商实现新发展。2019 年前 11 个月，山东省跨境电商直购出口 25.4 亿元，同比增长 76.7%，网购保税进口 3.1 亿元，增长 1.1 倍；市场采购出口 178.9 亿元，增长 2.3 倍；省级外贸综合服务企业进出口 308.1 亿元，增长 10.6%。[②] 截至 2019 年 9 月，菏泽市开展跨境电商的企业 530 家，其中有 280 家企业通过阿里巴巴国际站出口。曹县的木制品出口企业数量占阿里巴巴国际站木制品合作企业的 14% 以上，已成为全国最大的木制品跨境电商制造出口基地，被阿里巴巴评为全球最大的木制品跨境电商产业带。[③] 2019 年 12 月，山东省济南、烟台两市获批成为第四批国家级跨境电子商务综合试验区。截至目前，山东省共有青岛、威海、济南、烟台 4 个国家级跨境电商综合试验区。

山东特别重视培育本土的跨境电商平台，帮助中小外贸企业扩大海外市场，提高外贸出口能力。海尔集团创立的海贸云商平台储备的企业客户超过 4000 家，供应链资源方超过 300 家，海外采购商超过 1300 家。青建集团依托“U 材 U 建”跨境电商平台实现配套建材出口与土特产保税进口的双向贸易，为十几个国家的 1500 多家企业提供各类服务，带领近 50 家国内企业打开国际市场。新协航创立的国内首个冷链跨境电商平台“鲜云网”，年均进口各类肉制品 32 万吨以上，国内同行业居前。新华锦集团搭建的“外贸综合服务 + 跨境电商”平台，建立国际贸易、融资担保、出口信保等 12 大支持模块，帮助 1.2 万多家中小微外贸企业

---

① 山东现代电商与物流研究院网站，http：//www.xddswl.com/IndustryInfo/detail？id = 561。

② 新浪山东网网站，http：//sd.sina.com.cn/news/2019 - 12 - 19/detail - iihnzhfz6970057.shtml。

③ 菏泽市商务局网站，http：//heze - ib.heze.gov.cn/art/2019/10/28/art_16865_7453951.html。

搭建海外互联网销售渠道。

6. 2019年“618”“双十一”购物节成绩突出

“618”购物节再创新绩。2019年6月1～18日，山东省共有14961家店铺、25936个品牌、36.7万件商品参与“618”购物节，实现销售9841.2万件、零售额38.3亿元，山东省销量和网络零售额均位居全国第6位。其中，全省农村网络零售额达61372万元，占全国的5.9%；农产品网络零售额29526.5万元，占比8%，两项指标均位居全国第4位。从各市销售情况看，青岛居全省第1位，网络零售额196999.4万元，占全省的51.5%；济南居第2位，网络零售额58685.1万元，占15.3%；烟台居第3位，网络零售额23485.6万元，占6.1%。从行业看，家用电器和音像器材居第1位，网络零售额147948.8万元，占40.0%；粮油、食品居第2位，网络零售额43345.8万元，占11.7%；日用品居第3位，网络零售额41427.6万元，占11.2%。①

“双十一”网络消费继续保持强劲势头。2019年“双十一”期间，山东省网络销售量55991万件，网络零售额315亿元，同比增长33.8%，在纳入统计的31个省（市、自治区）中分列第6位、第7位。一是传统优势行业和产品网销势头强劲。家用电器和音像器材、服装鞋帽针纺织品、日用品分居实物行业网络零售额前3位，分别达到75.63亿元、71.42亿元、56.38亿元，合计占比60.1%。二是品质消费趋势明显。品牌网货销售持续发力，海尔、海信、统帅、小超人、半亩花田位居全省网络销售额前5位，王小二、东阿阿胶位居山东省农产品品牌销售额前列。在天猫服饰类目中，韩都衣舍连续6年获得互联网服饰品牌冠军；世纪开元获天猫“双十一”个性定制类目第1名，实现八连冠。三是农产品上行态势良好。全省农产品网络零售额18.5亿元，占全国比重达到8.3%，位居全国第4位。四是下沉市场空间巨大。三四线城市成为新的消费主力军，海尔等省内电商企业大力发展下沉市场，超过60%的订单来自下沉市场。②

7. 人才环境持续优化

2018年，山东省持续推动电子商务人才环境优化，成立淘宝大学山东分校，立足于县域和农村电商人才培训以及大型企业的品牌成长，以人才驱动电商，以电商驱动产业，助力农产品电商和数字经济发展；开展主题为“推动新零售促进

① 山东省商务厅网站，http：//commerce.shandong.gov.cn/art/2019/6/24/art_16256_6596016.html。

② 山东省商务厅网站，http：//commerce.shandong.gov.cn/art/2019/11/14/art_21415_7604047.html。

消费升级”电商培训班，面对当前消费升级新趋势、新要求、新机遇，探讨全省电子商务发展的新任务、新举措、新办法；实施“山东省冷链物流人才培训项目”，面向全省冷链物流行业及相关从业人员开展专业培训，缓解冷链物流人才短板问题；举办全国首届“跨境电商人才培养高峰论坛”，联合发出《12.20跨境电商人才培养倡议》，并将每年12月20日设定为“跨境电商人才日”，推动跨境电商人才培养模式的创新和人才培养标准的落地。

二、山东电子商务发展中存在的问题

虽然山东省电子商务发展势头良好，也具有潜力巨大的发展空间，但是在电子商务发展过程中依然存在一些问题，尤其是与浙江省、广东省等先进省份相比，还存在较大差距和不足。

（一）电商发展增速减缓，发展需要创新

从2014～2018年山东省电子商务发展指数情况来看（见表6-2），山东省电子商务发展指数、支撑指数、规模指数均位居全国前八名，且变化不大，这表示山东省虽然电子商务规模不小，也有良好的电子商务发展势头，但是没有很大的突破。从成长指数也能说明这个情况，与发展指数、支撑指数、规模指数相比，山东省电子商务成长指数排名比较靠后，成长偏慢。2018年的渗透指数排名上升9名，这说明山东省在积极地探索电子商务与传统经济的融合模式，并取得了一定的成绩。但是电子商务与传统经济的融合多元化程度依然很有限，虽然山东的电商应用涉及制造业转型、跨境电商、农村电商、电商扶贫等内容，但是融合中较少涉及人工智能、大数据等新兴技术，同时也缺乏对新零售、共享经济等新业态的应用。电子商务的发展需要创新，需要充分挖掘电子商务潜力，凭借其优势资源，全面发挥其经济作用。

表6-2　2014～2018年山东省电子商务发展指数名次统计表

指数	2014年	2015年	2016年	2017年	2018年
发展指数	7	8	7	8	6

续表

指数	2014 年	2015 年	2016 年	2017 年	2018 年
成长指数	30	26	27	24	25
支撑指数	7	8	8	7	8
规模指数	6	6	4	6	6
渗透指数	13	20	14	16	7

资料来源：根据《中国电子商务发展指数报告（2014～2015）》至《中国电子商务发展指数报告（2018）》整理。

（二）区域发展不平衡

2018 年山东省网络零售额增速高于全国 2.6 个百分点，依然保持较高的增长速度，在整个社会消费品零售总额的地位也不断提升，但是各市的发展仍旧是不平衡。

如表 6－3 所示，山东省网络零售额排名前三的地市为青岛、济南和临沂。其中，青岛网络零售额 931.5 亿元，占全省网络零售额的比重为 28.28%；济南网络零售额 738 亿元，占全省网络零售额的比重为 22.4%；临沂网络零售额 268.5 亿元，占全省网络零售额的比重为 8.15%（见图 6－2 和图 6－3）。青岛市和济南市的网络零售交易额全省占比高达 50.68%，青岛市、济南市处于遥遥领先的地位。位居第三位的临沂市与第二名济南市相差 474.7 亿元，不足济南市网络零售交易额的 1/2。位居第一位的青岛市交易额是位居最后一位的莱芜市的 100 多倍，临沂、烟台等 14 个市的网络零售交易额之和比不上青岛和济南两个城市的交易额之和。此外，各个城市中各县区的电子商务发展存在着不平衡的问题。以济南市为例，天桥区和历下区以高于 230 亿元的网络零售额遥遥领先，仅天桥区和历下区的网络零售额就已经超出全市的 60% 了。其他城市，大多数都存在类似济南市这种情况。

表 6－3　　　　2018 年山东省各市网络零售交易额

城市	网络零售交易额（亿元）	交易额增长率	排名
青岛	931.5	24.50%	1
济南	738	9.50%	2

续表

城市	网络零售交易额（亿元）	交易额增长率	排名
临沂	268.5	22.70%	3
潍坊	183.2	24.40%	4
烟台	181.6	34.10%	5
淄博	119.9	25.70%	6
菏泽	118.3	36.20%	7
威海	117.8	16.30%	8
济宁	95.9	32.50%	9
德州	87.6	8.70%	10
滨州	69.4	40%	11
聊城	67.9	14.60%	12
枣庄	67.5	40%	13
泰安	62.2	26.10%	14
日照	20.1	21.90%	15
东营	18.7	19.10%	16
莱芜	5.2	-40.17%	17

资料来源：根据山东省商务厅：《2018 山东省电子商务发展报告》调整，2019 年6 月。

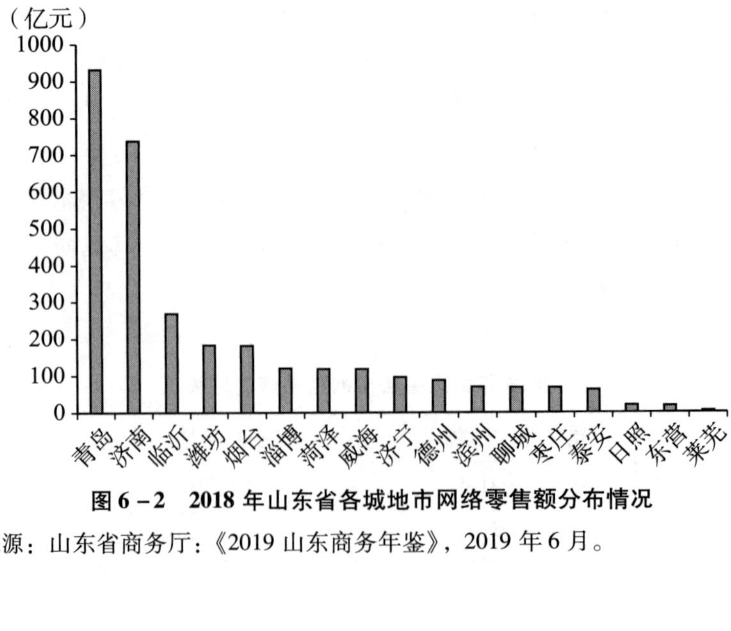

图6-2　2018 年山东省各城地市网络零售额分布情况

资料来源：山东省商务厅：《2019 山东商务年鉴》，2019 年6 月。

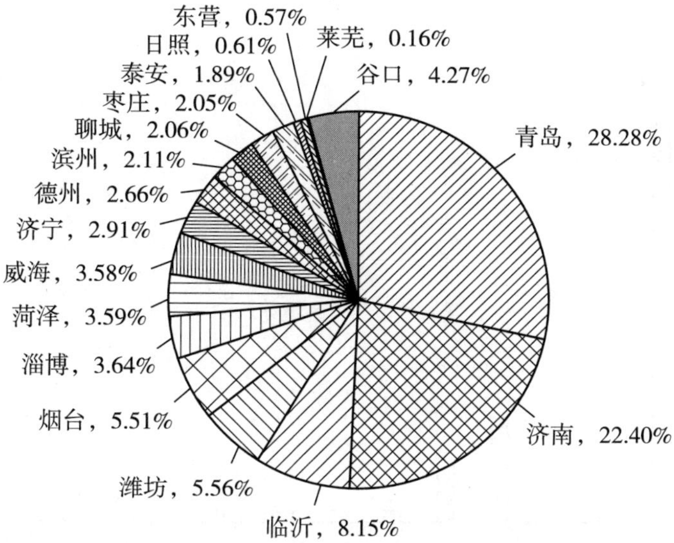

图 6－3　2018 年山东省各城市网络零售额网络零售额占比

资料来源：山东省商务厅：《2018 山东省电子商务发展报告》，2019 年 6 月。

根据浪潮天元的数据显示（见图 6－4），在山东省 B2C 企业网络零售额方面，位列前 100 名的企业中青岛市有 34 家，济南市有 35 家，烟台市有 9 家，淄博市有 6 家，枣庄市有 3 个家，临沂市、潍坊市、德州市、聊城各有 2 家，除了滨州、日照没有之外，剩下的菏泽等 5 个地市均有 1 家。其中，青岛 34 家企业占全市网络零售额的比重达到 21.69%，济南 35 家企业占全市网络零售额的比重为 10.47%，烟台、淄博、枣庄入围企业占所在地市网络零售额的比重分别为 9.18%、6.7% 和 5.04%。在山东省网络零售额个人店铺排名前 100 名中，青岛市有 29 个，济南市有 21 个，两者占据全省一半。另外，潍坊市有 15 个，烟台市有 11 个，其余城市均不超 5 个。

（三）农村电商发展水平有待提高

近几年，山东省农村电商一直保持良好的发展势头，这首先得益于政策的支持、鼓励；其次国内电商巨头也不断布局农村市场，阿里巴巴、京东、苏宁等争先恐后进军农村市场，激发了农村电商的活力。不仅电商企业，随之而来的还有物流企业、信息服务企业等也争相下沉农村市场。但是，山东农村电商的发展仍然存在诸多问题。

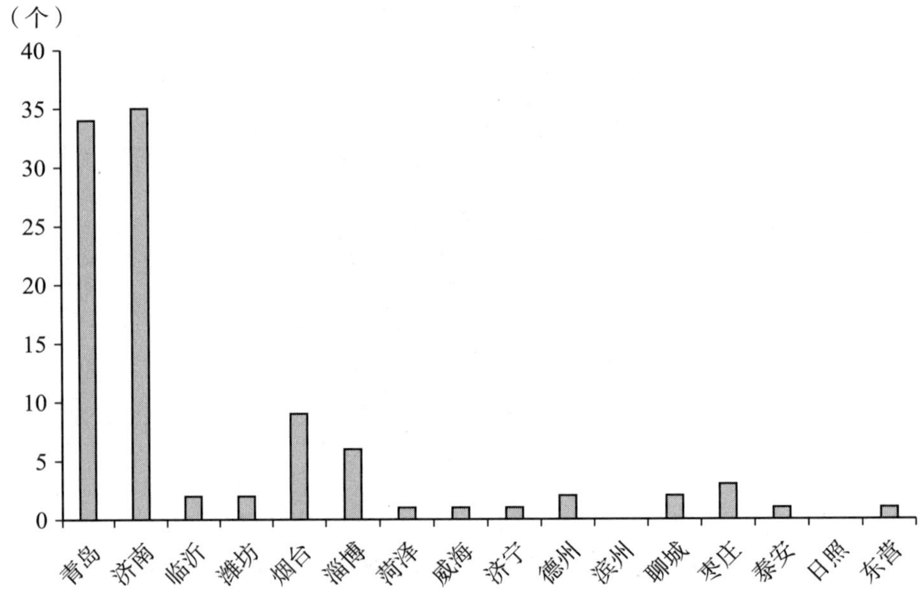

图 6－4　2018 年山东省各地市 B2C 企业网络零售额 TOP100 企业数量

资料来源：山东省商务厅：《2018 山东省电子商务发展报告》，2019 年 6 月。

1. 与山东省农业大省地位不相称

山东省作为农业大省，农产品种类丰富，主要农产品产量、区域农业品牌影响力均位居全国前列，但部分特色农产品网络销售未充分发挥品牌优势，没有形成规模优势，农产品网络零售额全国占比较低，与山东省农业大省地位并不相称。

2018 年，虽然山东省农村电子商务保持了良好的发展势头，但是相比全省的网上零售额比例仍然偏低，农村网络零售额占全省网络零售额的 24.69%，农产品网络零售额仅占 6.7%。山东农村网络零售额在全国排名第四，但是仅占全国农村网络零售额的 5.9% 左右。浙江省农村网络零售额占全国农村网络零售额的 35.7% 左右，位居全国第一。同排名第一的浙江省相比，山东农村网络零售仍然有不小的差距。从增速上看，在全国农村零售额排名前十的省份中，山东省农村零售额增速排名倒数第四。2018 年全国农产品网络零售额达到 2305 亿元，山东农产品网络零售额仅占全国 9.6% 左右。2018 年“双十一”，电商全网农产品网络零售额达 93.5 亿元，网络零售量达 2.17 亿件。在电商全网农产品省级区域零售额排名中，山东排名第八，占比仅有 4.4%，如表 6－4 所示。

表 6-4　　全网农产品区域零售额前十名

排名	省份	零售额占比
1	北京	14.8%
2	广东	13.7%
3	上海	13.1%
4	安徽	10.4%
5	浙江	8.1%
6	湖北	5.3%
7	江苏	4.8%
8	山东	4.4%
9	云南	4.2%
10	福建	3.7%

资料来源：搜狐网，https：//www.sohu.com/a/308191910_100020617。

2. 基础设施建设仍然是影响农村电商发展的基础因素

虽然政府大力支持网络的全覆盖，但是在农村尤其是贫困农村地区覆盖率低，主要是农村分布散乱、农民文化水平低等原因，还无法实现全面覆盖。而且，在农村，网络的信号和城镇相比要差、网速缓慢、费用相对更高，使互联网在农村的发展速度缓慢。近年来，虽然县乡的物流已经得到一定程度的发展，但相较于城市地区，农村地区相对闭塞，特别是偏远山区居民居住分散、位置偏远、道路不发达、地址规范不完善，导致物流的时效性差，可达性也存在问题，无法做到“最后一公里”配送，且返程空载现象严重，这些都造成农村物流配送与物流建设成本偏高。农村的物流建设对于电商来说是迫不及待的，但是农村毕竟远离城市，基础建设跟不上，快递的网点也跟不上。

3. 农产品上行能力仍需增强

农产品上行困难是国内农村电商领域较为普遍的问题，山东省也是如此。一方面农产品流通过程包括运输、包装、装卸、搬运、储存和加工配送等环节，并且要经过多个节点企业，运输规模小，致使农产品运输成本、储存加工保鲜成本、流通中介费用等偏高。农村物流设施薄弱、运营效率低，物流的需求和供给较为分散，农产品品类繁多，规模不统一，生鲜农产品更是易损耗、易腐烂。这些导致农村物流各个环节缺乏系统性、高效性、及时性，吞噬了农产品大部分利润，提高了农产品价格，导致农产品上行举步维艰。另一方面农产品缺乏标准化也是阻碍农产品上行的重要原因。农产品电商发展的一大“痛点”就是传统的小规模农户所具备的生产技术和经营意识与现代化零售业的产品标准化之间的矛盾。在农村地区，年轻一代更多选择在城市生活，在农村中老年人居多，受到的文化教育程度较低的现象比较普遍，在制定标准和规则方面的意识欠缺，也缺乏做这些宏观规划的能力。另外，不同地区的地理条件、文化气氛都存在着较大的差异，这也给制定标准造成了很大的阻碍。但是没有统一的标准，农产品的质量就得不到保障，不利于农产品的上行。

据2019年3月4日淘宝发布的《全国地方特色农产品上行报告》显示，山东、四川、湖北的农产品上行数量排名前5。但从销售金额看，云南、福建、浙江、辽宁、宁夏包揽了前5名，山东排名第8，未进前5。在苹果十强中，陕西苹果凭借最高销售额摘得桂冠，而山东的栖霞苹果、烟台苹果拿下第2和第5名。在海鲜十强中，乳山牡蛎排名第3。

（四）与先进省份相比，快递业务发展规模偏小

与浙江省、广东省相比，山东省快递业务发展规模较小，快递业务量及业务收入均未进入全国前5位，且快递业务量及业务收入全国排名前15位的城市中，山东省均无一城市入选。

从快递业务量来看，根据《2018年邮政行业发展统计公报》显示，广东省、浙江省、山东省快递业务量分别位居全国第1、2、6位；快递业务量全国排名前15位的城市中，浙江省4个，广东省4个，山东省无一城市入选。

从快递业务收入来看，《2018年邮政行业发展统计公报》显示，广东省、浙江省、山东省快递业务收入分别位居全国第1、3、6位；快递业务收入全国排名前15位的城市中，浙江省3个，广东省3个，山东省无一城市入选。

据菜鸟2019快递报告显示，寄快递最多前10城分别是上海、北京、深圳、广州、杭州、成都、苏州、南京、重庆和武汉，山东省无一城市入选。

（五）电子商务人才仍是制约电子商务发展的因素

电商人才仍然是农村电商发展的挑战。开展农村电商，就需要农村有足够多

懂得电商技术，同时又懂得农业知识、了解市场行业，并能针对消费者需求做出快速、灵活机动应对的复合型专业人才。而当前，农村经济欠发达，年轻人大量外出务工，留守的大部分是老人、妇女和儿童，文化水平普遍不高，农村“空心化”问题严重。在农村，人们对电商认识不到位，对农村电商的运用意识并不强烈。从事电子商务的专业人才、管理人才不足，特别是缺乏既懂农业、又懂互联网的复合型人才和农村电商带头人。加之大部分农村产业聚集程度低，电子商务人才的发展空间小，人才环境不乐观，难以引进复合型高端电商人才和留住人才。发展农村电商，就要考虑如何让那些具备专业知识的人回到农村，用他们的互联网思维改变农业市场发展。

跨境电商人才紧缺。近年来，跨境电商急速发展，相应的人才很紧缺，山东缺口达 50 万人，青岛缺口大概是 10 万人，且有逐年扩大的趋势。跨境电子商务面对来自全球的顾客，语言、教育、文化、政治、宗教信仰、生活习俗等诸多因素，使得跨境电子商务变得更加复杂化，加上涉及支付、物流、网络、营销等知识，所以一个合格的跨境电子商务从业者需要具备的知识和技能是复合型的。由于缺乏师资、实操教学环境和资金支持制约了高校跨境电子商务人才的培养，再加上相关专业培训机构起步晚于市场的需求，人才的培养跟不上企业发展的速度，数量不多且体制不够成熟，导致人才输出滞后于企业所需。

高端专业人才匮乏阻碍电子商务发展。山东省电子商务起步较晚，同时受地域环境和行业发展水平等因素的影响，对人才的吸引力不强，尤其是领军型、统筹型、创新型的高端人才，人才的缺乏制约了电子商务的发展。随着新零售、物联网、人工智能等不同业态的快速推进，需要大量的新型复合型专业电商人才。电商人才除了传统的电商运营、客服、技术等人才缺口外，新媒体、社群、视频动画等方向的人才需求增长更加迅猛，供应链管理、产品策划及规划等人才缺口也开始凸显。

（六）电商龙头企业缺乏

山东省作为经济大省，国家级电子商务示范企业数量较少，互联网企业发展实力较弱，缺乏高成长性、引领行业发展的电子商务领域独角兽企业。

从互联网企业数量来看，2018 年中国互联网企业 100 强榜单显示，山东省无一家企业上榜。从国家级电子商务示范企业数量来看，山东省 24 家企业入围，与先进省份广东省（46 家）、浙江省（42 家）仍有不小差距。据网经社“电数宝”数据库显示，截至2019年6月30日，国内电子商务已上市的公司共57家。其中，北京20家、上海10家、杭州7家、南京4家、香港3家、深圳3家，其他的如：广州、苏州、武汉、宁波、义乌、泉州、佛山、长沙、太原、厦门均为1家，山东省没有企业入围。

从独角兽企业数量来看，2018年胡润大中华区独角兽指数显示，全国独角兽企业共186家，其中北京（79家）、上海（42家）成为独角兽企业的主要集聚地，广东省22家，浙江省20家，山东省仅日日顺1家企业入围；电子商务领域独角兽企业共20家，占独角兽企业总数的10.8%，山东省没有企业入围。据《2019上半年中国“泛电商”独角兽数据报告》显示，2019年上半年泛电商“独角兽”企业分布于16个城市，其中北京57家，企业数占统计数据的30%以上；长江一带地区（浙江、上海、杭州、南京、武汉、镇江、无锡）61家，企业数占统计数据的57%以上；珠三角地区（广东、广州、深圳、香港）23家，西南地区（成都、重庆）3家，山东省仅青岛1家企业入围。

三、山东电子商务发展趋势

2018~2019年，山东省商务厅紧紧围绕省委省政府总体部署，紧扣“八大战略”“十强产业”，围绕新旧动能转换、乡村振兴和消费升级等战略部署，大力发展农村电商，积极推进电商新业态、新模式创新发展，加强与电商平台战略合作，取得了显著的成绩。未来山东电子商务将会呈现体系更熟、发展更规范、物流智慧化、农村电商高质量发展等趋势。

（一）电商体系将更加成熟，行业发展将更显规范化

目前，消费者生活水平日渐提高，电商普及程度不断加强，国家、地方政府政策鼓励电子商务业务的开展，多方因素推动着电商体系发展将更加成熟。山东省出台一系列政策文件，将推动电子商务发展更显成熟。2018年初，山东省商务厅出台《建立电商扶贫季度调度制度的通知》和《关于做好2018年电商服务站点建设和电商培训工作的通知》，对加强电商扶贫工作调度督导和推进重点县的农村电商服务站作出具体部署；9月，《山东省人民政府办公厅关于印发山东省农业“新六产”发展规划和山东省农业“新六产”发展监测指标体系的通知》

明确农村新产业新业态发展要依靠加快发展农村电商、畅通农产品流通渠道、发展“智慧农业”等举措；12 月，《山东省人民政府办公厅关于推进电子商务与快递物流协同发展的实施意见》围绕培育发展主体、夯实发展基础、推动智能化建设、强化发展支撑等 7 个方面，提出 23 项意见。2018 年 9 月，《中华人民共和国电子商务法》正式发布，这是国家重视电商行业规范发展的信号，未来相关监管措施仍会进一步加强。这一系列政策文件的实施与落地，将为电子商务发展营造良好的氛围，未来山东电子商务行业发展将更加有序化、规范化。

（二）电商下沉市场将要崛起

苏宁金融研究院 2019 年 11 月 30 日发布的《中国居民消费升级报告》显示，近几年农村居民人均可支配收入增速一直显著高于城镇居民，而且由于房贷、房租、车贷压力较小，三线城市与农村居民的消费信心更加强烈。据第三方机构数据，2019 年“双十一”期间，三四线城市成为新的消费主力军，海尔等山东省内电商企业大力发展下沉市场，超过 60% 的订单来自下沉市场。

数据显示，大城市生鲜、化妆品、宠物用品等零售额增长较快，而中小城市和农村地区服装、汽车用品、大家电等零售额增长较快。从品类来看，大城市的需求偏向于高端产品，对其他日用、家电的需求反而不大，但是中小城市仍然对服装、家电等产品有强劲的需求，未来也还会对高端产品有更长足的需求。从这个角度来看，下沉市场会有更好的发展潜力。

而进入 2019 年，各大电商对下沉市场的争夺也进入了白热化。苏宁推出苏宁拼购，以苏宁团长、推客、拓客三大社群主力链接到下沉市场社区场景中，“818”期间更是上线了“快手小店”更好地接入下沉市场的流量。阿里系正通过淘宝村播、淘宝村、聚划算等方面加强对下沉市场的布局。京东也进行了一系列调整，在线下通过与五星电器合作，加快完成三四线城市“一城一店”的下沉布局，在线上，京东拼购接入微信一级入口，随后改名“京喜”。所有这些电商企业动向预示着下沉市场将要崛起。

（三）电商物流发展趋于智慧化、智能化

随着电商的迅速发展，对电商物流的智慧化也提出了更高的要求，电商物流也呈现出智慧化、智能化的发展趋势。大数据对供应链的应用，改变了电子商务

物流的路径和运作，大数据服务、云服务、智仓储、电子签名、电子身份认证等技术将在电商物流领域得到推广应用。物流装备方面，自动化分拣、机器人、智能快件箱等开发应用力度将持续加大，目前来看，仓储分拣等智能机器人装备已经进入实际应用阶段，当人工成本超过机器成本之时，自动化大规模迭代的时代将指日可待。

（四）线上线下进一步融合共生

在电商流量见顶的大背景下，线上、线下的融合开始加速，电商和实体不再分庭抗争，而是合作共赢、相生相伴，线上与线下的融合向着贴近消费者、提升运营效率的方向发展，“线下体验，线上购买”“线下获客，线上复购”“线上下单，门店自提”“线上线下同款”等新兴方式兴起。

一方面，原本专注于线上销售的电商平台开始注重与线下实体店的融合，京东及天猫等平台也对各类门店有不同的试点，以特卖为代表的唯品会也开始布局“线上+线下”融合模式，以求新的发展。另一方面，原先坚守线下的企业也开始加大布局线上。原先一直坚守线下门店的星巴克，在受到瑞幸咖啡的冲击后，不但迅速推出了外卖服务，而且专门打造了“线上点单到店自取”的“啡快”门店，如此迅速地转变为星巴克带来了业绩上的起色。而作为破局者的瑞幸咖啡，仍然在盈利与烧钱之间苦苦挣扎。此外，沃尔玛、永辉、家乐福等原先以线下商超零售为主的巨头，也都开始了新零售转型之路。从各界的布局来看，线上、线下的融合正在加速，而无论是生鲜还是特卖，或者是便利店、咖啡，未来线上线下将进一步融合共生，优势互补、联动发展，以激发零售新活力。

（五）农村电商将迎来高质量发展阶段

2018 年农村居民人均消费支出已经达到 1.2 万元，增长速度高出城镇居民人均消费支出近 4 个百分点，农村居民人均消费潜力正不断释放。随着农村地区收入水平提高，其用于非必需品的消费支出将有所提高，成为未来农村电商争夺的重要市场。

农产品电商将向“品牌化”发展。农产品品牌可推进农产品标准化、保证农产品质量安全、实现可追溯，让消费者既能够快速准确地找到想要购买的商品，也能在消费的同时获得独特的价值感受，提升农产品溢价。2019 年中央一号文件提出“因地制宜发展多样性特色农业，倡导‘一村一品’‘一县一业’。健全特色农产品质量标准体系，强化农产品地理标志和商标保护，创响一批‘土字号’‘乡字号’特色产品品牌”。农业农村部于2019年出台《关于加快推进品牌强农的意见》，提出“要增强品牌意识，力争使农业品牌规模、质量、含金量、影响力都有较大幅度的提升”。山东省电子商务示范县将本地的“三品一标”、区域公用品牌产品作为发展重点，以创建区域公共电子商务品牌作为抓手，探索出具有“产品特色、民族特色、地域特色”的上行农产品，统一标准，统一品牌，统一包装，提升区域品牌的影响力。在政策和政府的大力支持下，未来农产品电商将由“品牌创建”向“品牌提升”方向发展。

数字农业将推动农村电商创新发展。当前，以“新业态、新功能、新技术”为主要特征的数字农业蓬勃兴起，通过对传统农业赋能，催生了大量的新业态。2018年、2019年中央一号文件先后提出要大力发展数字乡村、数字农业，数字化成为未来我国农业现代化以及农业产业兴旺的重要源动力。农村电商属于数字乡村的一部分，同时也是数字农业的重要推动力。一方面，数字农业的发展将进一步推动电商企业依靠大数据、互联网优势布局农作物种植、畜牧业养殖等；另一方面，在未来，人工智能、物联网、大数据、云计算等新兴技术将会应用于农产品电子商务、食品溯源防伪等领域，推动农村电子商务的创新发展。

电商扶贫模式日趋多样。山东省各县（市、区）与阿里、京东、苏宁等大型电商平台合作，初步探索出了“电商企业＋贫困户”“互联网＋精准扶贫”“电商＋合作社＋贫困户”等以销售农特产品为主要依托的电商扶贫模式。随着农村电子商务发展水平不断提高，电商扶贫模式也会更具有地方特色、更加多样化，电商扶贫与产业扶贫、创业扶贫、金融扶贫的联系会更加密切，电商、产业、创业、金融等领域组合发展的电商扶贫模式会得到进一步探索。

（六）跨境电商市场将更规范，“丝路电商”将成为新机遇

随着国民生活水平的提高，国内消费者对海外商品的需求也越来越旺盛。据艾媒咨询数据显示，2018年中国海淘用户规模超1亿人，不断扩大的市场需求支撑了跨境电商的快速发展。但是同时假货、维权困难、捆绑搭售等乱象不断滋生。电商法及系列跨境电商新政的出台对商品安全、税收、物流、售后等方面作出了明确规定，有利于改变原有跨境电商平台良莠不齐、行业野蛮生长的状况，使企业有章可循、规范发展，推动市场有序竞争。同时，也加强了对消费者权益

的保护，有利于促进购买，推动行业发展。可以预测，未来跨境电商行业的发展将会越发规范化，行业乱象将会得到有效的整治。

自开展“一带一路”倡议以来，截至 2018 年，与中国签署共建“一带一路”合作文件的国家累计已有 122 个，遍布亚洲、非洲、大洋洲、拉丁美洲，同时，中国与 25 个国家和地区达成了 17 个自贸协定，涵盖了 38% 的对外贸易额。随着“一带一路”沿线国家区域经济合作加深、贸易制度逐步完善，在“一带一路”共商共建共享、互信互融互通的基础上，“丝路电商”正成为“一带一路”国家间经贸合作的新渠道。在未来，山东跨境电商要顺应时代的变革，紧紧抓住“丝路电商”带来的新机遇。

四、提升山东电子商务发展的对策

为促进山东省电子商务持续快速健康发展，推进电子商务成为山东新旧动能转换的重要抓手，推动山东电子商务提质升级，建设电子商务强省，现提出以下对策和建议。

（一）营造电子商务发展的浓厚氛围

一是采取多种方式促进电商发展。利用电子商务示范企业、示范基地认定的相关政策，调动企业发展电子商务的积极性。搭建企业沟通交流平台，组织举办专题沙龙，举办电子商务行业论坛、博览会、峰会等活动，并积极参加国内知名电子商务展会、博览会。同时也可以鼓励各市、行业协会、平台企业、电商服务企业开展不同层次的电商行业峰会、电商创新创业赛事、网购网销、投融资对接、电商沙龙、人才技能培训等促进电商发展的活动，营造浓厚的电子商务发展氛围。

二是营造诚信电商环境。针对电子商务行业存在的先提价再打折、刷单刷信誉、大数据杀熟、消费者隐私泄露等典型失信问题，重视电子商务信用建设，为电子商务发展营造良好的环境。一方面可以开展诚信文化宣传，鼓励电子商务企业加强诚信文化建设，建立诚信企业联盟，建立健全信用信息共享机制，打破数据孤岛，为跨地区、跨部门、协同监管提供有力支撑，积极推进联合惩戒，让守信者一路畅通，让失信者寸步难行；另一方面加强电子商务企业诚信档案建设，完善共治共建的市场机制，完善相关标准规范，推广应用公共服务平台，加强政务资源的汇聚开放，为市场主体和消费者提供更多信用服务。除此之外，可以利用大数据技术、区块链技术、人工智能技术等先进信息技术创新网络诚信建设。

（二）积极促进农村电商提质升级

一是深化农村电商的思想认知。现在很多地方发展农村电商存在思想误区，认为电商就是搭建网络平台或者入驻淘宝、京东等平台，过分强调流量和技术，单纯注重流通层面。因此要提高从事农村电商工作者，尤其是农民的综合素质，深化农村电商的思想认知。政府部门可以结合农产品的现状，通过电视、横幅和墙绘等宣传方式，向农民普及电子商务相关知识和技术，使农民不仅会生产农产品，还会产生农村电商意识。另外，可以开展体验式的活动，手把手教会农民应用的下载，支付宝、微信支付的使用方式，让部分村民切实体验，了解农村电商带来的益处，口碑的传播将会进一步帮助农村居民信任电子商务。同时，也可以制定有吸引力的政策，吸引电子商务方面的人才投身到农村电商的事业当中。

二是打造农产品品牌，推动农产品上行。农产品品牌可推进农产品标准化、保证农产品质量安全、实现可追溯，让消费者既能够快速准确地找到想要购买的商品，也能在消费的同时获得独特的价值感受，提升农产品溢价。首先，可以与京东、天猫、拼多多等知名电商平台合作，推进农产品标准化、品牌化建设；其次，利用社交裂变、直播、短视频等新形式，多渠道扩大网络品牌宣传，提高价值和知名度；再次，建立农产品质量安全追溯体系，引导相关企业、合作社等电商主体加入溯源系统，保证产品品质，提升竞争力；最后，发展电商服务业，提升农产品包装设计、网络营销、品牌培育等服务水平。同时，提升电商园区服务和管理水平，强化资源对接、孵化培育和公共服务等功能，促进产业集聚发展。

三是推动电商与旅游、文化结合，振兴乡村经济。久居城市的人们开始厌倦了水泥的森林、无尽的喧嚣还有挥之不去的雾霾，开始不约而同地到乡村的田园风光中去放松自我，给农村旅游带来发展的机遇。要把握好机遇，对农村旅游提供资金支持，改善乡村旅游基础设施建设，充分挖掘农村绿水青山、田园风光、乡土文化等资源，推进电商与农村文化、旅游等深度融合，从而推动乡村旅游、民俗等转型升级，振兴乡村经济。为此，要加快乡村旅游的数字化、网络化、智能化，深度挖掘美丽的风光及其背后的故事，进行创意设计和深度传播，运用乡土乡情创造场景，提高消费者体验，运用乡村文化做好内容营销，将单一的旅游变成综合文化产业。

四是加速推动农村传统产业与电商融合发展。首先，传统企业要进行产业升级，在对市场进行充分调研的基础上，结合自身的优势和特色进行新产品定位；其次，要对新开发产品小批量投放实体市场和网络零售市场，根据市场反馈及时调整产品；最后，农村电商在经营过程中要根据市场需求不断升级产品的生产工艺和技术条件，并扩展产品种类，以此增强产品的市场竞争力。

五是补齐农村电商短板，加强农村物流建设。首先，发挥政府的主导作用，对山东省物流快递覆盖率、成本、时效、冷链物流、区域节点等情况进行深入调研，选好物流节点和线路，优化物流配送布局，找出适合山东省情况的电商物流模式；其次，加强全省物流城乡配送跨部门协同联动，在有条件的地区，配套冷链设施，搭建冷链物流体系。同时利用无线射频识别、全球定位系统、地理信息系统等信息技术，对货物交易、受理、运输、仓储、配送全过程的监控与追踪，提升物流运输效率，以最快的速度将货物配送到消费者手中，使“工业品下乡、农产品进城”流通渠道畅通。

（三）营造有竞争力的跨境电商发展环境，重视跨境人才培养

近年来山东高度重视跨境电商发展，统筹推进“特色产业集群＋国际自主品牌＋跨境电子商务＋综合服务企业＋境外营销网络”五位一体发展新模式，出台发展行动计划，跨境电商正成为全省外贸发展的新动能和产业转型的新引擎。但是跨境电商由于其全新的商业模式、依托国家政策扶持，在发展过程中如果监管力度不够，很容易被不法分子浑水摸鱼，从而产生负面影响和副作用。因此，山东要依照国家相关的法律法规，根据山东省的具体情况完善与跨境电商相关的法律法规、发展政策，建立完善的信息监督平台、监督体系，规范信用系统，加强跨境电商消费者权益保护，注重跨境电商信息安全的监管和保护，确保跨境电商的市场交易行为在信息安全的情况下合法合规的发展，同时加强制度创新、管理创新、服务创新，营造更具有竞争力的发展环境。

现在人才成为跨境电商发展的关键因素，尤其是在“一带一路”大背景下，要加强跨境电商人才培养力度，培养一批熟悉“一带一路”沿线国家风土人情、文化、政治、经济、法律的跨境电商人才。在人才培养方面，除了跨境电商培训机构的培养，也要加强校企合作。一方面提高高校师资水平，改善实操教学环境，增加资金支持；另一方面，校企双方可以共同制定人才培养方案，提高专业

与产业、专业与就业的契合度，也可以引企入校，建立校内产业园，为企业培养储备人才，为学生提供实战的机会。此外，跨境电商人才培养可以引入“以赛促学”机制，积极参与行业协会、政府部门主办的各级各类跨境电商创业大赛，在竞赛中激发学生学习热情、提高学生能力，提升跨境电商人才培养整体水平。

（四）培育领军企业，提升行业整体水平

向北京、上海、广东、浙江等独角兽企业集聚的省份学习，出台专项政策，设立专项资金，完善创新创业生态，从瞪羚企业中挖掘和发现爆发式成长的潜在独角兽企业和独角兽群体，建立独角兽种子企业储备库，制定个性化催生方案，培育一批独角兽企业，使他们引领新旧动能转换的重要力量。

在重点领域和行业选择重点企业，通过培训、对标学习、对接电商优秀团队合作等，集中资源提升企业电商应用能力。也可以以地理标志产品、老字号企业、新兴互联网企业为重点培育对象，通过示范创建促进本地电商平台、企业做大做强。在电商园区建设、本地服务或零售平台运营、智慧零售拓展等领域，培育标杆企业，带动整个行业形成以品牌、质量、技术、服务为核心的竞争优势。另外，通过开展专题培训，引导企业提升上市意识、规范经营管理，为进入资本市场创造良好条件。对有上市意向和实力的企业实行对口帮扶，引导企业进一步完善手续、规范运行。

（五）提升电商园区建设水平

园区是电商企业的重要集聚区和电商公共服务枢纽，也是大众创业、万众创新的重要平台和载体，具有资源聚集、企业孵化、技术渗透、示范带动、外围辐射等功能，产业园区的建设对电子商务的快速发展具有重要作用。

一是优化政策，吸引企业驻园。政府与电子商务园区进行合作，为入驻园区的电商企业推出相关扶持政策、优惠政策。这些政策可以是房租减免政策以及人才奖励政策，同时还可以针对大学生群提供扶持大学生创业政策。这些优惠扶持政策不仅能够助推电商企业的发展，而且也能扩大园区自身的影响力，并以此来吸引更多的企业入驻，为园区进行自身结构优化奠定基础。

二是利用数字技术驱动电商产业园区向智能化、多场景方向发展。近年来，大数据、云计算、人工智能、虚拟现实等数字技术快速发展，为电子商务创造了

丰富的应用场景，为电子商务产业创新提供了巨大机遇。大数据和人工智能技术支持个性化场景，实现了针对不同消费者的定向导购和促销；虚拟现实和增强现实技术逐步成熟，缩短了消费者与商品的视觉感知距离，提升用户体验，辅助交易达成。充分利用新技术应用加快推动全省企业数字化转型。以互联网为依托，通过运用大数据、人工智能等先进技术手段，对商品的生产、流通与销售过程进行升级改造，并对线上服务、线下体验以及现代物流进行深度融合，促进电子商务园区向智能化、多场景化方向发展，打造数字经济产业新高地。

三是因地制宜发展，推进全省电子商务园区建设。积极适应电子商务发展需求，抓住棚改旧改、片区开发、自贸区的良好机遇，尤其是济南、青岛、烟台要紧紧抓住自由贸易试验区的良好机遇，要根据各市自身特点和优势构建电子商务发展园区。一方面，与有实战经验的电子商务机构对接，提升专业化服务水平，推进电子商务服务支撑体系建设；指导帮助企业办理审批手续、解决融资难等实际问题，引导电商企业向园区集聚，提升电子商务产业园区服务功能。另一方面，优化园区功能布局，优化资源配置，优化营商环境，优化产业链，提高孵化、培育、拓展功能，释放电子商务企业的创新创业活力，建设有集聚效应、创新能力的园区。同时，鼓励园区构建适应不同行业需求的电子商务创新模式，大力推动电子商务企业技术、管理和服务创新。

参考文献：

［1］国家发展和改革委员会高技术产业司：《中国电子商务发展指数报告（2018）》，2019 年 5 月。

［2］商务部电子商务和信息化司：《2018 年中国电子商务报告》，2018 年 5 月。

［3］徐望：《沿海欠发达地区电商产业园发展对策研究——以柯城创客孵化园为例》，中共浙江省委党校，2019 年。

［4］山东省商务厅：http：//commerce. shandong. gov. cn/index. html。

［5］南京大学空间规划研究中心、阿里新乡村研究中心：《中国淘宝村研究报告（2014~2018）》，2018 年 12 月。

［6］陈辰：《济宁市农村电子商务扶贫的成效、问题及对策》，山东师范大学硕士学位论文，2019 年。

［7］山东现代电商与物流研究院：http：//www. xddswl. com。

［8］王文佳：《农村电商发展影响因素与对策》，载《商业经济研究》2019

年第 12 期。

［9］刘晓飞、张彭刚、闫静雯：《山东省跨境电子商务人才发展现状研究》，载《对外经贸》2019 年第 8 期。

［10］李文娟：《跨境电商人才培养的思考》，载《对外经贸》2019 年第 11 期。

后　记

商业服务业作为服务业的重要组成部分，是社会再生产的核心环节，决定着国民经济运行的整体效率，也是我国全面建成小康社会的重要保障。《山东省国民经济和社会发展第十三个五年规划纲要》指出，应坚持市场化、产业化、社会化、国际化发展方向，顺应经济服务化发展趋势，推动服务业加快扩大规模、拓展空间、优质高效、融合发展。加快服务业发展，对于山东省经济新旧动能转换、提升区域战略地位、全面建成小康社会、加快建设经济文化强省和实现走在前列的目标具有重大现实意义。山东商业职业技术学院商业经济研究所（原山东省商业经济研究所）多年来致力于商业服务业的理论、政策与行业发展研究，为政府部门及工商企业提供研究报告、行业规划、决策咨询等服务。为促进山东省商业服务业的发展，我们组织编写了《山东商业服务业蓝皮书（2018～2019）》，本书采用定性与定量相结合的研究方法，总结了山东商业服务业的发展现状与存在的问题，对山东商业服务业的发展趋势与发展策略进行了系统分析。希望本书能为山东省服务业的跨越式发展贡献一份力量，为相关行业、企业决策及学术研究提供更多有价值的信息。

山东商业职业技术学院《山东商业服务业蓝皮书》编委会
2019 年 12 月